Mme KIBRIZLI-MEHEMET-PACHA.

TRENTE ANS

DANS LES

HAREMS

D'ORIENT.

SOUVENIRS INTIMES DE MELEK-HANUM,

FEMME DE

S. A. LE GRAND-VIZIR KIBRIZLI-MEHEMET-PACHA.

1840-1870

PARIS

E. DENTU, ÉDITEUR

LIBRAIRE DE LA SOCIÉTÉ DES GENS DE LETTRES

PALAIS-ROYAL, 17, ET 19, GALERIE D'ORLÉANS

1875

TRENTE ANS

DANS

LES HAREMS

D'ORIENT.

TRENTE ANS

DANS LES

HAREMS D'ORIENT

I.

MA FAMILLE. — LE MARIAGE DE MA MÈRE.

Ma grand-mère maternelle était originaire de l'île de Chio. Elle épousa à un banquier arménien que protégeait le Sultan Selim III (1789-1807). Son mari était très-riche, ce qui est toujours dangereux en Orient. Par malheur on savait qu'il l'était.

A cette époque, les Janissaires étaient les tyrans du pays. Ces Janissaires n'avaient aucune espèce de scrupules. Ils faisaient tout ce que des brigands peuvent faire de pis, et si bien qu'ils étaient craints comme la peste.

Un jour mon grand-père fut averti qu'ils avaient formé le dessein de venir lui rendre visite pour mettre sa maison à sac. Mon grand-père qui était poltron comme un lièvre se dit : « Je suis perdu... je suis tout à fait perdu ! » et cela lui fit un tel effet de penser qu'il était perdu, que sur l'heure il devint fou. Au lieu d'attendre les Janissaires et d'essayer de leur faire quelques représentations, il monta sur le toit de la maison. Il n'y resta pas longtemps, et sans plus de façon sauta dans le vide. Quand on vint le ramasser, mon grand-père était horriblement contusionné. De plus, il était mort.

Or, la nouvelle était fausse. Tout porte à le croire du moins, car la veuve, le fils, et les trois filles du suicidé se mirent à jouir de ses rentes, sans que les Janissaires vinssent s'occuper de leurs affaires.

La famille demeurait à Constantinople, dans le faubourg de Galata, entre le quartier appelé *Salibazar* (le bazar du Mardi) et celui d'*Azab-Capou* (le Refuge). La maison était fort ancienne. Bâtie par les Génois, elle appartenait alors à un médecin célèbre, nommé Hadji-Mustapha. Elle avait quatre étages dont chacun se composait de quatre ou cinq chambres à coucher et d'un grand salon. Comme elle était située sur une hauteur, on y jouissait, même du premier étage, d'une jolie vue qui s'étendait sur la Mer Blanche, sur la Tour de Léandre (que les Turcs appellent la Tour de la Jeune Fille), et sur Scutari, avec ses forêts de grands cyprès.

La raison qui a fait donner par les Turcs le nom de *Kiz-kulesi* ou Tour de la Jeune Fille à la Tour de Léandre est fondée sur une légende qui en vaut bien une autre. La voici : —

Un Sultan avait rêvé que sa fille périrait de la morsure d'un serpent. Les muned-jims (diseurs de bonne aventure), consultés sur le moyen de préserver la Princesse du malheur qui la menaçait, ne trouvèrent rien de mieux que d'engager le Sultan à faire élever en pleine mer la tour en question. La jeune Sultane fut enfermée dans cette tour avec plusieurs filles de son âge destinées à lui tenir compagnie. Un jour qu'entourée de ses suivantes, elle était assise au dernier étage de la tour et s'amusait à regarder les barques qui passaient, elle en vit une dans laquelle se trouvaient des fruits magnifiques et particulièrement des raisins qui lui firent envie. Malgré la défense du Sultan qui avait interdit qu'on laissât rien arriver directement à sa fille, elle acheta un panier de ces raisins. On laissa couler jusqu'à la barque une corde avec laquelle on put hisser le panier; mais à peine la Princesse avait-elle tendu la main pour le saisir, qu'un serpent s'en dégagea et la mordit au bras. Tous les soins qui lui furent prodigués furent vains et elle expira au bout de quelques instants; ce qui prouve qu'il n'est pas facile d'échapper au destin qui nous est réservé.

Ma grand'mère, comme je l'ai dit, était dans une bonne position de fortune; aussi sa maison était-elle très-bien meublée. Les trois côtés de chaque chambre opposés à celui où se trouvait la porte d'entrée étaient garnis de larges divans de drap ou de velours avec des coussins. En hiver, les planchers étaient couverts d'anciens tapis de Turquie; en été, de nattes. Des fleurs étaient peintes à fresque sur les murs et des vases d'eau placés dans des niches rafraîchissaient la température. Chaque chambre avait sa cheminée, contrairement à l'usage adopté pour les maisons modernes, dont les appartements ne sont chauffés que par des chaufferettes ressemblant à des brasiers romains ou par des *tandours*.

Ce dernier système de chauffage mérite une description spéciale. Imaginez une grande bassinoire de fer montée sur des pieds sous une espèce de coffre de bois plat et de forme circulaire, doublé de tôle et d'un pied et demi environ de hauteur. Ce coffre est percé à certains intervalles de trous assez grands pour permettre à ceux qui sont assis dessus de placer leurs jambes en dessous. Le tout est recouvert d'étoffes plus ou moins riches selon la fortune du propriétaire. Au centre, il y a une nappe ou un tapis rond, en soie ou en cachemire. Devant chaque personne se trouve un dressoir dans lequel on peut mettre des fruits, des pastilles, des éventails, ou autre chose.

Les habitants des deux sexes d'une même maison peuvent s'asseoir tous à la fois sur ce siége et y rester des heures entières, sans ressentir le moindre froid. Il n'y a que la tête de visible. Le corps se trouve enveloppé jusqu'aux épaules. Quand le cercle est composé de jeunes filles, elles s'amusent beaucoup, s'agacent mutuellement, se jettent des fruits, des noix, se font des tours. Quelquefois alors la bassinoire se renverse et met le feu à la maison. Les incendies sont très-fréquents à Constantinople, et il ne faut s'en prendre souvent qu'à la culbute d'un *tandour*.

Mes deux tantes et leur frère étaient déjà mariés, quand ma mère, qui s'appelait Constance, bien qu'âgée de vingt-cinq ans, ne l'était pas encore à une époque où les femmes en Turquie se mariaient à quatorze ans.

Ce n'est pas que de nombreuses occasions ne se fussent offertes. Ma mère était très-intelligente, mais elle n'avait reçu que peu d'instruction, comme la plupart des jeunes filles en Orient. Elle ne connaissait que sa langue maternelle, le grec. Grande, avec de magnifiques cheveux noirs, son teint brun et son port hardi lui donnaient une expression d'énergie qui n'était pas trompeuse. Elle avait ce qu'on appelle communément du caractère. Elle avait préféré rester fille que de se marier n'importe comment, à la diable, ainsi que le font journellement d'autres personnes.

La maison qu'elle habitait était située dans un quartier peuplé d'indigènes et peu fréquenté par les Européens, aussi ceux qui s'y aventuraient étaient tout de suite remarqués. On y voyait souvent passer un jeune homme, de haute taille et de bonne mine qui portait constamment au côté une épée qui n'en finissait pas. Les jeunes filles du quartier s'amusaient à le regarder à travers les barreaux de bois de leur *djumbâ*. Un soir que ma mère avait entr'ouvert le guichet de l'épais treillage afin de mieux voir l'étranger, celui-ci s'arrêta pour la voir à son tour et fut frappé de sa beauté. Le lendemain il revint et fit passer à ma mère un petit billet en français, où il lui parlait de la grande passion qu'il éprouvait pour elle. Elle se le fit traduire par la servante d'un négociant marseillais qui lui dit qu'elle connaissait l'auteur de la lettre; c'était un Français nommé Charles Dejean. Il vivait à Constantinople du produit d'une quantité considérable d'objets précieux qu'il possédait et qu'il vendait petit à petit.

Satisfaite de ces renseignements, ma mère lui répondit par une lettre qu'elle agréait ses hommages et que, s'il voulait la demander en mariage à mon oncle, elle était prête à y consentir.

Le lendemain le jeune Français vint rendre visite au frère de ma mère qui parlait un peu l'italien; ils tombèrent d'accord, et mon oncle s'étant assuré du consentement de sa sœur, elle épousa M. Dejean devant le consul de France. Ceci se passait en 1810.

Mon père resta trois ans avec ma mère et en eut d'abord une fille qui était mon aînée. Sa femme me portait depuis trois mois dans son sein, quand il la quitta pour faire un voyage en Valachie. Il n'y avait que peu de temps qu'il était parti, quand la peste l'enleva en quelques jours. C'est ainsi que je n'ai jamais connu mon père.

Ma sœur qui était d'un caractère très-aimable, ressemblait beaucoup à ma mère; pour moi, je différais entièrement de toutes les deux tant au physique qu'au moral. Je tenais, disait-on, de mon père et pour le caractère et pour le visage.

Nous étions douze enfants chez ma grand'mère. Quoique la plus jeune, j'avais pris une certaine autorité sur tous les autres; ils m'écoutaient et m'obéissaient avec plus de docilité même qu'à leurs parents.

Dès l'âge de huit ans on me remarquait pour ma facilité à apprendre et la vivacité de ma nature. Le maître qui nous apprenait à lire en français et en grec, m'interrogeait toujours la dernière et paraissait extrêmement surpris que chaque jour je susse mieux mes leçons que mes petites compagnes d'étude. En même temps j'étais si alerte qu'on ne pouvait pas me faire rester tranquille malgré moi; ma turbulence allait si loin que je rentrais souvent avec des vêtements tout déchirés. Il faut vous dire que j'avais la rage de grimper sur les plus grands arbres de notre jardin.

Pendant l'été nous quittions Constantinople pour passer la saison à l'Ile du Prince. C'est de cette façon qui n'était ni tout à fait paisible, ni tout à fait bruyante que s'écoulèrent les premières années de ma vie.

II.

UN MÉDECIN ME SOIGNE. — IL ME DEMANDE EN MARIAGE. — REFUS DE MA MÈRE. — LE MÉDECIN ME CONSEILLE DE M'ENFUIR. — MON MARIAGE. — MES ENFANTS. — MON DÉPART POUR L'ITALIE.

A l'âge de treize ans ma mère m'envoya à une école tenue par une certaine Madame Barbiani, afin d'y achever mon éducation. Je m'y rendais chaque matin accompagnée d'une suivante et j'y restais jusqu'au soir. Un jour, pourtant, je fus saisie d'un mal d'yeux dont les symptômes plongèrent ma mère dans une grande inquiétude. Je fus obligée de garder la chambre et l'on appela en toute hâte un des meilleurs médecins de la ville. C'était un Anglais attaché à la maison de la Sultane-Valideh, la mère du dernier Sultan.

Ce médecin fut tellement frappé de mes charmes, au bout de trois ou quatre visites, qu'il n'hésita pas à demander ma main. Ma mère, à qui il s'adressa, accepta d'abord; mais ensuite, sur le conseil de son confesseur et de ses amis, elle revint sur sa parole sous prétexte qu'il ne lui était pas possible de donner la main de sa fille à un protestant. De plus, l'âge du médecin présentait un obstacle, car il y avait une différence d'une vingtaine d'années entre nous deux.

Le médecin, furieux de se voir éconduit de la sorte, résolut d'avoir recours à quelque stratagème pour m'obtenir.

Il dépêcha, en conséquence, une vieille femme avec mission de mettre tout en œuvre pour m'engager à m'enfuir de chez ma mère. L'habile créature fit de son mieux pour arriver à ses fins et elle sut étaler devant mes yeux, comme dans un miroir, des séductions si irrésistibles et faire usage d'arguments si spécieux qu'elle finit par me lancer sur cette voie fatale qui devait me conduire à ma perte.

Conformément au plan qui avait été dressé entre la funeste vieille et le médecin, je pris le déguisement d'une femme turque, et je fus conduite ainsi à Bebeck, sur le Bosphore, où m'attendait mon futur mari. Ma fuite avait eu lieu au point du jour, à l'heure où tout le monde était plongé dans le plus profond sommeil.

Mon mari, ravi de mon arrivée, fit appeler sur-le-champ des prêtres grecs qui célébrèrent notre union.

Il est inutile de remarquer qu'un mariage inauguré sous de tels auspices ne pouvait guère me procurer le bonheur. Aussitôt que la lune de miel fut passée, les mauvais penchants de mon mari provoquèrent ma résistance et me mirent en révolte contre une tyrannie que je trouvais insupportable. Sans entrer dans les détails, qu'il me suffise de dire que son avarice était effroyable. C'était un homme dont le cœur ne vibrait qu'au son de l'or.

Un incident, qui eut lieu quelques jours après notre mariage, m'ouvrit les yeux sur ce trait odieux de son caractère.

Un matin, avant de sortir, il me remit une bourse pleine d'argent. Me voyant en possession d'une somme qui, à cette époque, me paraissait immense, et remarquant le grand nombre de cabinets vides que renfermait la maison, je me mis à une fenêtre qui donnait sur une rue très-fréquentée et je me mis à acheter, des marchands qui passaient, du linge, des parures, des fleurs artificielles, des tapis, et une quantité d'autres objets que je payai le double ou le triple de leur valeur.

Le lendemain mon mari me demanda une certaine somme prise sur l'argent qu'il m'avait donné. Je lui répondis qu'il ne me restait pas un sou et je lui fis voir mes achats. Il devint furieux et se mit dans une telle colère contre les servantes qui m'avaient laissée contenter mon caprice, qu'il jeta une assiette à la tête de l'une d'elles et renversa la table.

Ayant à peine encore une volonté qui me fût propre, je ne me laissai pas aller à son égard à d'autres sentiments qu'à l'affection que m'inspirait la liberté, dont je lui étais redevable, de satisfaire mes fantaisies juvéniles.

Ce genre d'existence dura cinq ans. On comprendra facilement qu'il était très-malheureux. Mon mari était de cet avis et il prit la résolution de se débarrasser de moi le plus vite possible. A cet effet, il me proposa de m'envoyer en Europe, où, disait-il, il connaissait d'excellents établissements pour l'éducation de mes enfants. En attendant, comme il n'était pas encore fixé sur ceux auxquels il devait donner la préférence, et, que d'un autre côté, il était résolu à se défaire de moi sur-le-champ, il insista pour que je me rendisse à Rome, où sa mère nous accueillerait avec plaisir. Il me promettait qu'aussitôt mon arrivée il me ferait connaître sa décision à l'égard de l'éducation que nos enfants devraient recevoir.

Ne soupçonnant rien de son dessein, j'étais enchantée de l'idée du voyage projeté; j'aimais mieux parcourir le monde que de continuer une vie aussi pénible que celle que je menais. Je hâtai donc mes préparatifs de voyage et je m'embarquai sur un bâtiment à voiles avec ma fille Évelyne et mon fils Frédéric, alors âgé de deux ans seulement. Le navire sur lequel j'étais montée était un cutter à voiles anglais qui faisait le trajet par Smyrne, Malte, et Livourne; à cette époque les vapeurs ne faisaient pas encore le service sur la ligne de Constantinople. Nous eûmes beau temps jusqu'à Smyrne; mais entre ce port et Malte la mer fut si mauvaise que les vagues balançaient le vaisseau de la proue à la poupe; deux matelots furent enlevés et jetés à la mer et nos mâts se brisèrent. Pendant vingt-deux jours nous fûmes secoués de la sorte en compagnie d'une comtesse polonaise, appelée Wirhorska, de sa fille, et de son secrétaire.

A notre arrivée à Malte, nous étions tellement malades qu'il fallut des litières pour nous descendre à terre. Le capitaine craignait qu'on ne nous crût atteints d'une maladie épidémique et qu'on ne nous retînt en quarantaine; il nous recommanda de nous armer de tout notre courage, de nous forcer un peu, et d'essayer d'avoir bonne mine.

Nous restâmes vingt-cinq jours à Malte afin de suivre un traitement réparateur qui nous permît de continuer notre voyage. Un M. Slade, ami de mon mari, nous prépara une résidence charmante et bien meublée qui appartenait à l'un de ses amis alors absent. Elle était située près du port de La Valette et était entourée d'un magnifique jardin dans lequel fleurissaient des acacias en grand nombre et où les aloès répandaient leurs délicieux parfums.

Je visitais l'Europe pour la première fois et j'étais étonnée de voir la propreté des rues, les maisons dont les fenêtres n'étaient pas condamnées par des jalousies, et tout le monde qui se promenait en toute liberté et sans gêne d'aucune sorte.

De Malte nous mîmes à voile pour Livourne, où nous quittâmes le cutter pour prendre le paquebot à vapeur qui allait à Civita-Vecchia. Il mouilla à l'Ile d'Elbe pour y prendre les dépêches. La jeune Polonaise, jolie brune dont le teint était d'une délicieuse fraîcheur, se tenait avec moi auprès de l'échelle pour jouir de la vue du port et de la ville et examiner la foule qui attendait au rivage l'arrivée du paquebot. Les visiteurs qui vinrent à bord nous apprirent qu'il y avait le soir même un grand bal chez le gouverneur et nous offrirent de nous procurer des cartes d'invitation, en ajoutant que nous pourrions nous rembarquer avant quatre heures du matin, moment où le paquebot devait lever l'ancre. Nous acceptâmes et nous fîmes la plus belle toilette que nous permît le contenu de nos malles. Comme le sol était couvert de neige, les messieurs qui nous avaient procuré les invitations nous fournirent des planches sur l'une desquelles nous nous assîmes et qu'ils portèrent à quatre. Nous arrivâmes de cette façon à la résidence du gouverneur, où nous fûmes enchantées par l'aspect des salons étincelants de lumière et ornés de lanternes vénitiennes de différentes couleurs.

Le lendemain matin, au lieu de nous rembarquer sur-le-champ, nous allâmes visiter la maison occupée jadis par l'Empereur Napoléon; il était midi passé quand nous revînmes à bord. Le capitaine nous attendait avec impatience et redoutait que ses chefs le réprimandassent sévèrement à cause du retard que nous lui causions.

A notre arrivée à Civita-Vecchia je dis adieu à la comtesse polonaise et à sa charmante fille. J'y trouvai Auguste, mon beau-frère, que ma belle-mère avait envoyé au-devant de moi, et qui m'attendait en cette ville avec l'équipage nécessaire pour m'amener à Rome, où nous ne tardâmes pas à arriver.

Ma belle-mère était une Anglaise convertie au catholicisme qui avait été dame d'honneur de la Duchesse de Lucques. Après avoir quitté cette cour, elle s'était établie à Rome, où elle prenait le titre de comtesse. Circonstance singulière, la comtesse était aussi séparée de son mari, le père du docteur, qui, comme son fils, était un avare des plus distingués. Au bout de huit ans de mariage elle avait été obligée de se séparer de lui.

A l'époque où je fis sa connaissance, elle avait environ soixante ans. Elle me dit qu'elle avait été très-belle dans sa jeunesse; et, en dépit de son âge, sa figure avait encore une expression attrayante.

Elle vivait à Rome d'une pension que lui servait le Pape et d'une seconde que lui faisait la Duchesse de Lucques. Mais, comme elle aimait le luxe et la bonne chère, elle dépensait au-delà de ses ressources et était tellement criblée de dettes qu'elle recevait chaque jour la visite de l'un ou l'autre de ses créanciers venant réclamer ce qui lui était dû, et non pas toujours d'une façon bien polie ; mais elle n'avait pas l'air de s'en inquiéter beaucoup.

Elle était enchantée de me voir ; quant à moi je n'étais rien moins que ravie de me trouver dans sa société. Se plaisant à entretenir des idées de piété exagérée, elle et sa fille étaient toujours à l'église et passaient la plus grande partie de la journée dans leur chapelle ou dans de longs entretiens avec leurs confesseurs.

En quittant l'Orient pour voyager en Europe, j'avais compté trouver beaucoup de plaisir à visiter tout ce qu'auraient de remarquable les différentes villes où je passerais; mais la retraite sévère où j'étais confinée actuellement était peu faite pour me faire préférer le pays où je venais d'arriver à celui que j'avais abandonné. Pourtant la retraite, quoique difficile à supporter par une jeune personne, peut offrir à l'esprit les douceurs du repos.

Malheureusement, celle à laquelle j'étais condamnée était un véritable enfer où j'avais à subir les plus cruels raffinements du martyre. Je me trouvais pour ainsi dire dans un cachot dans lequel ma belle-mère m'entourait d'intrigues et de cabales sans nombre. En d'autres termes, la comtesse avait formé le projet de se débarrasser de moi dans son intérêt propre et dans celui de son fils. En me séparant d'elle, elle voulait m'arracher mes enfants et les faire élever dans la religion catholique. Quant à son fils, il ne cherchait qu'un prétexte de divorce afin de pouvoir épouser une autre femme: La comtesse lui vint donc en aide, et sous le coup des tortures morales et physiques qu'elle m'infligeait, elle réussit à déterminer chez moi un accès de folie. Les symptômes ne s'en étaient pas plus tôt manifestés qu'elle écrivit à son fils le médecin, lequel se hâta de présenter une demande de divorce au patriarche grec de Constantinople.

En attendant, la comtesse, qui tenait vivement à s'assurer la faveur du Pape, me fit partir à la hâte de Rome et remit aux mains des prêtres mes deux enfants, Évelyne et Frédéric. Puis la comtesse et son fils mirent tout en œuvre, l'une pour s'assurer la possession de sa proie, l'autre pour satisfaire l'opinion publique ; à eux deux, ils tiraillèrent les affections de mes pauvres enfants, les mirent en pièces, et les détruisirent pour jamais.

En quittant Rome je repris le chemin de Constantinople où j'appris facilement ce qui s'était passé en mon absence. Le médecin s'était remarié richement avec une veuve grecque. A mon arrivée il m'envoya un mot pour m'apprendre que, si je voulais aller me fixer à Paris, il m'y servirait une pension viagère. Je refusai d'abord une pareille proposition ; mais informée que les cours consulaires ne feraient rien pour moi et que les tribunaux du Pape se prononçaient toujours en faveur du plaideur qui était le mieux à même de corrompre les juges, je me décidai à partir.

Chemin faisant, pourtant, l'amour que je portais à mes enfants me fit essayer une dernière tentative pour les arracher des mains de la femme perverse qui avait usurpé mes droits. Dans cette intention, je quittai le paquebot à son arrivée à Messine et je retins une place sur l'un des bateaux qui font le service des côtes. A Civita-Vecchia je pris la diligence et fis route pour Rome.

Par malheur, la comtesse avait appris mon arrivée, et, se doutant de l'objet de mon voyage, elle eut recours au gouvernement papal et me fit reconduire à la frontière par les sbires ou les agents de la police pontificale. C'est ainsi que, par un odieux abus de pouvoir, furent foulés aux pieds les plus sacrés de tous les droits, ceux d'une mère sur ses enfants.

Mon entreprise ayant échoué, j'abandonnai le projet que j'avais formé d'aller en Angleterre et je me mis en route pour Paris, où j'avais à prendre des dispositions relatives à ma pension.

Aussitôt arrivée, je m'empressai d'aller rendre visite à l'agent pour lequel j'avais des lettres de crédit. Mais quelle ne fut pas ma surprise quand il me déclara que mon mari, le docteur, avait mis comme condition de payement que je donnerais, devant le maire, mon consentement au divorce illégal qu'il avait obtenu du patriarche grec.

Me voyant victime d'une basse perfidie, je me décidai, vu ma qualité d'étrangère, à avoir recours à l'ambassadeur de Turquie, duquel je sollicitai le retour gratuit dans mon pays natal.

A cette époque, c'était Féty-Pacha qui était ambassadeur du Sultan à la cour de Louis-Philippe. Je fus présentée à Son Excellence par un de mes parents.

L'ambassadeur ottoman me fit un accueil très-gracieux et nous dit qu'il devait rester encore quelques mois à Paris, et qu'il retournerait ensuite à Constantinople pour y épouser une fille du Sultan régnant, Mahmoud.

Il se montra, à tous égards, rempli de courtoisie pour nous, et prit sur lui de m'aider dans les difficultés auxquelles j'étais en butte.

Ce fut à cette époque que je fis la connaissance de Kibrizli-Mehemet-Pacha, qui était alors attaché militaire de la légation. Dès notre première entrevue, Kibrizli se montra plein d'attentions et d'égards pour moi, et, partout où nous nous rencontrâmes, il s'efforça de se rendre agréable. Ces premières marques d'intérêt furent bientôt suivies d'une demande en mariage que, pour ma part, j'étais toute disposée à accepter. Mon premier mari n'avait pas hésité à contracter une nouvelle alliance, et je me croyais le droit de suivre son exemple en accordant ma main à un homme qui avait déjà conquis mon affection. Kibrizli-Pacha possédait toutes les qualités intellectuelles et physiques qui peuvent rendre aimable. En l'épousant, j'espérais pouvoir oublier les infortunes d'un premier mariage qui avait été plus que malheureux.

Mon séjour à Paris fut de courte durée, car le départ de Féty-Pacha pour Constantinople m'obligea à suivre le sort de mon fiancé. J'emmenai avec moi un jeune nègre, âgé de dix-sept ou dix-huit ans, natif de Bordeaux, auquel je donnai le nom de Mustapha.

III.

MON RETOUR A CONSTANTINOPLE. — MON SÉJOUR AU HAREM DE HAIDER-EFFENDI. — INTRIGUE EN COMPAGNIE D'UNE JEUNE CIRCASSIENNE. — J'ENTRE AVEC ELLE AU SÉRAIL. — SA FUITE. — PORTRAIT DE LA SULTANE ESSEMAH.

A mon arrivée à Constantinople, je me présentai à Féty-Pacha. Il m'adressa à l'un de ses amis, auquel il avait demandé l'hospitalité pour moi. En conséquence, une résidence me fut assignée au palais de Haïder-Effendi, qui était situé dans le quartier de Sainte Sophie.

Ce palais était habité par quinze ou vingt dames : mères, belles-mères, tantes, sœurs, cousines, belles-sœurs, et autres parentes du chef de la maison. C'était un séjour spacieux et meublé avec luxe.

Nous passions le temps très-agréablement à causer, danser, faire de la musique, écouter ou raconter des contes, etc. ; en un mot, nous cherchions à nous amuser par tous les moyens possibles.

Nous étions à l'époque du Ramazan, le carême des Musulmans. Tant qu'il dure, leur religion leur interdit de manger, de boire, et de fumer pendant toute la durée du jour. A minuit, un crieur public parcourt les rues en frappant sur un grand tambour (*daul*), et éveille tous les habitants. Alors les femmes se mettent à préparer le repas, car il est permis de manger et de boire jusqu'au point du jour. A cette heure, le crieur repasse pour défendre de prendre quoi que ce soit ; alors on se rince la bouche, et l'on va dormir jusqu'à la tombée de la nuit. Comme il ne m'allait pas du tout de prendre mes repas pendant la nuit et de dormir le jour, j'avais l'habitude de mettre de côté différents comestibles que je mangeais en secret dans le courant de la journée. Ce stratagème n'était pas une invention qui m'appartînt en propre ; car bien des Musulmans, et même des Pachas, ne se font pas scrupule de rompre secrètement le jeûne. Cela ne les empêche pas, quand ils sortent pendant le jour, de soutenir leur rôle et de prendre l'air débilité et languissant de gens qui meurent de faim.

Durant tout ce mois, les riches tiennent maison ouverte. Ils reçoivent toutes les personnes qui se présentent, et chaque pauvre est renvoyé, après avoir pris son repas, avec une petite somme de monnaie enveloppée dans un mouchoir.

Pendant les nuits du Ramazan, la jeunesse musulmane des deux sexes passe son temps à se promener à travers les rues de Stamboul, à visiter les mosquées, et à fréquenter les cafés et les autres lieux de plaisir. Les promeneurs nocturnes portent habituellement de petites lanternes de différentes couleurs, vertes, rouges, bleues, etc. L'effet produit par cette quantité de lanternes qui jettent une lueur mystérieuse est extrêmement original et attrayant.

Une Circassienne, appelée Nazib-Hanum, fille adoptive de la sœur du Sultan, vint une de ces nuits nous rendre visite. Elle avait l'humeur vive et enjouée, et nous pouvions faire ensemble, je puis le dire pour les deux, un couple bien assorti.

Se tournant de mon côté elle me dit : —

— Si vous voulez, ma chère, nous nous habillerons en hommes (car les femmes ne peuvent pas pénétrer dans les mosquées) et nous irons ensemble à Sainte Sophie pour y voir la fête de cette nuit.

Nous revêtîmes un costume masculin, nous prîmes de petites lanternes, et nous nous dirigeâmes vers la mosquée. En y mettant le pied nous fûmes littéralement éblouies. Les colonnes étaient couvertes de la base au sommet de lustres chargés de verres de couleur; la musique du Sultan jouait; et la foule était si serrée qu'il était presque impossible d'entrer. Après être restées quelques instants prosternées comme les célébrants eux-mêmes, nous voulûmes nous retirer, et nous essayâmes de regagner la porte par laquelle nous étions entrées; mais, comme il y en a plusieurs, nous sortîmes par une autre que celle que nous cherchions.

Une fois dehors, nous entendîmes derrière nous deux jeunes gens qui nous criaient : —

— *Beyler! Beyler!* — c'est-à-dire : Messieurs, messieurs! n'allez pas si vite; venez avec nous au café prendre quelques rafraîchissements.

Supposant, en entendant ces paroles, qu'on avait découvert notre supercherie, nous pressâmes le pas, sans répondre. Cependant les jeunes gens s'obstinèrent à nous suivre et à nous interpeller.

Sérieusement alarmées, nous nous hâtâmes de plus en plus.

— J'ai peur, ma chère, — me dit ma compagne, — d'être obligée de m'arrêter, si l'on continue de nous suivre. Ces jeunes gens doivent se douter de notre déguisement et nous poursuivent sérieusement.

Fatiguées de cette course, nous aperçûmes un vieillard d'apparence vénérable qui s'approchait de nous. Nous l'accostâmes et le priâmes de vouloir bien nous escorter jusqu'à la maison où nous nous rendions. Ceux qui s'étaient mis à nos trousses lui demandèrent s'il nous connaissait.

— Ce sont des étrangers, — répondit-il. — Je les reconduis chez eux.

Quand nous arrivâmes, nous étions accablées de fatigue. Nazib-Hanum passa la nuit avec moi. Le matin, en nous quittant, elle m'engagea à lui rendre visite au palais, le lendemain.

Je m'y rendis, comme c'était convenu, et elle me fit visiter les appartements des dames et ceux de la Sultane. Le divan de sa chambre était de velours rouge brodé de perles. Ensuite elle me fit asseoir dans une immense pièce dans laquelle Essemah-Sultane, sœur du Sultan Mahmoud et dame d'un âge déjà avancé, vint nous rejoindre. Elle était accompagnée de plusieurs jeunes femmes, dont la moitié portaient des habits d'hommes, et elle s'assit sur un grand fauteuil doré.

Quelques-unes de ses suivantes se mirent à danser

et la princesse m'invita à suivre leur exemple. Je revêtis un costume magnifique et je me mêlai aux autres jeunes femmes. Nazib-Hanum qui m'avait introduite, nous faisait de la musique, d'une façon enchanteresse, sur une espèce de guitare. Tout à coup on annonça le Sultan ! Nous allions nous retirer, quand sa sœur nous engagea à rester en nous disant : —

— Sa Hautesse sera charmée de vous voir vous livrer à ces amusements.

Mahmoud nous regarda quelque temps, puis offrit la main à Nazib-Hanum, qui me servait de chaperon, et fit plusieurs tours avec elle dans la chambre, en lui causant avec beaucoup de gaîté. Revenant auprès d'Essemah-Sultane, il lui dit qu'il lui serait extrêmement obligé si elle voulait lui céder cette jeune femme. Elle refusa, en disant que, si elle consentait à son désir, il serait attaché trois ou quatre jours à sa nouvelle épouse, et qu'il faudrait ensuite que celle-ci passât le reste de sa vie dans un coin du palais. Il se retira sur ces paroles pour aller prendre son repas.

Il ne parut pas y consacrer beaucoup de temps, car presque aussitôt après son départ on nous apporta les plats qui avaient passé sur sa table. Je n'étais pas fâchée de cette circonstance, car depuis le matin je n'avais rien pris.

Quand l'heure de se mettre au lit fut arrivée, Nazib me fit voir sa chambre, dans laquelle on avait préparé un lit pour moi à côté du sien. J'étais couchée quand j'entendis frapper à la porte. C'était une jeune femme qui venait s'assurer si ma compagne n'avait pas trouvé de lettre. Ouvrant un petit guichet pratiqué dans le store de la fenêtre, elle en retira un cordon auquel une lettre était attachée. Elle se mit à pousser des éclats de rire et se dépêcha d'écrire une réponse qu'elle attacha au cordon, puis elle le laissa tomber.

Appelant la trésorière, elle lui dit en grande joie : —

— C'est ce petit mauvais sujet que nous avons rencontré si souvent qui m'a écrit. Je lui ai répondu que je serais heureuse de le voir et qu'il pourra nous voir demain à la promenade dans le passage principal du Bazar.

Le matin Nazib-Hanum prit l'attelage de la Princesse et se fit accompagner de moi, tandis que deux jolies petites esclaves déguisées en hommes nous suivaient à cheval. Nous ne tardâmes pas à voir s'approcher de nous un jeune homme qui jeta des fleurs et une lettre dans notre voiture. La jeune Circassienne mit pied à terre, lui dit quelques mots à la dérobée, et parvint à lui glisser une lettre sans être aperçue.

Le jeune homme était un marchand grec du Bazar, dont Nazib était éprise. Il n'avait rien de remarquable pour la beauté, et quant à la fortune il ne possédait rien ; c'était un aventurier qui cherchait à s'enrichir en épousant une des dames de la cour. Il faut dire que Nazib jouait un jeu dangereux, car, en s'amourachant d'un chrétien, elle courait le risque d'être liée dans un sac et jetée dans le Bosphore avec un boulet aux pieds.

Quelque temps après la nouvelle se répandit qu'elle avait pris la fuite. Voici comment elle s'y prit. Elle écrivit à celui qu'elle aimait de venir l'attendre un certain jour avec une barque toute prête amarrée devant le palais du côté le plus voisin de la mer. Elle se procura, à l'aide de Grecques qu'on laisse pénétrer dans les harems pour vendre à celles qui y résident des objets de différentes sortes, un habillement à l'européenne avec un voile assez épais pour dissimuler les traits de sa figure. Elle prit avec elle des diamants et d'autres objets précieux formant une partie du trousseau que lui avait donné Essemah-Sultane, dont l'intention était de la marier prochainement. Profitant de ce que des Européennes visitent souvent le palais, tandis que leurs maris les attendent au dehors, elle passa rapidement devant les gardes, qui remarquèrent son étrange ressemblance avec la fille adoptive de la sœur du Sultan. Elle prit le bras de celui qui l'attendait avec le sang-froid le plus parfait; ils gagnèrent une barque, montèrent à bord d'un vaisseau qui levait l'ancre, et quittèrent Constantinople et la Turquie.

Le lendemain, Essemah-Sultane fit appeler sa protégée pour aller rendre hommage au Sultan Abdul-Medjid, son neveu, qui venait de monter sur le trône. En dépit de toutes les recherches, on ne put découvrir la retraite de la jeune Circassienne. Ce ne fut qu'après un intervalle de temps considérable qu'on apprit qu'elle s'était mariée à Galatz avec le jeune Grec qui l'avait enlevée.

Nazib-Hanum, après son mariage, eut à subir bien des vicissitudes. Son mari s'enfuit avec tout ce qu'elle possédait et termina sa carrière en faisant banqueroute. La pauvre femme resta veuve avec douze enfants. Ne pouvant parvenir à vivre et à élever sa nombreuse famille, Nazib se décida à se réfugier parmi ses anciens maîtres et elle revint à Constantinople, vieillie et couverte de haillons. Les Turcs, au lieu de lui reprocher sa conduite, la reçurent avec bonté et lui ont procuré jusqu'à aujourd'hui des moyens de subsistance.

La Princesse était une femme aux passions très-violentes et en même temps d'un caractère extrêmement cruel. Elle exerçait une grande influence sur son frère, le Sultan Mahmoud. On raconte d'elle qu'elle s'amusait à réunir en sa présence dix jeunes Grecs rasés et fardés, qu'elle faisait danser en costumes de femme. Plusieurs fois, son frère ayant eu connaissance des débauches auxquelles elle se livrait avec ces danseurs, les avait fait capturer et mettre à mort sans que sa sœur en parût le moins du monde affectée.

Un jour, qu'elle se promenait dans la campagne, elle aperçut un jeune paysan d'aspect agréable, qu'elle invita à venir au palais avec des fleurs et d'autres objets insignifiants. Il s'y rendit et l'on n'entendit plus jamais parler du malheureux garçon : il avait été massacré, après avoir servi de passe-temps à cette femme capricieuse et cruelle.

IV.

MON MARIAGE AVEC MEHEMET-PACHA. — GUEUZLUKLU-RECHID-PACHA ME CHARGE DE LUI TROUVER UNE FEMME. — MOYEN QUE J'EMPLOIE. — LA FILLE DE HAFUZ-PACHA LUI EST ACCORDÉE.

Le Ramazan terminé, mon prétendu, Kibrizli-Mehemet-Bey, se hâta de faire les préparatifs nécessaires pour la célébration de notre mariage. Féty-Pacha, qui nous avait pris sous sa protection, supporta la plus grande partie de la dépense et nous aida par tous les moyens en son pouvoir.

Nous étions au jour qui suit la nuit appelée Kadir-Gedjessi, laquelle précède de trois jours la fin du Ramazan. Cette nuit-là, les minarets sont illuminés avec des lustres noircis, qui forment des vers et des maximes tirées du Coran. Le Sultan se rend en grande pompe dans une mosquée, à la lueur des torches, avec une escorte de soldats ; il est précédé de musiciens et accompagné des grands officiers de l'État. Les dames turques saisissent cette occasion pour sortir et pour converser plus librement que pendant le jour avec ceux qui s'approchent de leurs équipages pour les complimenter et leur offrir des bouquets et des bonbons.

Ce jour-là, une vieille dame, femme de l'iman qui devait célébrer notre mariage, me prit dans sa voiture et me conduisit à la maison de mon futur, située sur une éminence, d'où l'on avait la vue de Tophané. Cette construction, qu'entourait un jardin, était très-petite ; elle ne comprenait que trois chambres à coucher et un salon servant de harem, indépendamment d'une petite chambre à l'usage des hommes, appelée *sélamlik*. De ce point culminant, on avait une vue magnifique. A nos pieds était le Bosphore et, dans le lointain, sur la rive opposée, les riants coteaux de Scutari. L'ameublement, à l'orientale, était de la plus grande simplicité.

Après avoir accompagné le Sultan à la mosquée, Kibrizli-Méhemet-Bey arriva, suivi d'un général, d'un autre officier supérieur, et de l'iman ou prêtre. La cérémonie nuptiale est très-simple pour ceux qui ne se marient pas pour la première fois. La fiancée se retire près de la porte du harem; le fiancé et l'iman se tiennent de l'autre côté. Celui-ci demande, à trois reprises à chacune des parties, si elle accepte l'autre en mariage. Quand il a reçu à chaque fois une réponse affirmative, il récite quelques prières et se retire, après avoir pris un verre de sorbet. Ensuite les témoins se retirent, le mari entre dans le harem, offre la main à son épouse, et reste seul avec elle.

Dans la matinée, le mari sort et la femme profite de son absence pour mettre ses plus beaux atours. Elle orne sa tête d'une riche parure couverte de brillants et placée sur ses cheveux qu'elle laisse flotter en liberté, puis elle revêt une longue robe traînante de soie brodée d'or. Notre personnel se bornait à une vieille femme et à un esclave noir. Toutes les fenêtres étaient munies d'une grille de bois; quelques-unes avaient, en outre, de petits balcons entourés de treillages appelés *djumbas*. De ces fenêtres, nous pouvions voir sans être vus. Je pus remarquer que notre jardin était très-beau, et, de plus, qu'il s'y trouvait quatre petites portes donnant accès chez quelques-uns de nos voisins.

En ce moment, ces portes s'ouvrirent pour donner passage à plusieurs dames, jeunes et vieilles, accompagnées de leurs enfants, petits garçons et petites filles de six à huit ans. Elles entrèrent dans ma chambre, sans cérémonie, pour voir, disaient-elles, la nouvelle arrivée.

J'étais le sujet de leurs observations.

— Cette dame est vraiment belle, Mashallah! — disait l'une.

— Êtes-vous Turque ou Circassienne? — demandait une autre en s'approchant de moi.

— Je suis Géorgienne, — répliquai-je.

— N'avez-vous pas de sœur? — fit une troisième. — J'ai un fils auquel je serais heureuse de donner une femme qui vous ressemblât.

— Je n'ai pas de sœur.

Après chaque question, elles s'entretenaient entre elles, soit en turc, soit en circassien. Les unes s'en allaient et d'autres survenaient, qui m'assaillaient de questions aussi oiseuses que les précédentes, sans m'accorder un moment de répit.

Remarquant qu'elles habitaient le même quartier que moi et qu'elles étaient toutes mères ou femmes d'officiers, je les traitai avec considération et évitai tout ce qui aurait pu leur donner de l'ombrage. Je n'osai pas prendre un instant de repos et je craignais de les offenser en leur demandant la permission de me retirer. Elles ne me laissèrent seules qu'à la tombée de la nuit.

La prudence m'obligeait à agir de la sorte. En effet, la nomination des officiers n'est soumise à aucune règle fixe; la faveur et le caprice dictent les décisions en vertu desquelles ils sont choisis; les femmes elles-mêmes se donnent beaucoup de peine à cet égard en faveur de leurs fils, de leurs frères et de leurs maris. Comme elles font beaucoup de visites, elles s'efforcent de se rendre agréables aux femmes des ministres et des généraux en chef afin qu'elles parlent dans l'intérêt de leurs protégés, quand elles se trouvent seules avec leurs maris et qu'à force de les importuner elles en obtiennent ce qu'elles désirent. Il n'y a rien d'extraordinaire qu'un jeune homme de vingt-cinq ans n'ayant jamais fait de service actif soit nommé général de brigade ou de division ou nommé à quelque importante fonction navale ou militaire. Il est facile de comprendre qu'avec une pareille organisation les troupes ottomanes doivent perdre le bénéfice de la valeur personnelle des soldats qui les composent.

Aussitôt après notre mariage, mon mari reçut, grâce à l'intérêt que lui portait Féty-Pacha, le titre de *bey* ou colonel, et trois ou quatre mois après celui de *liwa* ou général de brigade. A cette occasion, il eut l'honneur de recevoir une visite de son général de division, Gueuzluklu-Rechid-Pacha. Après les compliments d'usage, il fit part à Méhemet-Bey de l'intention qu'il avait de se marier. Il pria mon mari de me faire placer derrière la porte de façon à pouvoir entendre sans être vue ce qu'il avait à dire à ce sujet. N'ayant aucune relation de parenté, car il était originaire de Géorgie, il désirait que je me chargeasse dans son interêt des devoirs qui sont ordinairement dévolus à quelque parente, quand il s'agit de trouver une femme.

Il avait vécu en Europe et donnait à entendre qu'il désirait une femme grande et mince, comme le sont en général les Européennes, et qui, de plus, fût douée d'une figure agréable.

Je me mis sur-le-champ en campagne ; je fis la toilette qui pouvait me donner le plus d'avantages et je visitai successivement toutes les familles dont le rang allait de pair avec celui du général. Voici l'usage établi pour ces visites : on se présente à la porte d'une maison où l'on sait qu'il y a une fille à marier.

— Que désirez-vous, madame?

— Je voudrais voir votre jeune demoiselle?

Introduite sur-le-champ dans le salon on s'assied sur un divan tandis que la jeune personne se pare de ses plus beaux atours. Elle est introduite, vous salue avec le mouchoir qu'elle porte à la main, et s'assied, sans cesser de baisser les yeux, sur un siége placé en face du vôtre et préparé spécialement pour elle. On apporte ensuite le café dans une petite tasse d'argent. La jeune fille reste là tant qu'on est occupé à boire; dès que la tasse est vide, elle se retire; de sorte qu'on prend le café aussi lentement que possible, afin de pouvoir examiner des pieds à la tête la personne qu'on est venu voir.

Dès qu'elle est sortie, une de ses parentes, sa mère ou sa sœur aînée, arrive et s'informe de ce qu'on pense de la jeune fille. On répond naturellement à cette question de la manière la plus élogieuse. Ensuite la dame à laquelle on a affaire explique ce que possède la jeune fille en objets de toilette et en bijoux, et indique le montant de sa dot.

Il ne faut pourtant pas s'en rapporter aveuglément à ces renseignements. Il arrive souvent qu'après avoir promis davantage qu'ils ne peuvent ou qu'ils ne veulent donner, les parents ne remettent, une fois le mariage conclu, qu'une quantité d'effets ou d'argent bien inférieure à celle qu'ils avaient fait miroiter d'abord. Il n'existe aucun moyen de les obliger à remplir leur promesse, car on ne sait pas ce que c'est qu'un contrat antérieur au mariage, et ce serait contraire à tous les usages reçus.

En prenant congé de la famille je donnais l'assurance que je rapporterais tout à la personne dont j'étais l'intermédiaire et que je ferais savoir si le mariage lui convenait.

Chaque soir je rendais compte à mon mari du

résultat de mes visites, qui en faisait part à Gueuzluklu-Rechid-Pacha. Mais celui-ci paraissait bien difficile à satisfaire : tantôt il y avait une parenté trop nombreuse; tantôt la fortune n'était pas suffisante; cette autre était trop grande ou avait les yeux bleus, tandis qu'il préférait les noirs; une quatrième était trop vieille. En résumé, aucune d'elles ne pouvait arrêter son choix. Pendant vingt jours je ne cessai pas un instant d'assaillir la demeure des ulémas, des généraux, des ministres, et de tous les grands dignitaires.

Fatiguée de tant de démarches inutiles, je pris la résolution de demander en mariage au nom du Pacha la première demoiselle à laquelle je rendrais visite. Il m'avait envoyé un bouquet enrichi d'un diamant magnifique dont je pouvais me servir à cet effet. Je le confiai aux mains d'une Circassienne que j'emmenai avec moi en dirigeant mes pas vers le palais de Hafuz-Pacha, situé à Stinie, sur le Bosphore. Sa femme vint pour me recevoir. Bien qu'âgée d'environ cinquante ans, cette dame avait le bras et la main si beaux que j'en garde encore le souvenir. Elle me fit entrer au salon où sa conversation me charma, tant à cause de la douceur de sa voix que pour l'enjouement et l'éclat de ses discours. Aussi, après avoir vu et entendu la mère je ne pouvais être que favorablement disposée pour la fille.

Celle-ci ne tarda pas à paraître. Elle était grande, pleine de santé, avec des traits réguliers et un teint éclatant de blancheur; elle avait la main et le bras d'une aussi grande beauté que sa mère, mais ses cheveux et ses sourcils étaient roux et ses yeux d'une nuance châtain clair. Ce n'était pas du tout ce qu'il fallait à Gueuzluklu-Rechid-Pacha, car il voulait une femme svelte aux cheveux et aux yeux noirs.

Ennuyée d'avoir rendu tant de visites sans aboutir à rien, je me décidai du premier coup à demander la jeune fille dont la fortune, du reste, était considérable. Je lui plaçai sur la tête le présent que j'avais apporté pour elle en lui disant que Son Excellence la prenait pour femme. En rentrant chez moi, je rendis compte de mon message en ayant soin de ne rien dire des cheveux roux de la fiancée.

Quelques jours après un appartement superbement meublé fut préparé à la résidence de Hafuz-Pacha pour la future épouse et son fiancé. Je vins rendre visite à la jeune fille pour m'assurer qu'elle s'était procuré les parures de noces. Je pris avec moi une Grecque fort habile qui lui teignit les cheveux, les sourcils, et les cils; cette opération, qui faisait ressortir davantage l'éclat naturel de son teint, lui donna un air très-agréable.

Malgré cette précaution, je craignais un peu les suites, car Gueuzluklu-Rechid-Pacha avait menacé de répudier sa femme le lendemain de ses noces s'il ne la trouvait pas à son goût et d'en faire de sérieux reproches à mon mari et à moi.

Le lendemain matin Gueuzluklu-Rechid-Pacha vint à la maison, et, loin de se plaindre, il fit de vifs éloges de mon choix. Il paraissait très-satisfait des charmes de son épouse.

Quelque temps après il fut chargé du commandement d'une expédition militaire destinée à soumettre les Kurdes. Il emmena sa femme avec lui et l'aimait tellement qu'il ne la répudia jamais et n'épousa pas d'autres femmes. A sa mort, qui eut lieu à Bagdad en 1864, il lui laissa une fortune considérable.

V.

PORTRAIT DU SULTAN ABDUL-MEDJID. — HISTOIRE DE BESMÉ-HANUM. — DISGRACE DE MÉHEMET-PACHA. — MALHEUREUSE SITUATION DANS LAQUELLE JE ME TROUVE APRÈS SA DESTITUTION.

Son chef principal étant parti, mon mari se trouvait aux ordres non plus d'un ami, mais d'un ennemi, car leurs opinions politiques étaient différentes. Les chefs auxquels il eut à obéir successivement appartenaient à une *camarilla* composée d'individus corrompus et sans valeur aucune. Il y eut d'abord un gendre du feu Sultan Mahmoud, appelé Méhemet-Ali-Pacha; puis vint Riza-Pacha, auparavant chambellan du Sultan défunt. L'un et l'autre cachaient à Abdul-Medjid la véritable situation des affaires; leur seul souci était d'augmenter leur fortune. Méhemet-Pacha, au contraire, se contentait de ce qui lui revenait légitimement et s'efforçait par tous les moyens possibles d'améliorer le sort de son pays.

En montant sur le trône Abdul-Medjid s'était appliqué avec ardeur à favoriser le mouvement civilisateur inauguré par son prédécesseur Mahmoud. Il voyait clairement que l'ancien système menaçait l'Empire d'une ruine certaine. Il reposait complétement, en effet, sur la formidable milice des Janissaires, corps d'un courage indomptable, d'un dévouement sans bornes aux intérêts de l'État, et dont l'autorité maintenait le peuple dans un état d'assujettissement absolu. Malheureusement ils ne se contentaient pas d'un rôle subordonné à celui du Sultan ; ils voulaient le maîtriser et cette ambition causa leur perte. Quand cette milice fut détruite, il fallut trouver les moyens de donner une nouvelle base à l'organisation de l'Empire ottoman. Le Sultan pensa qu'on ne pouvait y parvenir qu'en réformant les abus.

D'un caractère très-doux et peu propre à la lutte, Abdul-Medjid rencontra une résistance invincible à l'exécution de ses desseins de la part du vieux parti musulman, très-nombreux encore aujourd'hui, mais qui formait alors une immense majorité aussi bien chez les officiers de l'État que dans le peuple. Ce parti croyait que la sûreté de l'Empire dépendait de l'application rigoureuse des principes mahométans, de l'abaissement des infidèles, et de leur extermination au dedans et au dehors.

Le Sultan dont les projets relatifs à l'administration intérieure se trouvaient paralysés, était consterné des progrès que faisait à cette époque la politique étrangère en cherchant à profiter de tous les torts du gouvernement ottoman envers les populations chrétiennes pour étendre sur elles sa domination. Il voyait avec un profond désespoir que tous ses efforts seraient impuissants pour retarder la chute de la puissance des Osmanlis.

Les ministres, loin d'essayer de relever ses espérances, l'engagèrent à oublier dans les jouissances sensuelles les sombres pensées qui l'assaillaient.

— Vous êtes notre Sultan, — lui disaient-ils, — à vous le repos et les plaisirs, à nous les tracas et les fatigues des affaires publiques.

Tout en lui tenant ce langage, ils le faisaient une règle d'offrir à leur maître aussi souvent que possible les repas les plus somptueux où ils se poussaient à boire au-delà du nécessaire ; ils l'habituèrent ainsi à faire un usage immodéré de vins et de boissons spiritueuses et l'amenèrent à leur abandonner les rênes du gouvernement.

Ils essayèrent aussi de le détourner du soin des affaires publiques en favorisant son goût naturel pour le luxe et la dissipation. Ils lui donnaient autant d'argent qu'il en demandait, dans la persuasion où ils étaient qu'ils auraient la faculté d'agir à leur guise tant que le souverain, retiré dans son palais, ne connaîtrait que par eux ce qui se passait au dehors.

L'amour du Sultan pour ses nombreuses femmes ruinait le pays. Elles obtenaient de lui et sur-le-champ la satisfaction de tous leurs caprices, quel qu'en fût l'objet. Elles en profitaient pour se faire donner par lui les plus coûteux présents. Couvertes de diamants et suivies de nombreuses esclaves en toilettes presque aussi somptueuses que celles de leurs maîtresses, elles sortaient dans des équipages dont chacun coûtait avec tout ce qui en dépendait environ 900,000 piastres (200,000 fr.). Leurs appartements étaient constamment remplis d'ameublements nouveaux. Dans l'espace de deux ans, on acheta à quatre reprises différentes un mobilier complet pour le Sérail.

Loin de récompenser par leur fidélité envers leur maître sa bonté pour elles, on les voyait aller partout presque sans voiles et tenir avec les jeunes gens les conversations les plus animées. Pendant la nuit, elles se mettaient à leurs fenêtres, elles appelaient les passants, et les faisaient entrer au palais. Celles qui étaient sans amants faisaient exception. Souvent les faveurs d'une odalisque ou d'une des femmes du Sultan étaient suivies de cadeaux assez considérables pour faire la fortune de celui qui les recevait. Ces femmes ne s'inquiétaient pas le moins du monde, en effet, de la valeur des objets qu'elles donnaient; c'était un véritable pillage.

Le Sultan, dont la bonté touchait aux limites de la faiblesse, refusait de croire aux rapports qui lui parvenaient contre celles qu'il aimait ou contre toute autre femme. Mais, s'il accordait peu d'attention à ce qu'on lui disait contre ses femmes, il écoutait celles-ci, au contraire, si facilement qu'il ne pouvait rien leur refuser. Il suffisait d'être le favori ou l'ami du favori de l'une des dames du Sérail pour s'enrichir ou arriver aux plus hautes dignités. La Sultane Valideh, mère du souverain, était la plus puissante de toutes et dépassait de beaucoup toutes les dames du palais par son libertinage et sa soif du pouvoir. On peut juger des conséquences qu'un tel système pouvait amener dans tous les degrés de l'administration.

La façon d'agir d'Abdul-Medjid à l'égard de Besmé-Hanum, une de ses femmes, fera voir jusqu'à quel point il poussait la faiblesse. Un jour qu'il était allé rendre visite à Missirli-Hanum, veuve du fameux Ibrahim, Pacha d'Egypte, il vit une esclave dont la beauté fit une impression si profonde sur son cœur qu'il n'eut plus qu'un désir, celui de la posséder.

Informée de la passion que ses charmes avaient inspirée au Sultan, la jeune esclave se refusa à devenir sa concubine. Elle ne voulut pas consentir à prêter l'oreille à ses instances, à moins qu'il ne consentît à l'épouser. A cette réponse le Sultan fut très-embarrassé. Sa puissance, toute grande qu'elle fût, ne lui permettait pas d'obliger une esclave à céder à ses désirs (les esclaves ont beaucoup moins d'importance qu'on pourrait le supposer); d'un autre côté, jamais Sultan n'avait contracté mariage ; en prenant une épouse, il violait tous les usages établis.

Sollicité par la vivacité de sa passion et la faiblesse de son caractère, Abdul-Medjid se décida pour le parti le plus agréable ; il consentit à épouser la femme qui était l'objet de son amour. Leurs noces furent célébrées avec une magnificence extraordinaire, et, chose rare pour un souverain ottoman, il lui resta fidèle. Il avait non-seulement de l'amour, mais encore de l'estime pour sa femme. Il alla jusqu'à lui confier son fils, enfant d'environ sept ans dont la mère était morte.

La Sultane, au lieu de répondre à l'amour passionné qu'il lui avait témoigné, préféra nouer des intrigues avec les plus humbles serviteurs du palais, tels que les jardiniers, les portiers, etc. Poussée par la jalousie, elle voyait d'un œil haineux l'enfant dont elle aurait dû respecter l'âge tendre et la condition. Elle le considérait comme un obstacle insurmontable en ce sens que, si elle donnait naissance à un fils, celui-ci ne pourrait pas monter sur le trône. Elle maltraitait sans cesse le jeune Prince, et en vint à ce point de haine à son égard qu'elle le mordit un jour cruellement au bras. Personne n'osait informer Sa Majesté de ce qui s'était passé ; épris comme l'était Abdul-Medjid, il aurait peut-être refusé de croire le rapport qu'on lui en aurait fait, et alors malheur à celui qui s'en serait chargé.

Pourtant, un serviteur fidèle trouva le moyen de faire connaître l'état des choses à son maître sans se compromettre. Il était chargé parfois d'amuser le Sultan avec le spectacle appelé Kara-Gheuz (les ombres chinoises), et il avait le privilége de composer de petites pièces de théâtre. Il profita de cette circonstance pour représenter devant le souverain une espèce de comédie dont les principaux personnages étaient un Sultan amoureux qui épouse une esclave et une Sultane qui prostitue ses faveurs aux derniers employés du palais, maltraite l'héritier du trône, finit par le tuer, et obtient son pardon de son faible et aveugle époux.

Abdul-Medjid comprit l'allusion. Il envoya chercher le jeune Prince, le questionna, lui arracha l'aveu de ses souffrances, et découvrit sur sa personne les traces du traitement cruel qu'il avait subi. Le lecteur supposera peut-être qu'enflammé de jalousie et indigné de la conduite de Besmé envers son fils, il la fit coudre dans un sac et jeter à la mer. Il n'en fut rien. Le Sultan, modéré dans sa colère même, fit appeler la Sultane Valideh, et, sans lui indiquer le motif de sa conduite, il lui ordonna de faire partir le lendemain Besmé-Hanum avec toutes les richesses qu'il lui avait prodiguées, sur une galère de plaisance offerte par lui.

Quand elle fut sortie du Sérail, Besmé continua avec une effronterie révoltante la série de ses méfaits. Ayant lié ouvertement des relations intimes avec un certain Tefik-Pacha, elle brava le ressentiment du Sultan et parvint à se marier avec lui. C'est le premier exemple dans l'histoire ottomane de la femme d'un Sultan qui se remarie avec un simple mortel.

Le Pacha en question, malgré ses faibles appointements, passait sa vie au milieu des plaisirs, faisait des dettes, et commettait des escroqueries aux dépens de tous ceux qui avaient affaire à lui.

La téméraire conduite de Tefik était faite pour attirer sur lui le courroux d'Abdul-Medjid et le mépris de ses fidèles sujets. Il est vrai que le malheureux était victime de la passion insensée qu'il ressentait pour Besmé ; mais les Turcs sont sans pitié pour les crimes de lèse-majesté. Prendre pour femme celle qui a été l'épouse du représentant de Mahomet est pour eux une espèce de sacrilége religieux et politique.

Il ne se passa que peu de temps avant que Tefik-Pacha n'expiât son crime par un trépas prématuré. Ce châtiment capital fut infligé avec toute l'adresse et toute la circonspection dont la diplomatie orientale est capable.

Abdul-Medjid fit d'abord semblant de voir d'un œil indifférent son épouse d'autrefois convoler en secondes noces ; il poussa même si loin la dissimulation qu'il fit don à Besmé d'un des palais du domaine de la couronne. Ayant réussi de la sorte à donner le change à l'opinion publique, le Sultan, sous le plus futile prétexte, exila, à Brousse, Besmé et son mari. On aurait pu sans doute se débarrasser là de Tefik ; mais la prudence était nécessaire, et il fut décidé qu'on ferait revenir le malheureux Pacha à Constantinople pour y boire la ciguë. Tefik reçut donc son pardon et rentra à Constantinople, où il mourut peu de mois après. Les faveurs d'auparavant et le pardon récent produisirent l'effet désiré ; car personne ne soupçonna jamais la cause de la mort de Tefik. Besmé fut l'objet de la clémence impériale et sa vie fut épargnée.

Au moment de mon mariage, Riza-Pacha était ministre de la guerre, et Mehemet-Ali-Pacha avait le commandement de Tophané ; mon mari était sous les ordres de ce dernier. Ces deux personnages s'entendirent avec quelques autres officiers supérieurs et firent accepter au Sultan une invitation au palais du Seraskier, résidence du ministre de la guerre. Leur but était d'indisposer le souverain contre Mehemet-Pacha et ses amis politiques.

— Vous devriez, — dirent-ils au Sultan dans le cours du festin, — purger l'armée de certains officiers dépourvus de mérite, qui occupent des postes importants, sans rendre aucun service. Mehemet-Pacha, par exemple, se livre à une nonchalance coupable, et, de plus, son arrogance est extrême et son caractère brutal et obstiné. Il donne l'exemple de la désobéissance envers ses supérieurs, et nous croyons que sa destitution et celle d'autres officiers qui lui ressemblent serait salutaire pour l'armée tout entière; cela fournirait, en même temps, l'occasion de remplacer des incapables par des hommes énergiques, zélés, et versés dans la science du commandement.

Comme nous l'avons vu, les ministres avaient habitué leur maître à boire outre mesure. Toutes les fois qu'ils avaient quelque chose à lui demander, ils avaient soin de le gorger de vin, de telle sorte qu'il ne fût plus en parfaite possession de ses facultés. Ce plan avait été mis en pratique au dîner en question : aussi Abdul-Medjid leur répondit-il qu'ils jouissaient de toute sa confiance et qu'il approuvait d'avance ce qu'ils avaient l'intention de faire.

Le lendemain on publia la destitution de douze généraux, parmi lesquels se trouvait mon mari.

Avant que nous n'eussions rien appris de ce qui se passait, le Seraskier fit demander à Mehemet-Pacha la remise de son sabre et de sa décoration en diamants, insignes distinctifs de sa dignité. C'était un coup terrible, dont nos ennemis l'avaient frappé pour causer notre ruine à tous deux.

Au bout de quelque temps, nous quittâmes la maison que nous occupions à bail, et mon mari acheta une nouvelle résidence. La moitié du prix d'achat, environ vingt mille francs, fut payée avec le produit de la vente de quelques biens qui nous restaient. Notre nouvelle maison contenait vingt-sept appartements, mais exigeait beaucoup de réparations, car sa construction remontait à plus de cent-vingt ans. Les salons étaient éclairés par quatorze fenêtres percées sur deux rangs superposés; celui du dessus était vitré avec de petits carreaux en verres de couleur. Au milieu de la plus grande pièce, se trouvait une belle fontaine jaillissant en plein air et toute de marbre blanc; une vaste et magnifique baignoire, également de marbre blanc, avait coûté plus de quarante mille francs.

Notre mobilier suffisait à peine à garnir deux chambres du harem et une du selamlik ou quartier des hommes.

Le jardin, dans lequel se trouvait un joli kiosque, était planté d'une quantité d'arbrisseaux, de fleurs, et d'arbres à fruits d'espèces rares et variées.

L'achat de cette maison avait épuisé toutes nos ressources. En conséquence de sa destitution, le traitement de Mehemet-Pacha fut réduit à trois cents francs par mois ; toutes les rations ordinaires de bois, de riz, d'avoine, de pain, et d'autres provisions, qui font la richesse du ménage d'un officier furent supprimées. Nous nous trouvâmes exposés aux réclamations des ouvriers que nous avions employés à faire les améliorations absolument nécessaires pour rendre quelques chambres habitables. Tout cela nous mettait dans une situation très-embarrassée, bien que notre personnel domestique ne se composât que de deux esclaves noires.

Les réclamations devenaient de jour en jour plus pressantes. Nous n'avions aucun moyen d'y satisfaire, et les choses en vinrent à ce point que mon mari était obligé de se cacher quand les créanciers se présentaient à la porte. Comme nous habitions un quartier un peu retiré, ils arrivaient généralement montés sur des ânes. Dès qu'on entendait le pas d'un de ces animaux, Mehemet-Pacha s'enfermait dans un cabinet. Un jour, un créancier ayant demandé à voir le maître de la maison, et ayant obtenu pour réponse qu'il était absent, se mit à le chercher partout et à demander à grands cris le payement de sa dette. Nous nous accoutumions nécessairement à entendre leurs injures et leurs mauvaises paroles, mais nous supportions toutes ces humiliations sans répondre un mot.

Ma seule consolation, au milieu de tels ennuis, était dans la société des dames du voisinage, qui venaient souvent me rendre visite pour adoucir mon chagrin. Une des visiteuses les plus assidues était la fille du vieux Rauf-Pacha, qui avait été neuf ou dix fois Grand-Vizir. Elle avait à peine trois pieds de haut, des yeux extrêmement petits et, pour couronner ces défauts physiques, un menton qui remuait continuellement. Elle me raconta son histoire, et je crois bien faire en la racontant à mon tour.

—Mon père épousa successivement quatre femmes, trois Circassiennes et une Géorgienne, qui lui donnèrent une nombreuse famille. Mais ma mère (la femme n° 1) n'eut pas d'autre enfant que moi. Elle manifesta un grand désappointement en me voyant ce que je suis, car tous les autres rejetons du Pacha étaient grands et de bonne mine. J'avais vu tous mes frères et sœurs, l'un après l'autre, entrer dans la famille de ministres, de généraux, et d'autres grands fonctionnaires; il me semblait impossible de trouver jamais un époux. Pourtant, sur ces entrefaites, un vieux gouverneur vint à mourir en laissant un fils unique, très-beau garçon, qui s'appelait Mustapha-Bey, auquel il ne restait pour toute fortune qu'un château en ruines. Se voyant dépourvu de toute ressource, il résolut de prendre femme dans une famille en position de favoriser son avancement dans une carrière publique. Il s'assura, en conséquence, les services d'une duègne qui lui conseilla de m'épouser. Quand mon père entendit parler de ce projet extravagant, il en fut très-étonné et ne put s'empêcher d'exprimer le mépris qu'il ressentait pour le jeune homme auquel l'ambition faisait désirer d'obtenir en mariage une femme comme moi. Il déclara que dans de telles conditions il ne me donnerait rien en me mariant. Ma mère, qui désirait vivement me voir pourvue comme l'avaient été les filles de ses rivales, fit appeler son futur gendre et lui apprit que mon père ne voulait pas me donner de dot. Comme le prétendant n'avait pas compté sur de la fortune, il consentit néanmoins à me prendre pour femme. Quoiqu'on ne lui eût pas caché l'extrême petitesse de ma taille, il était loin de s'attendre à la rare laideur dont il eut le spectacle quand il leva mon voile. Désespéré, il me laissa à la maison et partit immédiatement pour rejoindre l'armée. Il ne connaissait personne parmi les officiers supérieurs, mais comme ils savaient qu'il était le fils d'un gouverneur et le gendre d'un grand-vizir, ils le firent avancer rapidement dans l'idée de faire ainsi leur cour à son beau-père. Ce jeune homme n'avait que six mois de service quand il reçut le titre de *bey;* peu de temps après, il fut nommé *liwa*, et trois ans s'étaient à peine écoulés qu'il était devenu *mushir* (maréchal), après avoir passé par le grade de *ferik* (général de division). Pour gagner tous ces titres, il n'avait pas eu autre chose à faire qu'à rester tranquillement à la maison à boire, à fumer, à dormir. Voyant que c'était à sa femme qu'il devait une fortune si brillante, il se réconcilia avec moi; nous vivons en de très-bons termes et je suis très-satisfaite de mon sort. Vous voyez, — ajoutait-elle pour me consoler, — qu'après m'être trouvée très-malheureuse quand mon mari m'avait abandonnée, j'ai maintenant tout ce que je peux désirer. Ne vous découragez pas;

il n'y a rien d'impossible à ce que les difficultés auxquelles vous êtes actuellement en butte ne soient suivies d'un retour de fortune inespéré.

Quand elle me tenait ce langage, la pauvre petite femme ne se doutait guère que le mari dont elle était si contente avait loué une maison où il avait l'habitude d'aller à la dérobée pour y trouver deux jeunes esclaves qu'il avait achetées.

Malgré les privations que m'imposaient les circonstances difficiles au milieu desquelles nous nous trouvions, je n'étais pas aussi désespérée qu'on pourrait le croire; l'attachement que j'avais pour mon mari suffisait à me faire oublier à la fois nos dettes et notre dénûment.

Quant à Mehemet-Pacha, il était tout à fait découragé; sa mauvaise fortune l'affectait à tel point qu'il tomba malade, et bien qu'il se rétablit à la longue, sa santé ne fut jamais bien remise.

Connaissant les brusques changements qui ont lieu en Turquie, où le même caprice qui vous a renversé peut vous replacer au faîte de la grandeur, j'essayais, mais en vain, de le consoler.

— Un jour, — lui disais-je, — les priviléges qui vous ont été ravis vous seront rendus; en ce moment nos ennemis triomphent, mais ils ne garderont pas toujours le pouvoir. Soignez votre santé et ne vous laissez pas aller au désespoir; autrement, quand vous rentrerez en faveur, vous aurez à souffrir des suites que la maladie laisse derrière elle et vous ne pourrez pas jouir en paix des biens que la fortune vous offrira.

Le maître de la maison n'était pas le seul dont la santé périclitât. Les deux esclaves noires, dont l'une m'était extrêmement chère, tandis que l'autre était une Abyssinienne d'une grande beauté, furent si touchées du spectacle de nos souffrances, qu'elles contractèrent une maladie mortelle qui les enleva toutes deux en moins d'un mois. Je restai seule avec les deux petits enfants que j'avais alors.

Tandis qu'un rhumatisme clouait mon mari sur son lit, mon petit garçon, Moharem-Bey, tomba malade à son tour et mourut. Son père en éprouva un tel chagrin que, dans son désespoir, il se frappait la tête contre les murs. Pour moi j'affectais une tranquillité trompeuse en dissimulant l'extrême douleur que j'éprouvais ; je faisais tous mes efforts pour relever le moral de mon mari.

VI.

JE PRENDS LA RÉSOLUTION D'ADRESSER UNE DEMANDE A RIZA-PACHA EN FAVEUR DE MON MARI. — J'OBTIENS POUR LUI LE COMMANDEMENT D'AKIAH. — PEU DE TEMPS APRÈS IL EST NOMMÉ GOUVERNEUR DE JÉRUSALEM. — NOTRE VOYAGE D'AKIAH A JÉRUSALEM.

Nous restâmes deux ans entiers dans la situation malheureuse que la destitution de mon mari avait amenée. Au bout de ce temps, je me décidai à faire une visite à Riza-Pacha.

— Je suis, — lui dis-je, — la femme de Mehemet-Pacha. Depuis plus de trois ans il est accablé de réclamations de toute espèce; il est tellement désespéré de se voir absolument dépourvu de ressources et dans l'incapacité de subvenir aux besoins de sa famille, que sa vie est en danger. Je suis venue vous demander la cause de sa disgrâce. Si ce n'est qu'un caprice qui l'a provoquée, un nouvel acte de bon plaisir peut lui rendre les fonctions qu'il lui a enlevées.

— Madame, — répondit le Seraskier, — le renvoi de Mehemet-Pacha a eu pour cause le langage contraire à la discipline qu'il s'est permis quelquefois à l'égard de certaines personnes de haut rang dont il aurait dû parler avec beaucoup de réserve.

— Une faute de ce genre, — repris-je, — méritait à peine une punition de quinze ou vingt jours et n'exigeait certainement pas un châtiment tel que celui de se voir livré pendant deux ans à toutes les souffrances que la pauvreté entraîne à sa suite. Votre Excellence, — ajoutai-je, — essayerait en vain de me dissimuler la véritable cause de la disgrâce de mon mari. Ce sont mes ennemis personnels qui s'en sont pris à lui; remplis de haine, ils ont voulu causer notre perte parce qu'ils nous ont vus heureux. C'est à cause de moi et pour nulle autre raison que mon mari est persécuté. Si mes ennemis ont soif de mon sang, qu'ils m'attaquent ouvertement et franchement; mais je dois dire qu'il est indigne du gouvernement impérial de refuser sa protection à une femme qui s'est réfugiée à l'ombre de son trône. Je vous en supplie donc, accordez à mon mari une position qui lui permette de remplir ses devoirs de père de famille ; si, pourtant, Votre Excellence est résolue à lui refuser un emploi, qu'elle lui rende au moins une partie du traitement qui lui a été retiré. Je suis déterminée à ne pas sortir d'ici que vous n'ayez accueilli ma demande.

Je ne reçus pas de réponse ; je restai, en conséquence, au palais, dans une chambre que son épouse favorite, Seraïli-Hanum, mit à ma disposition, dans les appartements réservés pour elle. Matin et soir, je recommençais d'exposer ma requête à Riza-Pacha. Dans l'intervalle, j'avais laissé auprès de mon mari un ami intime qui l'entourait de ses soins. Au bout de dix jours, le Séraskier s'écria, dès qu'il m'aperçut :

— Je vois que vous êtes une femme résolue et qu'il est impossible d'échapper à vos obsessions. Pour vous satisfaire, je nomme Mehemet-Pacha gouverneur d'Akiah (Saint-Jean d'Acre) ; il recevra incessamment son investiture régulière (1843).

La nomination nous parvint peu de jours après, mais nous ne pouvions pas quitter Constantinople sans donner satisfaction à nos créanciers ; et de plus, nous manquions d'argent pour faire notre voyage. Je vins trouver de nouveau Riza-Pacha, qui nous procura les fonds nécessaires pour nos frais de voyage et le payement de nos dettes. Cette somme était pourtant très-modique ; et, après avoir fait de l'argent de tout notre mobilier et soldé nos créanciers, il nous restait à peine de quoi suffire aux dépenses personnelles de mon mari, qui reconnut l'impossibilité de m'emmener avec lui.

Je restai donc à Constantinople, chez un de ses amis. Au bout de huit mois, Mehemet-Pacha m'envoya son cavasbaschi (chef des cavas ou agents de police), pour m'accompagner auprès de lui, ainsi que ma fille Aïsheh, qui avait dix ans à cette époque. J'achetai une esclave ; nous nous mîmes en route pour Beyrouth, et à notre arrivée, nous montâmes sur un vaisseau à voiles qui nous descendit à Akiah. Le Pacha nous attendait avec une escorte.

La ville tout entière, bâtie en pisé, présentait un aspect déplorable. Ses maisons basses et couvertes de nattes ressemblaient à des ruines après un incendie. La résidence du gouverneur, qu'on décorait du nom de palais, était bâtie aussi en pisé et contenait deux chambres : on arrivait à celle de l'étage supérieur au moyen d'un escalier placé en dehors de l'édifice. Quand il pleuvait, l'eau filtrait à travers la toiture. Deux autres pièces, situées dans le jardin, servaient de bureau au gouverneur.

La population est composée d'Arabes. Naturellement voleurs et fourbes, ils portent la malpropreté au plus extrême degré. Le seul endroit passable de la ville était le palais d'Abdallah-Pacha, en ce moment à Constantinople, dont le jardin planté d'orangers, de citronniers, d'oliviers, de palmiers, et d'autres espèces d'arbres particuliers à l'Orient, formait la seule promenade et le lieu le plus agréable du voisinage. Comme on peut le voir, la place, quoique défendue par d'imposantes fortifications, n'offrait pas beaucoup d'agréments, ni de moyens de distraction.

Il y avait trois mois que j'étais là, quand un messager, arrivé de nuit, vint annoncer à mon mari qu'il avait été appelé au commandement de Jérusalem, avec le rang de *Wali* ou de gouverneur. Nous nous mîmes en route immédiatement.

Pour aller d'Akiah à Jérusalem, nous avions à traverser un pays extrêmement pauvre. Les sheiks des différents villages arrivaient à cheval sur notre passage, faisaient de profonds saluts en se dressant sur leurs étriers, mais pas un n'osait jeter les yeux sur la litière où j'étais assise. Cette modestie réelle ou affectée est un des traits caractéristiques de l'étiquette et des mœurs de l'Orient.

Tandis que les sheiks venaient ainsi passer devant nous, leurs escortes nous accueillaient au son des *tamburas* et les *delhis* ou les élégants de la troupe se livraient à des évolutions ou *fantasias* de divers genres. Quant aux logements préparés pour nous recevoir le long de la route, tout ce que je puis dire, c'est qu'ils consistaient en odieuses baraques infestées de vermine. Nous étions obligés de nous contenter de la nourriture préparée par les habitants. Il est impossible de décrire le raffinement de saleté qui formait le trait distinctif de cette horrible cuisine. Le seul endroit convenable que nous trouvâmes sur notre route est Jaffa, où nous restâmes quelques jours.

Nous y logeâmes au palais du gouverneur, Mustapha-Bey, qui nous installa dans son kiosque, entouré de huit jardins plantés d'orangers et d'autres arbres, qui répandaient dans l'air leurs délicieux parfums. J'y séjournai pendant que mon mari occupait son temps à visiter le voisinage; car, à titre de *Wali* de Jérusalem, il commandait toute la province ou *vilayet*, et le *mudir* de Jaffa était sous ses ordres.

Dans l'intervalle, les Arabes du voisinage apprirent que le Pacha était parti en tournée, en laissant son harem à Jaffa. Mon mari m'avait laissé, pour ma protection, deux cents *misracks* ou lanciers des forces irrégulières, commandés par un *Delhy-baschi*, littéralement le chef des fous. Cet officier, qui portait des bottes de maroquin rouge, une large ceinture d'étoffe autour des reins, et un gigantesque turban sur la tête, se plaçait toujours, quand on était en marche, à la tête de sa troupe de cavaliers. Ces deux cents hommes étaient campés autour du kiosque où j'habitais avec ma fille, quatre esclaves de mon sexe, et un eunuque. Une nuit, une pierre jetée par l'ouverture du toit (car les maisons, dans ce pays, n'ont pas de couverture), tomba dans la salle qui régnait autour de nos appartements. Ce fait se répéta une seconde fois; je me levai alors et dis à l'eunuque d'aller informer le Delhy-baschi de ce qui avait eu lieu.

— Dites à votre maîtresse de ne pas avoir peur, — répondit-il; — il y a dans le jardin la tombe d'un saint personnage auquel les habitants de Constantinople étaient antipathiques; chaque fois qu'il en vient habiter le kiosque, il fait tomber des pierres de cette façon. Cela continuera tant que vous serez là; mais vous n'avez qu'à ne pas aller dans la salle et ces pierres ne vous feront pas de mal.

L'eunuque étant rentré avec cette réponse, je m'enveloppai dans mon *feradje*, me fis un voile de mon *yashmak*, et vins m'adresser en personne au Delhy-baschi, auquel je dis que je ne croyais pas que c'était un mort qui jetât des pierres et qu'il fît une ronde pour voir s'il ne découvrirait pas quelque voleur caché aux alentours. Il prit quelques hommes avec lui, et, accompagnée de l'eunuque, je parcourus avec lui le jardin dans tous les sens, sans que nous vissions rien de suspect. A peine étais-je rentrée dans le kiosque, que je fus réveillée par un nouveau projectile. De la manière dont il était arrivé, je conclus qu'il avait dû être lancé par-dessus le toit par quelqu'un armé d'une fronde.

Le matin, j'appelai la femme du gouverneur et je lui dis qu'ayant une grande peur des morts, je ne voulais pas rester là plus longtemps. J'écrivis à mon mari pour l'informer de ce qui avait eu lieu et pour l'engager à revenir et à m'emmener. Il me répondit de me mettre en route et d'aller l'attendre à Ramleh, où il me rejoindrait.

Avant que je quittasse Jaffa, la femme du mudir m'envoya une paire de boucles d'oreilles formées de brillants et d'émeraudes, et de plus, trois mille francs en or.

— Si vous refusez ces petits cadeaux, — dit-elle, — je croirai que vous êtes mécontente de nous et que vous avez l'intention d'envoyer un autre gouverneur à Jaffa.

Je ne voulus pas la chagriner et j'acceptai ce qu'elle m'offrait.

Avant que je quittasse Constantinople, Rechid-Pacha, protecteur de mon mari, dont il partageait les sentiments, m'avait tenu ce langage : —

— Vous allez en Arabie : n'acceptez, je vous en prie, jamais de présent. Nous avons juré que les gouverneurs et les autres officiers ne recevraient plus de cadeau de leurs subordonnés. J'espère donc que vous ne me donnerez pas l'occasion d'avoir à me plaindre à cet égard.

— Certainement, — répliquai-je, — mon mari ne recevra pas de présent, puisque vous lui en avez fait la défense; mais vous ne pourrez pas m'obliger à refuser ce que les dames auraient l'intention de m'offrir : cela n'a rien à faire avec la politique ou l'administration.

— Sans doute, — répondit-il en souriant.

Mehemet-Pacha refusa donc tous les présents qui lui furent offerts; et quand ce refus était acquis, on ne manquait jamais de me les envoyer.

Aussitôt après avoir reçu les adieux de la famille du mudir de Jaffa, je quittai la ville et me rendis à Ramleh où Mehemet-Pacha m'attendait avec une escorte nombreuse composée des fonctionnaires des différentes villes soumises à son autorité; et nous continuâmes ainsi notre voyage à Jérusalem.

VII.

NOTRE ENTRÉE A JÉRUSALEM. — SES HABITANTS. — COMMENT JE M'ARRANGE AVEC LES OFFRES DE CADEAUX. — PAQUES. — UNE CONSPIRATION GRECQUE. — JE M'INTÉRESSE A UNE SPÉCULATION RELATIVE AU COMMERCE DES BLÉS.

A une demi-heure de Jérusalem nous rencontrâmes un régiment d'infanterie précédé de sa musique et une foule d'habitants qui venaient féliciter le nouveau Pacha. Nous entrâmes dans la ville au bruit des salves d'artillerie et nous nous rendîmes au palais, qui ne contenait que quatre ou cinq chambres pour le harem, et trois pour le selamlik qui se trouvait au-dessous des appartements des femmes.

En face de notre résidence était la mosquée appelée Harem-Scherif, où l'on conserve la pierre sur laquelle Mahomet mit le pied, dit-on, quand les anges le transportèrent à Jérusalem la nuit de son ascension au ciel. Cette pierre, qui a douze pieds de haut environ, s'éleva de terre au moment où le prophète montait au ciel, et depuis cette époque elle est restée constamment en suspens. Je la visitai; mais comme elle touche le mur et qu'il est impossible d'en faire le tour, elle est probablement soutenue au moyen de quelque adroit arrangement. Derrière cette mosquée se trouve une rue, où l'on montre un petit vase de marbre dans lequel l'on assure que la Vierge Marie fut placée aussitôt après sa naissance.

On voit aussi dans cette ville la Porte d'Or par laquelle, d'après la tradition musulmane, tous les hommes doivent passer le jour de la Résurrection.

La ville de Jérusalem est formée de rues étroites, sinueuses et malpropres ; elle n'est remarquable que par ses antiquités. Le climat en est très-agréable ; il n'est ni trop chaud en été, ni trop froid en hiver. On peut le comparer à celui de Nice.

Les habitants, Arabes pour la plupart, sont très-difficiles à gouverner. Ils ne manquent pas d'intelligence, comme on s'en aperçoit bien à leur mine, mais ils sont très-adonnés au vol et à l'escroquerie, et ne se font aucun scrupule d'assassiner quand ils en trouvent l'occasion. Quand ils croient le moment opportun, ils combinent leur plan, sortent de la ville au nombre de quarante ou cinquante, et se mettent à arrêter et piller les voyageurs, saccager les villages, et commettre toutes sortes de déprédations. Ils font horreur aux Turcs, qui les considèrent comme des mécréants ; au lieu de se soumettre de bonne volonté à payer les impôts et de s'exécuter spontanément, ils ne s'en acquittent qu'après avoir été stimulés par la bastonnade.

Dès qu'ils ont pu s'assurer certains moyens d'existence, ils prennent trois ou quatre femmes ; les plus pauvres en ont au moins deux. Ils leur font mener une vie misérable. Outre qu'ils sont excessivement jaloux, ils ont le caractère si violent qu'ils battent continuellement leurs femmes. Il faut avouer que trois ou quatre rivales entourées de leurs enfants, passant leur vie dans une seule chambre avec leur mari commun, pêle-mêle comme des animaux, ne sauraient guère rester en bons termes l'une avec l'autre.

A cette époque il y avait à Jérusalem trois couvents principaux : celui des Franciscains, celui des Grecs, et celui des Arméniens. On ne peut ni les réparer ni y faire de changements sans la permission du Pacha; et comme il s'était engagé à ne point accepter de présents, il ne se mettait pas en peine pour satisfaire à leurs demandes; aussi les bons pères imaginèrent-ils d'avoir recours à moi et d'essayer d'obtenir que je favorisasse leurs intérêts. Chacune de ces corporations m'envoyait tantôt une belle montre, tantôt une épingle montée en diamants, tantôt un collier de perles : ils semblaient en un mot rivaliser à qui mieux mieux dans leur manie de faire des cadeaux.

Bien qu'ils ne l'eussent jamais fait pour une femme turque, les Franciscains m'invitèrent à une collation. Je m'y rendis; soixante jeunes filles étaient rangées en ligne à la porte du monastère. Les pères du couvent de la Terre Sainte vinrent à ma rencontre; ils me servirent un magnifique banquet; ensuite un des prêtres joua de l'orgue, tandis que les autres l'accompagnaient de leurs chants.

Les Juifs, naturellement, restaient à la queue de tous les donneurs de présents. Notre intendant, gaillard qui connaissait le secret de tirer l'argent de la poche des gens, vint me dire un jour que, si je voulais, il trouverait le moyen d'obtenir pour moi des Juifs plus que de tous les autres.

— Faites ce que vous jugerez convenable, — lui répondis-je.

Il s'en alla sur cela trouver les rabbins et leur dit qu'il avait un avis à leur donner dans leur intérêt; le gouverneur avait l'intention de faire enlever un tas énorme de déblais qui obstruait le passage des rues voisines et qui s'était accumulé depuis quarante ans peut-être derrière une de leurs synagogues.

— Je crains, — ajouta l'artificieux intendant, — qu'à peine l'on vous laisse la faculté de l'enlever vous-mêmes.

A cette nouvelle, grande consternation des Juifs.

— Hélas! — s'écrièrent-ils, — il est impossible d'enlever un pareil amas sans plusieurs mois de travail et une excessive dépense; mais, mon ami, — ajoutèrent-ils en s'adressant à l'officieux personnage, — il doit y avoir quelque moyen d'apaiser votre maître.

— Non, — répondit-il, — il est inaccessible à toute influence; mais si vous voulez en croire un ami, je vous dirai que l'intervention la plus influente auprès du Pacha est celle de sa femme.

— Ah! quel bon avis vous nous donnez là! — s'écrièrent-ils; — nous connaissons maintenant le moyen d'échapper à cette terrible difficulté, que sans doute quelques-uns de nos ennemis ont fait soulever par le Pacha.

Le lendemain matin ils m'envoyèrent une cassette

contenant plusieurs colliers de perles et dix mille francs en or ; il est inutile d'ajouter qu'ils n'entendirent plus jamais parler du tas de déblais ni de la nécessité de l'enlever.

Une autre fois, le même maître d'hôtel m'informa qu'un juge se rendait coupable de nombreuses exactions, et que si j'y consentais il le serrerait un peu et lui ferait donner un cadeau.

— Comment ferez-vous ? — lui demandai-je.

— Peu de chose, — répondit-il. — Il suffira de dire au juge que le gouverneur désire lui parler.

Mettant son plan à exécution, il appela le magistrat qui, n'ayant pas la conscience tranquille, fut très-alarmé de l'invitation qu'il lui fit de la part du Pacha de se présenter devant lui.

— Ah ! — s'écria-t-il, — ceux qui rendent la justice ont le malheur d'être exposés à déplaire à bien des gens. Je suis sûr que quelqu'un a été se plaindre de moi à Son Excellence. Que pourrais-je faire pour l'apaiser ?

— Vous savez, — répondit le drôle, — qu'il est impossible de l'influencer ; mais, si vous voulez me croire et conjurer le danger qui vous menace, adressez-vous à sa femme. Elle seule pourra le fléchir.

Le lendemain la femme du juge se hâta de venir me faire sa cour et déposa à mes pieds un magnifique présent dont la valeur dépassait quarante mille francs.

— Je vous en prie, — dit-elle d'un air humble, — faites-moi la grâce d'accepter ce que je vous offre ;

si vous refusiez, je croirais que vous désirez ma perte ; si, au contraire, vous prenez ce petit cadeau, cela voudra dire que vous agréez mes respectueux hommages. Une fois que vous m'aurez assuré de votre protection, je ne craindrai plus rien de personne.

Tout cela se passait à l'insu du gouverneur. En peu de temps j'amassai plus de quatre cent mille francs, partie en argent, partie en bijoux et en objets précieux de toute espèce. Cette façon d'agir m'était inspirée par le souvenir de nos revers d'autrefois. Je me disais qu'à tout moment nous étions exposés à retomber de nouveau dans la situation pénible d'où nous étions sortis si soudainement. Dans un pays où personne n'est en possession de droits assurés, où la sécurité manque, il est nécessaire de prendre des mesures contre les revers de fortune.

Peu disposée à rester constamment enfermée dans la ville, j'avais un magnifique taktaravan, ou palanquin, en velours rouge avec des franges d'or, fait exprès pour moi. Accompagnée d'esclaves et d'eunuques et ayant pour escorte un détachement d'environ deux cents misracks, j'avais l'habitude de sortir des murs une fois par semaine et de passer la journée dans quelque endroit culminant des faubourgs, d'où je pouvais jouir de la vue de la campagne en m'amusant à lire ou à quelques travaux d'aiguille. Les mousquets des hommes de l'escorte, rangés en faisceaux réguliers autour de moi, formaient une barrière contre la curiosité importune des habitants du pays, qui venaient souvent en grand nombre pour me considérer.

Je m'étais liée avec la femme du consul grec de Jaffa, qui était venue passer une saison à Jérusalem. Elle me faisait de fréquentes visites et je conversais familièrement avec elle sur tous les sujets qui m'intéressaient. Elle était native d'Athènes, jeune et spirituelle; aussi j'éprouvais un grand plaisir dans sa société et à causer avec elle en grec. Cette dame, qui se trouvait très-honorée de l'amitié que je lui témoignais, s'en flattait beaucoup devant son mari et faisait avec chaleur l'éloge de ma gaieté et de la facilité avec laquelle je parlais le grec, l'italien, le turc, et le français.

Le consul, homme d'un esprit ardent, comme la plupart des Grecs et, de plus, se livrant tant soit peu à des habitudes d'intempérance, donna carrière à son imagination sur les récits de sa femme et conçut un violent désir de me voir. Mon amie m'apprit ce qu'il en était.

— Mon mari, — dit-elle, — désespère de trouver l'occasion de vous parler ; et cela le rend quelquefois si furieux qu'il casse tout dans la maison.

Nous nous amusions et nous plaisantions toutes les deux de ce caprice du consul; mais le caprice ne tarda pas à devenir une chose sérieuse.

Un jour que j'étais sortie de Jérusalem et que je m'étais arrêtée sur une éminence voisine entourée, comme d'habitude, des armes des hommes de mon escorte, je vis approcher un Grec vêtu de son costume national : grand chapeau, veste de drap rouge brodée d'or, et élégante fustanelle. C'était le consul en question.

S'adressant au Delhy-baschi, il lui dit que, le Pacha étant absent, il désirait me remettre un document important qu'il était très-urgent que mon mari reçût.

On lui permit de franchir la barrière formée par les faisceaux et il me donna la dépêche. Je lui répondis que je la transmettrais à mon mari et qu'il pouvait se retirer. En présence de la quantité de soldats qui m'entourait, il n'osa pas rester davantage et partit sur-le-champ. A mon retour, je racontai au Pacha ce qui s'était passé.

Je fus quelque temps sans revoir la dame grecque et je ne pensais plus à elle ni à son mari, quand je vis arriver un matin Mehemet-Pacha, en proie à une colère furieuse et tenant à la main une lettre qu'il me mit sous les yeux. Elle venait de la femme du consul et informait le Pacha que son mari avait conçu une telle passion pour moi qu'il avait résolu de m'enlever avec le concours de deux cents de ses compatriotes habitant Jérusalem, qui croiraient faire une œuvre pie en arrachant une femme chrétienne des mains d'un Turc. Persuadée qu'il était absolument impossible qu'un tel projet réussît et qu'il ne manquerait pas d'attirer de grands désagréments à ses auteurs et surtout à son mari, elle s'était décidée, disait-elle, à révéler le complot au gouverneur.

La lecture de cette lettre me causa la plus grande surprise ; mais, sans manifester la moindre préoccupation, je dis à Mehemet-Pacha : —

— Vous savez tout ce qu'il en est ; c'est ce fou de Grec dont je vous ai déjà parlé.

— Fou tant qu'il vous plaira, mais lui et ses dignes complices apprendront ce dont je suis capable.

Pendant quelques jours le Pacha me traita avec une extrême froideur. Je craignais qu'il ne prît à mon égard quelque fatale résolution et que la jalousie ne le portât à croire qu'étant chrétienne, j'avais noué une intrigue avec un infidèle.

Je me rassurai pourtant, car peu de temps après j'appris que la colère du gouverneur s'était tournée contre les Grecs. Il avait fait emprisonner une grande partie de ceux qui résidaient à Jérusalem et avait mis leurs maisons sous scellés. Des personnes furent envoyées à la maison de campagne qu'habitait le consul pour le surveiller. Les accusés étaient prévenus de complot contre le Pacha. Dans l'opinion de celui-ci, le plan que voulait exécuter le consul grec n'était pas autre chose qu'une conspiration dont les principaux auteurs étaient mes ennemis de Constantinople. Il était naturel que, me sachant devenue riche et puissante, ils se rongeassent les ongles de dépit et fissent tous leurs efforts pour causer ma perte.

Le gouverneur porta plainte en haut lieu. Ce fut seulement après le rappel du consul par la cour d'Athènes et sur les prières du patriarche grec qu'il consentit à remettre les prisonniers en liberté.

Pâques approchait ; avant cette fête le Pacha avait pour coutume d'envoyer à tous les Musulmans du voisinage, sans s'inquiéter s'ils étaient voleurs de grands chemins, assassins, ou convaincus d'autres crimes, des saufs-conduits pour pouvoir entrer dans la ville pendant la durée de la fête. Il agissait ainsi afin de réunir le plus grand nombre possible de Musulmans et de tenir en respect les Chrétiens qui venaient en foule prendre part aux cérémonies religieuses qui se célèbrent en ce moment.

Le dimanche des Rameaux, je vis passer de derrière mes persiennes les habitants des différents villages des environs. Chaque commune formait une espèce de procession ; en tête, des hommes jouant du tambura ; à leur suite les sheiks faisant résonner de grosses cymbales et, derrière eux, la foule, composée de Musulmans et de Chrétiens confondus, portant des palmes à la main.

Il arriva cette année-là (1845) que les différentes communautés religieuses célébraient Pâques le même jour. Les troupes turques occupaient la vieille église du Saint Sépulcre sous le commandement en chef du gouverneur. D'une galerie entourée de rampes élevée pour les femmes des principaux fonctionnaires musulmans, nous pouvions voir tout ce qui se passait dans la basilique. En un instant des lampes innombrables illuminèrent de leur éclat éblouissant toutes les parties de l'édifice.

Ce furent les Catholiques qui commencèrent par célébrer le sacrifice de la Messe ; ils furent suivis des Grecs. Après que ceux-ci eurent achevé leurs chants religieux, les prêtres firent le tour du Saint Sépulcre. Au moment où le jour apparut, une flamme partit de dessous le tombeau et brilla pendant un instant au-dessus. Les Grecs s'écrièrent que c'était le Saint Esprit qui faisait apparaître ces flammes et ils y vinrent allumer leurs cierges. Les hommes et les femmes appliquaient ces cierges sur les différentes parties de leur corps affectées d'un mal quelconque, dans l'idée qu'ils se guériraient ainsi. Plusieurs se brûlaient sérieusement, mais leur fanatisme était tel que ceux qui souffraient le plus criaient le plus haut que le feu céleste ne causait pas de douleur.

A ce moment une violente querelle s'éleva entre les Grecs et les membres d'une autre communion qui prétendaient qu'ils devaient quitter l'église, car le temps dont ils avaient le droit de disposer était écoulé. Ces deux partis, saisissant de grands cierges, se portèrent des coups violents avec ces armes d'une nouvelle espèce. Les cavas et l'armée intervinrent, et cinquante des plus turbulents furent arrêtés.

Le Pacha, qui voulait savoir à quoi s'en tenir relativement à l'apparition des flammes, menaça les prêtres de leur interdire l'entrée du Saint Sépulcre s'ils ne lui révélaient pas la cause de ce feu mystérieux. Ils lui firent voir qu'un bloc de marbre placé près de l'autel avait été levé, et qu'un des prêtres s'étant caché dans une cavité pratiquée spécialement à cet effet, avait allumé des vases remplis d'esprit-de-vin dont la flamme avait traversé les nombreuses fissures qui se trouvaient dans le pavé de marbre. Il était impossible de découvrir le mystère, car le prêtre ne sortait de sa cachette qu'après le départ de tout le monde.

On peut facilement s'imaginer quel enthousiasme frénétique ce stratagème pouvait exciter chez une population superstitieuse.

Peu de jours après la fête, les Chrétiens, hommes et femmes, se rendent au bord du Jourdain dans lequel ils se baignent sous la surveillance d'un détachement de troupes turques. D'après la tradition populaire chaque année il se noie un des baigneurs ; c'est, dit-on, la personne la plus sainte de toutes celles qui accomplissent cette pieuse cérémonie. Ceux qui y prennent part conservent soigneusement le vêtement qui a été imbibé des eaux du Jourdain ; après leur mort il leur sert de suaire et on les enveloppe dedans pour les déposer dans la bière.

Le même jour les Musulmans se rendent en foule à la montagne sur laquelle Moïse est mort. Ils y font leurs dévotions, tandis que la nourriture destinée à leur repas cuit sur des pierres noires et brillantes qui brûlent comme du charbon allumé. On fait avec ces pierres de belles coupes sur lesquelles on inscrit des maximes arabes ; boire dans ces coupes procure, dit-on, santé et bonheur.

Pendant la durée de ces fêtes, je restai au palais où les femmes des principaux dignitaires de la ville vinrent me rendre visite ; ces visites sont d'usage en Orient à l'époque des principales solennités de l'année.

Mes belles visiteuses appartenaient aux nationalités les plus diverses. Il y avait des Mauresques à la chevelure claire et au teint brillant; des Arabes à la mine orgueilleuse; des Géorgiennes et des Circassiennes aux traits réguliers et agréables. Elles apportaient toutes leurs narghilés ou pipes; elles s'asseyaient en cercle autour de moi, et nous passions le temps agréablement, conversant ensemble avec la plus entière liberté, car entre femmes toute étiquette est bannie dans les entretiens.

Quelquefois elles me parlaient en faveur de leurs protégés.

— Ne pourriez-vous pas, — disait l'une, — obtenir le changement de mon frère? Il est *caïmakam* d'un *sandjak* (département) et je voudrais bien lui voir donner un meilleur poste.

— Peut-être, — ajoutait une autre, — madame pourrait-elle me faire avoir cette place de *caïmakam* dont on se plaint si fort.

— Cela dépend de vous, — reprenait la première solliciteuse, — de me rendre ce service; je vous assure que vous n'aurez pas affaire à des ingrats; si vous réussissez, nous vous ferons un beau présent.

Je ne répondais rien à toutes ces insinuations, mais le lendemain j'appelais l'intendant ou le secrétaire.

— Telle personne, — disais-je, — m'a été recommandée et j'ai la promesse que mes bons offices ne resteront pas sans récompense: faites ce que vous pourrez pour lui procurer une mutation avantageuse et vous aurez votre part de ce qui me sera remis.

Le serviteur auquel je m'adressais, sachant que sa place dépendait de moi, saisissait la première occasion de parler à son maître.

— Excellence, — disait-il, — le caïmakam de tel sandjak donne beaucoup de sujets de plainte ; il passe pour être accessible à la corruption et négliger l'accomplissement de ses devoirs.

— J'ai entendu faire quelques rapports contre lui, mais je ne les ai pas considérés comme sérieux.

— Ils sont malheureusement trop bien fondés ; et quand même ils seraient un peu exagérés ne vaudrait-il pas mieux avoir dans un poste si important quelqu'un en qui vous puissiez avoir une entière confiance ? Je connais, par exemple, quelqu'un qui est animé du plus grand zèle pour le service de Votre Excellence ; il est tout à fait capable de remplir cette charge, et, si vous voulez lui permettre de paraître devant vous, vous pouvez être sûr que vous serez content de lui.

L'entrevue avait lieu, le Pacha était satisfait, la mutation s'effectuait, et je recevais ce qui m'avait été promis. En deux ans je disposai de cette manière de plus de quinze places importantes en faveur de personnes que je n'avais jamais vues.

Un autre moyen de gagner de l'argent était de m'intéresser à des opérations commerciales ; c'était une chose expressément défendue au Pacha, mais dont je m'occupais personnellement sans que le gouverneur s'en mêlât en quoi que ce soit.

Les habitants sont tenus de fournir des chevaux, des mulets ou des chameaux pour le service public sans aucune espèce de rémunération. Mes agents demandaient en mon nom aux paysans leurs bêtes de somme ; ceux-ci craignant, s'ils refusaient, d'attirer sur eux la colère du Pacha, prêtaient leurs animaux qui étaient employés à amener de Jaffa le blé que j'y avais acheté. Il était vendu à Jérusalem avec un bénéfice considérable, bien que je le fisse offrir à un prix un peu inférieur à celui des marchands qui étaient obligés de supporter de grands frais de transport.

Comme on le voit, les promesses que les ministres font aux puissances d'Europe et les ordres qu'ils donnent en conséquence aux différents fonctionnaires sont éludés, et d'autant plus facilement que la Porte n'a pas l'intention réelle de les faire respecter. Si un consul européen avait adressé des plaintes à Constantinople à l'égard des opérations commerciales auxquelles je me livrais, que lui eût-on répondu ?

— Ce dont vous vous plaignez n'exige pas de censure ; les marchands de Jérusalem vendent le blé au peuple à un prix exorbitant ; la femme du gouverneur, voulant adoucir la misère des habitants, a trouvé moyen de le céder à un taux raisonnable, et les paysans s'associent à cette œuvre charitable en lui prêtant leurs bêtes de somme ; il n'y a pas de mal à cela.

VIII.

RÉVOLTE DES ARABES DE KHAIR-ACKMAN. — ÉTAT DÉPLORABLE DES TROUPES OTTOMANES.

Sur ces entrefaites, mon mari fut obligé de se mettre à la tête de ses troupes pour aller châtier les Arabes de Khaïr-Ackman, localité distante d'environ trois jours de marche de Jérusalem, qui faisaient résistance au recrutement de l'armée.

Les rebelles s'étaient réfugiés dans un défilé qui commandait l'entrée du pays qu'ils occupaient. La route qu'il fallait suivre pour les atteindre commençait vers la plaine par une pente douce d'abord, qui plus loin devenait plus rapide ; elle arrivait enfin au sommet d'une chaîne de collines dont le sol était semé de rochers et d'escarpements derrière lesquels les insurgés s'étaient retranchés. Leur infanterie était rangée le long de la route et embusquée derrière des buissons, des rochers, et des ouvrages en terre faits à la hâte. Ils reçurent les troupes turques des pentes et de la crête des coteaux occupés par eux par des décharges de mousqueterie bien nourries et meurtrières.

Depuis le matin les efforts répétés et les assauts de l'infanterie ottomane n'avaient abouti qu'à déloger les ennemis de leur première ligne de retranchements — la plus proche de la plaine. Les hauteurs étaient toujours défendues par d'adroits et nombreux tireurs soutenus par de grandes quantités d'Arabes à demi nus, qui faisaient une résistance opiniâtre. La nuit approchait, quand le Pacha, ne prenant conseil que de son courage, se mit à la tête de son infanterie presqu'en déroute et la forma en colonne. Les soldats, animés par l'exemple de leur général, attaquèrent vigoureusement l'ennemi à la baïonnette et parvinrent malgré sa résistance à atteindre le sommet des collines à la droite de la route. Dès que ceux qui n'avaient pas encore lâché pied virent le drapeau ottoman flotter sur la hauteur, ils s'enfuirent en désordre dans la direction des villages. La cavalerie du Pacha, se lançant sur la voie qui lui avait été faite, poursuivit l'ennemi, dont elle fit un grand carnage, jusqu'aux portes de leur principal village où ils s'étaient enfermés.

Au point du jour, le reste des troupes turques effectua son passage et établit son campement de l'autre côté du défilé qui avait donné tant de peine à enlever. L'artillerie, placée en batteries devant le village, après avoir tiré toute la journée, parvint à pratiquer une grande brèche dans la muraille. L'assaut fut donné sur-le-champ, mais repoussé vigoureusement par les rebelles. Le lendemain matin, les troupes furent lancées de nouveau en avant et trouvèrent la brèche abandonnée; mais en arrivant dans la rue principale elles trouvèrent toutes les rues adjacentes barricadées par des abattis de bois et les passages bouchés par de gigantesques barrières; de plus, elles furent accueillies par une fusillade terrible venant du toit des maisons, et elles furent obligées de battre en retraite après avoir perdu beaucoup de monde.

Les pièces de campagne tirèrent deux jours consécutifs sur les maisons de terre situées entre la brèche et le centre du village; quand elles furent à peu près rasées et que tout le quartier n'offrit plus que l'aspect d'un amas de ruines, les Turcs s'avancèrent de nouveau et, malgré les efforts désespérés des rebelles, réussirent à se rendre maîtres de la place. Un effroyable massacre en fut la conséquence. Les troupes du Pacha, exaspérées par la résistance qu'elles avaient rencontrée, ne firent pas de quartier; les maisons, après avoir été pillées, furent livrées aux flammes et le butin fut apporté au camp et partagé entre les soldats.

Pendant que le village était saccagé, les femmes arabes enfermées dans une grande mosquée, étaient témoins de l'extermination de leurs pères, de leurs maris, de leurs frères et de leurs enfants, ainsi que de la ruine de leurs demeures; elles seules furent épargnées par le vainqueur.

Enfin, quinze jours après l'ouverture de la campagne, les tribus révoltées envoyèrent demander l'*aman* (le pardon) qui leur fut accordé; elles fournirent des otages, donnèrent le contingent exigé, et payèrent les frais auxquels l'expédition avait donné lieu. En récompense de ses importants services, le Pacha reçut par l'intermédiaire du *wali* de Beyrouth un sabre d'honneur; il obtint aussi le grade de *ferik* ou général de division.

L'armée ne tarda pas à rentrer dans la ville. Rien de plus triste que l'aspect des troupes ottomanes avec la musique monotone qui les précédait et les haillons sous lesquels apparaissaient des membres d'une maigreur qui faisait peine à voir. Les officiers eux-mêmes étaient aussi mal vêtus que les soldats; la plupart avaient des souliers troués ou sans semelles.

L'uniforme de l'infanterie consiste en pantalons à la mode européenne de coutil blanc en été et de drap bleu pour l'hiver; la veste est aussi de drap bleu; la coiffure est une calotte rouge ou tarboosh ornée d'un gland bleu; les buffleteries sont blanches, croisées sur la poitrine, et supportent une cartouchière et un sabre; un fusil surmonté d'une baïonnette complète l'équipement.

La cavalerie a la même tenue; ses armes sont la lance et un sabre grossier et ridiculement court suspendu au ceinturon.

Les causes de l'état déplorable de l'armée sont nombreuses. D'abord, tous les fournisseurs s'entendent avec les colonels et les autres officiers supérieurs pour fournir des vêtements et des objets d'équipement de qualité inférieure. D'un autre côté, il arrive ordinairement que les livraisons sont retardées parce que le Trésor ne paye pas les marchands chargés des fournitures. Les fonds sont appliqués en premier lieu à payer les émoluments des commandants en chef: quant aux simples soldats, il est rare qu'ils puissent toucher leur solde. Il n'est pas étonnant qu'avec un tel système les troupes soient mal nourries, mal vêtues, mal armées. Il arrive souvent que les uniformes d'hiver sont distribués dans les mois les plus chauds de l'année, tandis que ceux d'été sont remis en plein hiver.

La situation des officiers de rang inférieur jusqu'aux capitaines et aux chefs de bataillon eux-mêmes est plus intolérable, si c'est possible, que celle des sous-officiers et des simples soldats. Ils sont tous mariés et, pour la plupart, ont de grandes familles. Chaque mois ils ont droit à une ration de viande, de riz, d'huile, et d'autres provisions. Mais ces rations sont distribuées très-irrégulièrement, et le payement de leur solde est encore plus arriéré que la distribution des subventions en nature.

Qu'arrive-t-il alors? L'officier, qui a le droit de se faire délivrer des bons pour l'arriéré et qui se voit sans ressources, est obligé pour ne pas mourir de faim avec sa famille de négocier ces bons à des prêteurs qui achètent pour cent cinquante francs le droit conféré par ces bons, c'est-à-dire une valeur de cinq cents francs et plus. Ce ruineux expédient prive naturellement les malheureux qui y ont recours des deux tiers de leurs ressources, dont l'intégralité est déjà insuffisante.

Souvent la solde reste six mois sans être payée. Ce n'est qu'à la dernière extrémité et quand leurs vêtements ont atteint un tel degré d'usure qu'ils tombent en lambeaux, que les ayants droit se décident à vendre aux Juifs leurs précieux bons, dont ils ne tirent qu'un bien mince témoignage de la libéralité du gouvernement.

Ces honnêtes industriels profitent naturellement des nécessités urgentes avec lesquelles les emprunteurs se trouvent aux prises pour leur donner le quart de ce qu'ils ont à toucher.

C'est surtout quand ils sont dans quelque province éloignée que les officiers ont à supporter les plus dures privations; car dans ce cas, non-seulement les payements sont différés indéfiniment, mais la distribution des rations se fait à des intervalles si éloignés les uns des autres qu'elles deviennent tout à fait illusoires; en même temps, ils n'ont plus personne sous la main à qui ils puissent céder leurs droits sur le Trésor. Les officiers supérieurs profitent de ces circonstances pour acheter à des conditions plus onéreuses encore que celles des prêteurs, et par l'intermédiaire de leurs intendants, les titres de créances de leurs malheureux subordonnés.

Il n'est pas rare de voir des officiers aller chercher le prêtre et lui tenir ce triste langage :

— Je suis marié et je suis aussi content de ma femme qu'on peut l'être, mais je me trouve dans un tel dénûment que je ne puis pas la nourrir plus longtemps. Prononcez notre divorce : elle se remariera et trouvera un mari qui l'empêchera de mourir de faim.

Il est évident que des troupes qui se trouvent dans une pareille situation n'offrent pas des garanties bien sérieuses. Les actes de bravoure les plus éclatants ne donnent aucune chance d'avancement, car les grades ne sont obtenus que par la faveur et l'intrigue.

Pourtant, si tous les emplois, toutes les dignités, aussi bien dans l'armée qu'ailleurs, sont accordés sans aucune espèce de règle, il n'y a pas, d'un autre côté, d'aristocratie héréditaire qui se transmette le pouvoir de génération en génération et barre le chemin au peuple. Il est rare qu'un dignitaire important soit le fils d'un homme ayant occupé une place même médiocre. Les fonctionnaires de l'ordre le plus élevé sont issus d'ouvriers, d'artisans, de boutiquiers, ou ce sont des Circassiens, des Polonais, ou des Tartares établis en Turquie.

Les fils de Pachas reçoivent une éducation très-imparfaite et leur moralité est en général du plus triste aloi. Livrés de bonne heure à des excès de toute espèce, ils ont bientôt détruit leur santé intellectuelle et physique; quand leurs pères meurent, ils dissipent leurs biens et finissent généralement dans une extrême pauvreté.

IX.

J'ENTREPRENDS UN VOYAGE CHEZ LES DRUSES ET LES BÉDOUINS. — RÉCEPTION QU'ILS ME FONT. — A MON RETOUR A JÉRUSALEM J'APAISE UNE ÉMEUTE SOULEVÉE PAR LES ARABES. — JE TROUVE UN MARI POUR UNE CIRCASSIENNE QUE J'AVAIS ÉLEVÉE. — CÉRÉMONIES DE SON MARIAGE.

Autorisée par mon mari, je pris mon intendant avec moi et je partis, escortée d'un détachement de bachi-bozouks à cheval, pour aller visiter les Druses des montagnes et les Bédouins de la plaine.

Les Druses (*Durzu* en turc) forment une secte particulière de Mahométans; montés sur des chevaux petits, mais très-ardents, ils occupent des chaînes de montagnes élevées dont ils descendent et remontent les versants les plus rapides avec une vitesse extraordinaire.

Dès qu'ils aperçurent mon cortége, ils se précipitèrent des hauteurs comme des troupeaux de chèvres. Ils sont armés de longs fusils et n'ont pour tout vêtement qu'une petite pièce de toile dont ils ceignent leurs reins; ils habitent des huttes de terre couvertes de chaume qu'ils ferment au moyen de clés et de serrures de bois. Ils mangent avec leurs doigts sans se servir de couteaux, de fourchettes, ou de cuillères. Tout leur mobilier se compose d'un tapis étendu sur le sol et de coussins placés çà et là. Ils logent avec eux des coqs et des poules, ce qui n'est rien moins qu'agréable tant à cause de la malpropreté qui en résulte qu'en raison de leurs chants nocturnes qui troublent constamment le sommeil.

Quoique la chaleur de la contrée qu'ils habitent soit très-grande, leurs femmes ont le teint magnifique ; celles qui sont mariées portent en guise de coiffure une grande couronne de drap d'argent et elles ont toutes des colliers de même étoffe ; leur tête est enveloppée d'un mouchoir flottant de mousseline à fleurs qui leur tombe sur les épaules ; elles ont des chemisettes à manches courtes qui descendent à peine plus bas que l'épaule en laissant nus leurs bras qu'elles couvrent de bracelets. Elles portent par-dessus une petite veste étroite et sans manches ; leurs larges pantalons sont recouverts d'une jupe courte qui tombe à peine au-dessous du genou.

Le jour de mon arrivée, je fus invitée à souper chez un des principaux personnages du pays. On servit un jeune agneau, si peu cuit que la chair en était toute rouge ; il était cuit avec du riz et couvert d'une sorte de crème. Il m'était impossible de manger de ce plat ; aussi m'offrit-on du riz que mon hôte avait pétri dans sa main pour en former une boule ; il y avait matière délicate à refuser sa politesse et je me résignai, non sans peine, au sort que j'avais à subir. On servit ensuite des gâteaux faits avec de la farine, du sucre, et du beurre. Le pain est cuit dans un four de terre cuite, creusé dans le sol en forme circulaire à la profondeur de deux pieds, sur une largeur double. Ce four est appelé *tandour*. Dès que la braise en est sortie, on y jette la pâte qui est cuite en un instant ; le pain qu'on en tire est très-croquant et aussi mince qu'une feuille de papier. Par malheur, on se sert souvent du four en guise de bain. Je vis un jour une femme y puiser de l'eau dans laquelle cinq ou six enfants de l'âge de cinq à huit ans venaient de se baigner, et la verser sur la pâte qu'elle était en train de pétrir.

Après souper, on me fit voir de la fenêtre les chevaux de mon hôte, qui m'invita à choisir celui que j'aimerais le mieux. Comme je ne me connaissais pas en chevaux, mon intendant me désigna celui que je devais préférer. Dans les différentes visites que je rendis durant ce voyage, je reçus successivement quarante-cinq chevaux que je mis à la suite de mon escorte.

Les habitations du peuple sont bâties de façon à laisser au milieu une grande cour carrée. Quand la nuit était arrivée, nous nous asseyions, moi et les femmes de la maison, à la fenêtre du harem et les montagnards apportaient des torches de résine qu'ils plantaient à distance les unes des autres pour éclairer le vaste enclos. Les hommes des maisons voisines et ceux des alentours arrivaient avec des coussins sur lesquels ils s'asseyaient pour fumer leurs narghilés. Les musiciens venaient ensuite accompagnés de jeunes garçons de seize à dix-huit ans habillés en femme, qui se mettaient à danser au son de la musique. Ces amusements se prolongeaient bien avant dans la nuit. Partout où je passai je fus régalée chaque soir d'un spectacle de ce genre.

Du pays des Druses je descendis dans la plaine qu'habitent les Bédouins (*Bedewya*). Ils ont coutume de se tatouer de bleu le bord des lèvres, le cou, et les bras depuis les poignets jusqu'aux coudes, ce qui produit un effet très-disgracieux sur leur peau basanée et parfois noire.

Ils habitent des cabanes creusées sous terre en forme de ruches gigantesques; ils vivent du produit de leurs troupeaux et sont très-misérables. Les sheiks seuls portent des burnous, le reste du peuple n'a pas d'autre vêtement que de grands caleçons de toile; quelques-uns pourtant portent une espèce de chemise. Les femmes sont enveloppées d'un long peignoir de toile bleue qui leur tombe des épaules et qui est maintenu par des épingles. Leur tête est couverte d'un mouchoir flottant dont elles se font un voile à l'aspect d'un étranger. La plupart ont les yeux noirs et des sourcils d'une beauté remarquable; presque toutes ont des dents d'une blancheur éclatante. Celles qui sont riches portent sur leur *habbara* bleu une espèce de veste blanche serrée autour des reins et ouverte de trois côtés.

Toutes ces populations, Druses et Bédouins, sont, comme les Arabes en général, très-portées au recel et à la rapine. Nul voyageur n'aurait osé s'avancer aussi loin que moi sans une bonne escorte; autrement il aurait couru grand risque d'être pillé et même tué s'il faisait mine de résister.

Le gouvernement turc ne demande à ces tribus d'autres marques de soumission que le paiement d'une taxe convenue avec chacune d'elles : avec de telles gens la conscription est naturellement lettre morte. Comme les Arabes ne possèdent rien qui soit de prise facile, car les troupeaux n'appartiennent qu'à un petit nombre d'entre eux, ils opposent la plus vive résistance au paiement du tribut convenu.

Quand un village n'a pas versé en entier la taxe fixée, les habitants sont arrêtés et frappés cruellement sous la plante des pieds avec un fouet de peau d'éléphant appelé *courbash*. En voyant la misère de ces populations, on croirait qu'il leur est impossible d'acquitter une redevance quelconque; mais, après qu'ils ont reçu à différentes reprises quelques centaines de coups de fouet sans laisser échapper d'autre plainte que le mot *Allah!* (Dieu) qu'ils répètent à chaque fois, on est surpris de les voir offrir de l'or caché peut-être dans leur bouche, peut-être dans une petite bourse qui se trouve sous leurs aisselles, ou dans quelque autre partie de leur corps.

Comme bien peu de personnes, surtout de femmes, s'aventurent au milieu d'eux, j'étais l'objet d'une vive curiosité de leur part. Dès que j'étais arrivée dans une localité, toutes les femmes, empressées de voir l'épouse du gouverneur, sortaient de leurs *gourbis* (cabanes), et m'offraient de petits cadeaux : des œufs, des fruits, et autres objets du même genre, tandis que d'autres agitaient de grands éventails en paille tressée pour rafraîchir l'air autour de moi; toutes se montraient remplies d'attention et jalouses de l'honneur de se montrer hospitalières envers moi.

Je fus surprise, en entrant un jour dans la demeure d'un des principaux chefs du pays, de voir un lit de fer peint en vert venant d'Europe ; c'était sans doute le fruit de quelque vol.

Enfin, après avoir visité un grand nombre de villages et de villes, je repris le chemin de Jérusalem. Dans le cours de mon voyage, mon escorte s'était accrue de plusieurs *mudirs* et sheiks qui cherchaient, en me rendant cet honneur, à me disposer favorablement pour eux.

A mon retour, le Pacha était absent ; il était allé apaiser une querelle à propos de laquelle deux villages arabes avaient pris les armes l'un contre l'autre.

Un jour que je me reposais tranquillement dans le harem des fatigues de mon voyage, j'entendis un grand tumulte dans la cour du palais où étaient situés la salle de justice du Pacha et les autres services publics. Mes appartements communiquaient avec cette cour par un grand escalier placé en dehors de l'habitation. J'aperçus par la fenêtre une troupe d'Arabes furieux, qui poussaient des cris terribles. Je fis appeler l'intendant, le cavas-baschi, et les autres officiers du palais pour leur demander la cause d'un pareil désordre. Ceux-ci, craignant pour leur vie s'ils se montraient à ces forcenés, s'étaient cachés de leur mieux.

Voyant que si les Arabes n'étaient pas réprimés, ils pourraient se porter aux dernières extrémités, je pris rapidement mon courage à deux mains, et, couvrant à demi mon visage avec mon châle, je me présentai au-dessus de l'escalier.

— Quelle est la cause, mes amis, — leur dis-je, — qui vous fait pousser de telles clameurs? Dites-moi ce que vous voulez, et quoique le Pacha soit absent, je ferai ce que je pourrai pour vous être agréable.

— La cause! — dit l'un d'eux, qui paraissait être un des meneurs. — On a dernièrement établi aux portes de la ville un droit sur toutes les marchandises que nous entrons, de telle sorte que nous sommes obligés de débourser de l'argent avant d'avoir rien vendu. En outre le privilége de la perception de cet impôt a été concédé à un Français. Nous travaillons ainsi pour enrichir un infidèle. Nous voulons que le droit soit supprimé.

— Je suis de votre avis, — répondis-je; — j'avais demandé au Pacha de ne pas établir cet impôt, mais un ordre du Sultan l'obligeait à le faire, et il a dû obéir; le Français dont vous vous plaignez n'en est pas cause. D'ailleurs, nous avons écrit à Constantinople, pour demander la suppression de cette taxe. Dans deux ou trois jours nous aurons une réponse, il y a tout lieu de croire que le Sultan, qui est le père de ses sujets, accordera ce que vous désirez.

Tous s'écrièrent à ces mots :

— Dieu bénisse la femme de notre gouverneur! Qu'Allah protége notre Pacha! Puisse notre Sultan jouir d'une longue vie! Amin! Amin!

— Vous faites bien de prier pour votre maître, — répondis-je, — continuez toujours d'agir ainsi, et vous obtiendrez justice en toutes choses. Retournez chez vous, et dès que la réponse arrivera, elle fera l'objet d'une proclamation.

Ils se retirèrent satisfaits du résultat qu'ils avaient obtenu. Pour moi, j'étais plus satisfaite de les voir partir que je ne le laissais voir. Je regagnai mes appartements, suivie de leurs cris de félicitation.

Le lendemain matin, j'appelai le cavas-baschi et je lui demandai les noms des principaux meneurs des troubles du jour précédent. Il m'en nomma quinze. Je lui donnai immédiatement l'ordre, comme il est d'habitude en pareil cas, de s'en saisir, ce qui fut exécuté avant qu'ils ne fussent partis de chez eux. Ils furent envoyés sur-le-champ en exil, et n'obtinrent la permission de rentrer qu'après être revenus à des idées de soumission absolue. Peut-être quelques-uns d'entre eux étaient-ils innocents; mais, en pareil cas, il vaut mieux courir le risque de châtier d'une peine légère l'innocent et le coupable que d'exciter les passions populaires, en faisant suivre à la justice son cours régulier, afin de punir chacun dans la mesure de sa culpabilité. En Orient, ces distinctions délicates ne sont pas observées ; on arrête les innocents et les coupables et on les punit les uns et les autres.

Depuis cinq ou six ans au moins, j'avais acheté une jeune Circassienne que j'élevais chez moi. Je lui avais donné une certaine éducation, et, à l'âge de quatorze ans, elle remplissait les fonctions de gouvernante de ma fille Aïsheh, qui avait à peine cinq ans.

Quoique mon mari fût très-bon et très-affectionné

pour moi, je conçus une pensée de jalousie; je craignis que le Pacha, s'éprenant de cette jeune fille, dont la physionomie était relevée par un certain air de distinction, n'eût l'intention d'en faire sa seconde femme, la loi musulmane lui permettant d'avoir jusqu'à quatre femmes.

Je résolus de profiter de l'absence du gouverneur pour écarter toute cause d'appréhension en éloignant cette jeune fille; mais j'avais beau y réfléchir, je ne pouvais trouver aucun moyen de satisfaire ce désir sans laisser soupçonner les sentiments qui dirigeaient ma conduite. Un matin, mon attention fut attirée par des gémissements réitérés qui venaient de la rue; je regardai de ce côté, et j'aperçus des pleureuses à gages qui accompagnaient le convoi funèbre de la femme d'un *caïmakam* ou lieutenant-colonel. Ce spectacle me causa du chagrin, car j'avais connu et aimé la trépassée; mais cette circonstance provoqua dans mon esprit une idée soudaine; je formai le projet de donner ma jeune Circassienne en mariage à l'officier qui se trouvait actuellement veuf.

Ce plan était d'une exécution très-facile. Celle qui venait de mourir était une Turque de quarante-cinq ans environ, dont la figure était toute marquée de la petite vérole : elle était, par conséquent, très-laide. Son mari, qui était du même âge, était encore vigoureux et bien conservé. Comme les hommes n'ont pas l'habitude de rester longtemps privés de femmes et se remarient souvent la semaine même où ils ont enterré une précédente épouse, je résolus de mener la chose rapidement; du reste, le retour prochain du Pacha me poussait à me hâter.

Je dépêchai ma gouvernante auprès de celle du colonel; elle entretint cette femme de l'union que je proposais à son maître. Elle fut acceptée avec enthousiasme; car l'officier ne pouvait trouver à Jérusalem que des femmes arabes aussi laides que malpropres. D'un autre côté, il n'ignorait pas que la fiancée qui lui était offerte était belle, et, en outre, il se trouvait très-honoré d'avoir une femme élevée chez le Pacha, et par l'influence de laquelle il pouvait espérer de l'avancement. Il se montra donc tout disposé à la prompte conclusion d'un mariage que je désirais aussi vivement que lui.

Trois jours avant celui fixé pour la cérémonie j'envoyai le trousseau qui était un cadeau de ma main. Les coffres contenant les parures, la literie, et tous les objets nécessaires furent chargés sur des chameaux magnifiquement caparaçonnés et ayant des colliers auxquels étaient suspendues de grosses clochettes. Des écharpes destinées aux conducteurs de chameaux étaient attachées au cou de ces animaux. Ils étaient précédés de nombreux serviteurs revêtus d'un même uniforme, portant de la vaisselle d'argent et ayant chacun une écharpe en croix. Ils se dirigèrent ainsi vers la demeure du futur époux; le peuple attiré par le son des clochettes se rangea en ligne sur la route que suivit le cortége et poussa des cris de surprise en voyant la magnificence de la dot de la fiancée. Tout cela était envoyé au nom de la jeune fille; le seul présent qui était indiqué comme venant de moi était une tabatière en or sur un support en argent. Les porteurs recevaient quelques bagatelles en guise de récompense ; c'était en général des petites pièces d'or enveloppées dans des mouchoirs brodés.

Je m'occupai ensuite de préparer l'appartement où la cérémonie devait avoir lieu, car le fiancé, par respect pour la mémoire de l'épouse qu'il venait de perdre, ne voulait pas célébrer le mariage chez lui. Je fis tendre une des plus grandes salles du palais de pièces de soie blanche brodée d'or ; elles étaient ornées de châles de cachemire que relevaient de riches écharpes et formaient tapisserie. Au milieu de la chambre se trouvait une espèce de trône couvert de velours sur lequel la fiancée devait s'asseoir. Le jour venu, je lui fis revêtir la plus magnifique de mes parures, que je lui prêtai pour la circonstance ; c'était un costume arabe.

Elle portait de grands pantalons de soie rouge brodée d'or ; elle avait par-dessus une robe de gaze blanche avec des bandes de soie de même couleur ; elle portait en outre une veste de velours vert brodé d'or avec une ouverture triangulaire sur le devant qui permettait de voir les seins ; les manches étaient étroites, échancrées depuis le poignet jusqu'au milieu de l'avant-bras, et garnies d'une grande quantité de petits boutons. Sa chevelure, coupée carrément sur le front et rangée derrière en longues tresses pendantes ornées de sequins d'or, était surmontée d'un riche *tarboosh* garni aussi de sequins et brodé de perles. Sur le front, les joues, et le menton étaient écrits au moyen de paillettes d'or, collées sur la figure, des vers à la louange du mari.

La tête de la fiancée était couverte d'un voile de gaze épais broché d'or, d'une seule pièce, dont une moitié tombait sur le front et l'autre derrière sur les épaules.

J'avais envoyé ma *kjaja-kadun* (gouvernante) pour inviter les dames des principaux fonctionnaires du pays; et, à cet effet, elle avait laissé une petite chandelle à la demeure de chacune d'elles. Le matin du jour fixé, elles arrivèrent en grand nombre et parurent charmées en voyant que les noces seraient célébrées selon l'usage du pays. Je leur permis d'agir comme elles entendaient le faire en pareille circonstance. S'étant assises dans la chambre préparée pour les recevoir, elles se mirent toutes à fumer les narghilés qu'elles avaient apportés à cette intention. La fiancée rejetant son voile, vint embrasser la main de chacun, après quoi elle vint prendre place sur le trône élevé pour elle.

Une telle réunion formait un spectacle ravissant. Elle était composée d'environ cent dames dont la plus grande partie étaient très-brunes de teint, jeunes, jolies, et toutes revêtues de leurs plus beaux atours. Quelques-unes se distinguaient par leurs grosses tresses de cheveux ornées de sequins; d'autres portaient sur leurs épaules une espèce de ceinture formée de huit ou dix grosses pièces d'or; d'autres encore avaient de chaque côté de la figure des glands de grosses perles : l'or et les perles étaient le principal objet de leurs extravagances, tout comme en Turquie, les diamants forment la parure la plus appréciée. Le bruit singulier qui se faisait entendre à chacun de leurs mouvements; l'or dont elles étaient couvertes; la variété et l'éclat des couleurs de leurs vêtements; la forme et la groseur différentes de leurs narghilés dont quelques-uns étaient verts, les autres rouges ou bleus; tout contribuait à donner à cette assemblée un curieux caractère.

Une des dames entonna une chanson accompagnée avec le *koudoum* (instrument composé de deux petits tambourins placés à terre l'un à côté de l'autre et qu'on frappe avec deux baguettes) et avec le *tar* ou tambour de basque. Deux des principales invitées se mirent à danser; elles se placèrent en face l'une de l'autre et à une certaine distance, puis elles se balancèrent alternativement en avant et en arrière en obéissant à la mesure. Cette danse ne comporte pas de mouvements des jambes; c'est à peine si les pieds changent de place. Les personnes qui s'y livrent se balancent sur les hanches, en inclinant la tête à droite ou à gauche, font des gestes gracieux avec les bras et prennent les attitudes les plus séduisantes et les plus passionnées; pendant qu'elles dansent tout respire en elles une lascivité ardente quoique contenue.

La danse continua jusqu'à ce que toutes, jeunes et vieilles, les femmes du *cadi* (juge), du *nakib* (premier interprète de la loi), de l'*iman* (prêtre), et des autres officiers civils et militaires, de tout rang, y eussent successivement pris part.

Après le bal, on servit le souper. Les serviteurs

apportèrent des *sofras* (petites planches rondes et minces incrustées de nacre de perle, de bronze, de marbre, et d'autres matières de prix) dont chacun fut placé sur un tabouret d'environ un pied de haut. Autour de chacune de ces tables dix convives s'installèrent sur des coussins. Tous les plats furent servis en même temps : la soupe, la viande, le riz, et le dessert. Chacune des invitées se lava les mains avant de s'asseoir et prenait avec ses doigts les mets qui lui faisaient plaisir; il n'y avait ni assiettes, ni cuillères, ni fourchettes.

Quand le souper fut achevé, toutes se levèrent de table et s'y replacèrent ensuite pour prendre le café et fumer les narghilés. Au coucher du soleil, toutes les dames présentes s'enveloppèrent dans une grande pièce d'étoffe blanche qui cachait leur parure et dont elles voilèrent leur visage à l'exception des yeux. La fiancée les imita; puis elles sortirent toutes pour l'accompagner jusque dans la maison de son mari. Quatre des invitées portèrent à l'aide de supports un dais de drap rouge en forme de tente et s'ouvrant sur le devant. Le fiancé se présentant à la porte de sa maison accueillit le cortége, et répandit des petites pièces de monnaie, tandis que toutes les dames se mirent à crier *lou, lou, lou!* à réciter des vers en l'honneur de l'épousée, et à prononcer à haute voix des souhaits en sa faveur. Le nouveau marié sortit alors pendant que toute l'assemblée pénétra dans la maison; la jeune épouse s'assit sur le divan et baisa les mains des assistantes à mesure qu'elles se retiraient.

Ensuite deux vieilles esclaves levèrent son voile et lui offrirent des rafraîchissements.

A huit heures, au moment où a lieu la prière de la nuit, le mari, quittant la mosquée dans laquelle les prières nuptiales avaient été récitées, arriva, accompagné d'une nombreuse suite, formée par ses amis, portant des chandelles ou des torches allumées et chantant des prières; le prêtre poussa le nouveau marié dans sa maison, en le prenant par les épaules, et, après avoir pris un verre de sorbet, ils se retirèrent tous.

Alors le mari monta en haut et s'assit sur un fauteuil, pendant que sa femme, accompagnée de deux vieilles esclaves portant chacune une chandelle, se présenta devant lui; puis toutes les trois se mirent à danser; elles se retirèrent ensuite, changèrent la toilette de l'épousée, et revinrent reprendre la danse. La même cérémonie se réitère tant que toutes les robes du trousseau n'ont pas été essayées. Ensuite, le mari prend sa femme par la main et la conduit dans la chambre à coucher.

Le lendemain matin, le nouveau marié vint, selon l'usage, m'adresser ses remercîments. Je lui fis présent d'un beau cheval arabe.

Cinq ou six jours après, je fus informée de l'arrivée du gouverneur. Le caïmakam vint à sa rencontre et lui embrassa le bord de la robe, dès qu'il l'eut approché.

— Que vous est-il arrivé de nouveau qui vous oblige à me donner cette marque de déférence?

— Je suis devenu le mari de la jeune fille qui a été élevée chez vous!

— Ah ! — s'écria le Pacha ; — alors vous êtes mon gendre.

Et ils continuèrent à s'entretenir familièrement jusqu'à ce qu'ils fussent arrivés dans la ville.

Quand le Pacha entra au palais, j'étais très-inquiète et je me demandais, avec anxiété, comment il prendrait la chose.

— Il paraît que vous avez célébré une noce en mon absence... C'est bien; vous vous êtes amusée et vous n'avez pas eu tort.

Le voyant dans cette disposition d'esprit, j'étais doublement satisfaite : d'abord, de ce que la résolution que j'avais prise sur moi n'encourait pas de reproches, et parce que je me voyais délivrée de tous motifs de jalousie.

X.

NAZLY-HANUM, FILLE DE MEHEMET-ALI, VICE-ROI D'ÉGYPTE, M'ENGAGE A LUI RENDRE VISITE. — RÉCEPTION QUI M'EST FAITE. — PORTRAIT DE LA PRINCESSE. — ALEXANDRIE ET LE CAIRE.

Un vendredi que je recevais, comme cela avait lieu toutes les semaines, les femmes de quelques officiers de rang inférieur, l'eunuque de service vint me dire qu'une vieille dame, accompagnée d'une esclave et d'un eunuque, venait d'arriver avec une lettre pour moi. Je donnai des ordres pour qu'elle fût introduite dans une de nos plus belles pièces, en attendant que ma réception fût achevée. Dès que je fus libre, je vins m'informer de ce que désirait cette personne. C'était la suivante de la princesse Nazly-Hanum, fille de Mehemet-Ali-Pacha, Vice-Roi d'Égypte. Elle m'apportait une lettre de sa maîtresse, qui m'écrivait qu'ayant entendu parler de moi comme d'une femme capable et très-énergique, je lui causerais un grand plaisir en consentant à aller passer quelques jours en Égypte auprès d'elle. Naturellement, j'étais obligée d'offrir l'hospitalité à la messagère de Son Altesse, ainsi qu'aux personnes qui l'accompagnaient.

Je fis part à mon mari de cette invitation et lui demandai permission de me rendre aux désirs de la Princesse.

— Vous êtes obligée d'aller lui rendre visite, — me dit-il, — car une invitation venant d'une personne d'un tel rang est un ordre.

Je pris avec moi ma fille Aïsheh, deux esclaves et un eunuque, et je me rendis à Jaffa, accompagnée par les envoyés de la Princesse. De là, je m'embarquai pour Alexandrie, où je trouvai les équipages et des serviteurs de Son Altesse qui m'attendaient. Les équipages étaient tous garnis de velours rouge brodé; les glaces de chaque côté étaient remplacées par un grillage doré qui laissait circuler l'air. Nous vînmes sur-le-champ prendre résidence chez la Princesse, à son palais de Mahmoudieh, situé près du Nil, au centre d'un jardin magnifique et qui présente tout à fait l'aspect d'un édifice européen. Les mosaïques dont est formé le pavé des appartements intérieurs sont extrêmement belles.

Après être descendue de voiture dans l'une des cours, j'entrai dans un grand vestibule, depuis lequel un magnifique escalier conduisait aux chambres du haut. De chaque côté des galeries où je passais étaient rangées des esclaves vêtues d'étoffes de soie de couleurs vives et portant des colliers, des boucles d'oreilles, et des bracelets de grande valeur. Pour m'honorer, d'autres esclaves me prirent par-dessous les bras, comme pour m'aider à monter, tandis que d'autres et des eunuques portaient la queue de mon *feradjé*, grand manteau traînant par terre et fermé sur le devant, avec d'immenses manches pagodes et une pèlerine. Je fus reçue sur l'escalier par le trésorier de la Princesse, qui m'introduisit dans une grande salle, où il me fit asseoir et reposer avant d'être présentée à sa maîtresse.

Au bout de quelques instants, le trésorier vint m'informer que Son Altesse était prête à me recevoir; je la trouvai assise sur un divan magnifique et fumant tranquillement un long chibouk. Elle se leva en me voyant et s'approcha d'un pas ferme pour me souhaiter la bienvenue. La Princesse était de taille moyenne et un peu brune de teint; sa figure dénotait une énergie et une ardeur peu communes; ses regards pénétrants et hardis étaient empreints d'intelligence. Je me prosternai jusqu'à terre; elle me répondit par un salut gracieux et m'invita de la main à prendre place sur le divan qui se trouvait en face d'elle.

La pièce était garnie de vieilles femmes chargées d'amuser la Princesse en lui racontant des contes. Dès que je fus assise, on m'apporta un chibouk et je me mis à fumer. Alors la Princesse entama la conversation en me complimentant longuement sur les relations favorables qui lui avaient été faites à mon égard. Nous nous entretînmes ensuite sur différents sujets. Nazly-Hanum me donna les preuves d'une intelligence déliée et d'une connaissance étendue des affaires de l'Orient. Pendant notre conversation on nous servit des sorbets parfumés avec différentes essences, et ensuite du café. Après un entretien d'une heure environ, je pris congé de la Princesse et je me retirai dans l'appartement préparé pour moi. Comme les autres pièces du palais, mes chambres étaient magnifiquement meublées; chacune d'elles était garnie de divans, de coussins, et de tentures de velours brodé. Quand l'heure du dîner fut arrivée, Nazly-Hanum se mit à table seule avec moi. La nappe était de soie garnie de broderies et la table était chargée de mets nombreux servis dans une vaisselle d'argent d'un très-beau travail; les cuillères elles-mêmes étaient ornées de pierres précieuses.

Pendant le repas, nous parlâmes peu. Quand il fut achevé, nous nous levâmes et nous allâmes nous asseoir dans le jardin, où nous prîmes place autour d'une table pour fumer et prendre le café. Vers dix heures on nous servit des fruits et des sorbets dans des coupes d'or ornées de diamants, ainsi que leurs couvercles. Ensuite la Princesse se mit à boire de l'eau-de-vie et du vin, tout en m'entretenant familièrement; puis elle autorisa quelques-unes de ses plus vieilles esclaves à s'asseoir auprès de nous. L'une d'elles jouait à son égard le rôle d'amant; elles se mirent à parler de choses de galanterie et à se provoquer mutuellement. Nazly avait eu dans sa jeunesse plusieurs intrigues amoureuses; mais, comme elle ne pouvait voir ses amants qu'à la dérobée et pendant de courts instants, elle avait formé le projet de se livrer à toute sorte d'amusements dans le harem. Je restai témoin de cette scène qui s'animait de plus en plus à mesure que les deux actrices principales s'enivraient davantage. Dans l'intervalle, de jeunes esclaves se mirent à danser en s'accompagnant de *zaganettes* (castagnettes de cuivre), tandis que d'autres chantaient. Celles que leur devoir obligeait à rester debout au milieu de la chambre tombaient de fatigue; il était facile de voir à leur mine qu'elles avaient l'habitude de passer la nuit sans dormir. Elles étaient forcées de supporter la fatigue sans faire le moindre signe d'impatience, car si leur maîtresse s'en était aperçue, elle les aurait fait battre sans pitié; plusieurs même étaient mortes des mauvais traitements qu'elles avaient subis pour de tels motifs.

Lasse enfin de ces scènes révoltantes de débauche et d'égoïsme, je demandai vers minuit la permission de me retirer.

Je fus reconduite dans mes appartements par la personne qui était venue me trouver à Jérusalem.

Par politesse, je la priai de s'asseoir un instant auprès de moi. Elle se mit alors à me parler de Nazly.

— Vous avez vu notre maîtresse; elle passe toutes ses nuits comme celle-ci. Elle se lève à midi et emploie la journée à faire des visites, à se promener en voiture, à boire, et à s'amuser. D'abord, et bien que les femmes égyptiennes soient renfermées beaucoup plus étroitement que les Turques, elle a trouvé le moyen, grâce à la crainte qu'elle nous inspire et aux absences fréquentes de son mari, d'introduire impunément ses amants dans le harem. Elle s'assure ordinairement de leur discrétion en les faisant mettre à mort; mais ces exécutions se sont ébruitées, elle a renoncé à cette espèce de passe-temps. Nous sommes toutes très-malheureuses avec elle. Elle est très-capricieuse et très-cruelle. Pendant que son mari vivait, il lui arriva de dire un jour à une esclave qui versait de l'eau pour son usage : « Assez, mon agneau ; » cette parole ayant été rapportée à Nazly, elle devint furieuse. Elle ordonna que la pauvre fille fût tuée sur l'heure ; elle ordonna ensuite de cuire sa tête au four avec du riz et la fit mettre sur un grand plat. Quand le *defterdar* vint pour dîner, sa femme lui fit servir cet étrange plat en lui disant : « Prenez un morceau de votre agneau. » A ces mots, il jeta sa serviette sur la table, sortit, et ne revint que longtemps après, guéri pour jamais de toute affection pour sa femme. S'il ne la répudia pas, c'est qu'il voulait garder les richesses qu'elle lui avait apportées et rester le gendre de Mehemet-Ali. Cette jalousie s'étend à celles de ses esclaves qui servent ses passions ; au moindre soupçon d'infidélité, elle les condamne à périr sous le fouet.

Elle me cita encore plusieurs exemples du caractère violent de sa cruelle et impérieuse maîtresse.

— Si elle vous a engagée à venir la voir, — ajouta la bonne vieille, — c'est qu'elle a appris que vous aviez voyagé en Europe et en Arabie et que vous connaissez beaucoup de choses qui sont de nature à l'intéresser. Néanmoins Son Altesse est très-généreuse, et vous n'aurez pas à vous plaindre d'elle.

Notre conversation se prolongea ainsi jusqu'à une heure très-avancée.

Il était dix heures du matin environ et je n'étais pas encore levée, quand la Princesse entra dans ma chambre suivie de deux esclaves. Elle s'était évidemment levée de meilleure heure que de coutume.

— Quoi ! — s'écria-t-elle, — vous êtes encore au lit, ma chère ?

Elle s'approcha de moi, m'embrassa, et se mit à me faire mille compliments. Enfin elle se retira en disant qu'elle allait m'attendre.

Je m'habillai à la hâte et je trouvai la Princesse occupée à regarder des dessins de joyaux qu'elle voulait qu'on lui préparât.

— Venez me donner votre avis, — dit-elle en me voyant.

Nous examinâmes ensemble les dessins. Quand

nous eûmes fait notre choix, elle envoya chercher deux écrins chacun de trois pieds de long, larges et profonds en proportion.

— Choisissons des pierreries, maintenant, — dit-elle.

Ces écrins étaient remplis d'un nombre infini de diamants, d'émeraudes, et d'autres pierres précieuses très-grosses pour la plupart et ayant ensemble un prix incalculable. Elle était sur le point de refermer les cassettes, quand elle dit tout à coup : — Je vais vous faire un petit cadeau : voilà deux diamants; prenez-en un monté sur une bague, pour vous, et l'autre pour votre mari.

Chacune de ces pierres valait plus de cinq mille francs.

Elle fit apporter ensuite une grande cassette. Elle était remplie de longs lingots d'or.

— Je voudrais, — dit Nazly, — faire convertir ces lingots en vaisselle. Qu'en pensez-vous?

— Je crois, — répondis-je, — que des plats d'or massif seraient extrêmement lourds; ceux d'argent sont beaucoup plus légers.

— Vous avez raison. Je ferai un autre usage de ce que contient cette boîte.

Prenant alors deux ou trois de ces lingots, elle les jeta aux pieds d'une esclave.

— Voilà pour toi, — dit-elle.

Sur l'invitation de Son Altesse, je descendis dans le jardin. Il était extrêmement beau. Les dattiers, les orangers, les fleurs, et les arbrisseaux étaient disposés avec un art qu'on ne rencontre pas souvent, surtout en Orient. Les murs eux-mêmes étaient couverts de verdure. Çà et là des kiosques élégants, au milieu desquels de gracieux jets d'eau rafraîchissaient l'air, contribuaient au charme de ce tableau. Je m'y promenai quelque temps accompagnée de femmes dont chacune portait sur le cou un mouchoir blanc sur lequel étaient brodés des vers ; c'était la marque distinctive de celles qui jouissaient des bonnes grâces de leur maîtresse. Celle-ci survint elle-même au bout de quelques instants.

— Que pensez-vous de mon jardin? — dit-elle. — Aimez-vous le climat d'Égypte?

— Votre jardin et le climat de votre pays sont l'un et l'autre très-beaux et agréables à tous égards ; mais pourquoi m'étendre sur leurs louanges, puisque c'est à vous que ces louanges sont dues?

Elle sourit à ce compliment et témoigna sa satisfaction en me pinçant doucement la joue.

— Si vous voulez voir un peu le pays, — dit-elle, — venez avec moi.

Nous revêtîmes chacune un *feradjé* sur lequel nous jetâmes un *bourko*, espèce de capuchon qui couvre complétement la tête et le cou et permet de voir clair par des trous ménagés en face des yeux. Nulle part le visage des femmes n'est caché avec autant de soin qu'en Égypte; partout ailleurs il n'est couvert que d'un *yashmak* ou léger voile de gaze de soie. Nous montâmes dans une voiture dont le grillage n'était pas tellement épais que nous ne puissions voir un peu ce qui se passait au dehors, et nous arrivâmes au palais d'Ibrahim-Pacha, frère de Nazly-Hanum. Nous y fûmes reçues toutes les deux avec les mêmes cérémonies qui avaient été observées pour moi à mon arrivée à la résidence de la Princesse. Nazly m'introduisit chez les femmes d'Ibrahim, et leur fit un chaleureux éloge de moi. Je parcourus ensuite le palais qui était aussi somptueusement décoré et meublé que celui de mon aimable hôtesse. Les femmes qui l'habitaient étaient toutes jeunes et beaucoup plus belles que celles de Nazly. Elles portaient toutes sur leur figure une expression de crainte et d'ennui. Une vieille esclave à l'air enjoué, les vieilles esclaves sont en général plus gaies que les jeunes, me conduisait partout. Elle me dit que le Pacha était d'un caractère affreusement jaloux.

— Un eunuque noir, — dit-elle, — s'étant épris d'une Circassienne d'une rare beauté dont notre maître était amoureux, fut, bien entendu, repoussé par elle, et résolut de causer sa perte. Un jour il plaça un manteau d'homme près de la porte de la jeune Circassienne, comme s'il avait été oublié là par quelqu'un. Quand le Pacha, précédé de deux ennuques qui portaient des torches, arriva à cette porte et aperçut ce vêtement, il entra dans une colère terrible.

— Qu'est-ce que c'est que cela? — s'écria-t-il. — C'est un manteau, — répondit le perfide eunuque, — qui appartient sans doute à quelqu'un qui était avec la Circassienne, et qui s'est enfui à votre approche. Ibrahim-Pacha frappa à grands coups : la pauvre femme vint ouvrir; à ce moment notre maître tirant son *handjer* (espèce de poignard courbé) l'abattit à ses pieds. Vous comprendrez facilement si nous pouvons être heureuses avec un maître si soupçonneux et si crédule.

Je revins auprès de Nazly, et l'on nous servit une magnifique collation froide, après laquelle nous allâmes dans le jardin qui était encore plus beau que celui de la Princesse. Toutes les femmes du Pacha nous accompagnaient. C'étaient des Circassiennes et des Grecques de caractère aimable et belles pour la plupart, mais mal élevées. Nous allâmes ensuite prendre un bain chaud, tandis que les esclaves s'efforçaient de nous distraire en dansant et en chantant, en s'accompagnant d'une espèce de mandoline appelée *derbouka*. La nuit venue, nous retournâmes au palais de Son Altesse.

Une des réciteuses de contes nous dit alors une des histoires qu'elles ont l'habitude de raconter. Il y en a une dizaine. Chaque femme en connaît une ou deux qu'elle répète indéfiniment; quand il s'y trouve des passages en vers, elles les chantent. Celles qui sont chargées de faire ces récits n'ont pas autre chose à faire.

Nous eûmes ensuite une représentation de *karagheuz* ou d'ombres chinoises. Celles qui dirigeaient les mouvements de ces marionnettes y introduisaient des personnages imaginaires dont le dialogue était rempli d'allusions aux actes de la Princesse et aux différentes personnes de son entourage. En général les pantomimes ou les contes en actions se produisent sur des scènes privées du genre de celle-ci; c'est là le théâtre des Orientaux. En Turquie, on s'en sert souvent pour insinuer au Sultan ou aux grands personnages ce qu'on n'oserait pas leur dire ouvertement.

Le lendemain matin, je pris avec moi Fatmah, l'esclave qui avait été envoyée en mission auprès de moi, et, après nous être déguisées en femmes de marchands, nous allâmes visiter la ville. Ce qui me frappa le plus vivement fut le spectacle de l'horrible saleté qui régnait partout. Dans le bazar les femmes de fellahs étaient couvertes de la tête aux pieds d'un long surtout de toile bleue. En général, ces femmes ne cachent pas leur visage. Leurs vêtements étaient en lambeaux et usés jusqu'à la corde. Les fruits, le pain, les légumes étaient littéralement couverts de myriades de mouches noires ou bleues, parce que les vendeuses ne se donnaient pas la peine de couvrir leurs marchandises. J'étais surprise qu'on pût acheter de telles denrées offertes par des marchandes aussi sales. Des essaims d'enfants malpropres, couverts de misérables haillons, infestaient les environs du marché; les rues qui y conduisaient étaient pour ainsi dire impraticables en raison des montagnes d'ordures qu'on y avait accumulées. Nous entrâmes dans plusieurs boutiques; les choses n'y étaient pas en meilleur état. Il est impossible de comprendre comment ces gens pouvaient vivre dans une atmosphère aussi infecte. Les marchands, vêtus de longs *jubbehs* manteaux à longues manches), la tête couverte de gros turbans et pieds nus, se tenaient debout à la porte de leurs boutiques qui restaient ouvertes afin qu'on vît ce qu'il y avait à vendre, car d'enseignes et d'étalage point. Les rues, très-étroites et généralement non pavées, étaient continuellement interceptées, tantôt par des équipages précédés d'une personne vêtue seulement d'une blouse de toile bleue tombant aux genoux et serrée par une ceinture autour des reins, tantôt par des ânes de louage précédés ou suivis de jeunes garçons et montés par des hommes ou des femmes.

Ces ânes, très-beaux, car l'Égypte est renommée à cet égard, sont extrêmement commodes. Pour cinq ou six sous on peut parcourir toute la ville sur un âne avec deux jeunes conducteurs à ses ordres. Si l'on s'arrête en quelque endroit, on fixe l'heure à laquelle ils doivent revenir et l'on paie seulement comme pour une course.

Nous visitâmes différents cafés qui se distinguaient par des bancs placés sur la rue, sur lesquels étaient assis des hommes gravement occupés à fumer et à boire. Çà et là, nous rencontrâmes des femmes arabes chantant des *maonals* (couplets) au son du *tar* ou tambour de basque.

Nous arrivâmes enfin au quartier appelé le Cours, où se trouvent des maisons construites à l'européenne et des boutiques avec des devantures vitrées où l'on voit les marchandises arrangées avec goût. Les arbres plantés devant les maisons font ressembler ce quartier à celui d'une ville du midi de la France.

Peu de temps après, je pris avec moi Fatmah et d'autres femmes de la Princesse et je partis pour le Caire, dans des équipages appartenant à Son Altesse. Dès que je fus sortie des murs d'Alexandrie, il me sembla que j'entrais dans une vaste fournaise. Après avoir beaucoup souffert de cette excessive chaleur, nous mîmes pied à terre au palais de Halim-Pacha, à Shoubrah. De là, je vins visiter la ville du Caire, qui renferme un grand nombre de palais entourés de jardins et de places magnifiques. Les bazars y sont nombreux et chacun d'eux est affecté à la vente d'une espèce différente de marchandises. Parmi les marchands qui font le négoce des colifichets, des bijoux, etc., il se trouve plusieurs Européens. Cette ville me plut moins qu'Alexandrie, qui, rafraîchie par les brises de mer et par les eaux du Nil, est un séjour plus agréable; le Caire, au contraire, qui n'est séparé du désert que par le fleuve, est exposé à une chaleur excessive. Beaucoup de personnes qui y résident y sont atteintes d'ophthalmie. Un autre désagrément, c'est qu'il n'y a pas au Caire d'autre eau que celle du Nil, qui est extrêmement saumâtre et désagréable à boire, même après avoir été filtrée. Les scorpions, les serpents et les moustiques ajoutent aux inconvénients du pays.

Après avoir passé quelques jours au Caire, je revins à Alexandrie, où je séjournai encore une quinzaine de jours. Je pris alors congé de la Princesse et je m'embarquai sur un bateau à vapeur, qui me conduisit à Beyrouth. Cette ville est bâtie en amphithéâtre sur une colline dont la base forme le port. Elle est la résidence du *Wali* ou gouverneur général de la Palestine. Les maisons y sont entourées d'immenses jardins plantés de mûriers. L'eau y est rare, et on est obligé de l'aller chercher à une grande distance. La population, en général, s'occupe de l'élevage des vers à soie. Il s'y trouve aussi de grandes manufactures de soie, et les négociants en satin damassé sont nombreux. Après être restée deux jours dans le palais du *Wali*, je repris, par la voie de terre, la route de Jérusalem.

XI.

MEHEMET-PACHA EST RAPPELÉ. — VOYAGE DE JÉRUSALEM A CONSTANTINOPLE. — MON MARI EST NOMMÉ GOUVERNEUR DE BELGRADE. — NOUS ALLONS OCCUPER CE NOUVEAU POSTE.

Trois mois environ après mon retour, un ordre révoquant mon mari et désignant un nouveau gouverneur, arriva de Constantinople.

En Orient, quand un fonctionnaire est destitué, il est moins considéré que le dernier des particuliers. Des signes de mécontentement avaient éclaté de toutes parts. Les principaux reproches qui nous étaient adressés consistaient à dire que Mehemet-Pacha agissait trop sévèrement à l'égard des Arabes, qui s'étaient révoltés, et de ceux qui étaient accusés de crimes, et que moi, de mon côté, j'étais trop avide d'argent et de cadeaux.

Le Pacha résolut que je partirais la première avec nos principaux objets mobiliers et nos serviteurs, avant l'arrivée de son successeur, de manière qu'étant encore en possession de son autorité, il pourrait se tenir sur ses gardes à l'endroit des malveillants. Il me fournit une escorte de bachi-bozouks et me dit d'aller l'attendre à Akiah, où il viendrait me rejoindre pour m'emmener à Constantinople.

Je pris une route différente de celle que j'avais suivie à notre premier voyage. Le second jour, le chef de l'escorte fut averti qu'une dispute s'était élevée entre les habitants d'un village voisin et ceux de la ville que nous avions à traverser; ils en étaient même venus aux coups ce jour-là. Le fait est que nous entendions, dans le lointain, le bruit de la fusillade. Ce qui compliquait la situation, c'est que les deux partis étaient également hostiles à mon mari, qui les avait sévèrement châtiés à cause de leurs nombreuses et sanglantes équipées. Le Delhy-baschi était cruellement embarrassé et ne savait que faire.

— Croyez-moi, — lui dis-je, — il n'y a qu'un moyen d'éviter le danger qui nous menace et de continuer paisiblement notre voyage. Au lieu d'aller droit devant nous, il nous faut faire le tour du village que nous devons traverser; nous y entrerons par la porte qui 'ouvre sur la route d'Akiah et vous direz aux habitants que je suis la femme du nouveau gouverneur arrivant de Constantinople et que vous me faites escorte jusqu'à Jérusalem.

Ce stratagème, mis à exécution, réussit au delà de toute attente. Dès que les combattants apprirent l'arrivée du harem du nouveau gouverneur, ils déposèrent les armes. Les Arabes et leurs sheiks vinrent à ma rencontre en poussant des acclamations en mon honneur. Ils me conduisirent en grande pompe chez le plus riche des habitants de l'endroit. Les femmes m'accueillirent avec tout le respect et l'empressement désirables : elles servirent un excellent souper et firent de leur mieux pour me donner toutes mes aises.

— Nous sommes heureuses, — disaient-elles, — de vous voir prendre la place de notre ancien Pacha. Il était si cruel, qu'il nous punissait de l'exil ou de la prison à la moindre apparence de révolte. On ne pouvait obtenir de lui aucune espèce de faveur qu'en se dépouillant au profit de sa femme.

— Nous avons entendu parler de cela à Constantinople, — répondis-je, — et c'est pour cela qu'on s'est décidé à envoyer à Jérusalem un nouveau gouverneur qui réparera les torts que vous avez eu à subir jusqu'ici ; vous trouverez le nouveau Pacha aussi humain que l'autre était rigoureux et je suis sûre que vous serez contentes de lui.

Je passai tranquillement la nuit au milieu de ces braves gens. Le matin, la femme du sheik vint m'offrir un anneau richement ciselé que je fus obligée d'accepter de crainte d'exciter le déplaisir ou la défiance de mes hôtes.

Mon escorte s'étant réunie, nous nous remîmes en marche, tandis que le Delhy-baschi et ses hommes se réjouissaient hautement du succès de notre subterfuge. Comme ils s'étaient donnés pour des bachi-bozouks envoyés à Jérusalem pour garder le harem du nouveau Pacha, ils avaient été très-bien traités, et la plus grande partie de la nuit s'était passée en fêtes données à leur intention. Nous réitérâmes à notre dernière étape la ruse qui nous avait si bien réussi la veille et nous arrivâmes sans encombre à Akiah, le quatrième jour de notre départ de Jérusalem.

Le gouverneur de la ville, qui était auparavant l'intendant du *Wali* de Beyrouth, grâce auquel il avait obtenu de venir nous remplacer à Jérusalem, me reçut avec de grandes démonstrations de respect. Sachant que mon mari était rappelé à Constantinople et présumant qu'il pourrait être nommé à un poste important, il tenait à s'assurer ses bonnes grâces en me traitant du mieux qu'il pouvait. La nuit qui suivit mon arrivée, il me fit donner une sérénade et ordonna de tirer un feu d'artifice superbe en mon honneur.

Ce digne gouverneur était âgé d'environ cinquante ans, marqué de la petite vérole, et extrêmement laid. Je fus introduite auprès de sa femme qui me reçut très-gracieusement. Agée d'environ vingt-trois ans, elle était très-jolie et fille d'un marchand de Brousse. Nous n'eûmes pas plutôt causé cinq minutes ensemble que nous éprouvâmes l'une pour l'autre une grande sympathie et fûmes bientôt en aussi bons termes que des amies de dix ans.

Le lendemain matin j'étais avec elle, quand son mari qui allait au bain lui envoya demander le linge dont il avait besoin.

— Observez soigneusement, — dit-elle à l'esclave chargée de la commission, — avec qui le Pacha va au bain et avec qui il cause.

— Ma chère amie, — lui dis-je, dès que l'esclave fut partie, — il me semble que vous avez là une idée bien singulière d'être jalouse d'un mari comme celui que vous avez.

— Ah! — s'écria-t-elle, — vous ne savez pas quel homme c'est. Il m'a rendue mère de deux enfants, dont l'un a deux ans et l'autre trois. J'ai pris pour les soigner une femme de Chio d'environ quarante ans et marquée de la petite vérole. J'avais entière confiance en elle et j'étais loin de supposer qu'elle pourrait devenir l'objet de la passion de mon mari. Une quinzaine se passa et un matin que je m'éveillai de bonne heure je ne trouvai plus le Pacha à côté de moi. Très-inquiète, je jetai une pelisse sur mes épaules et je cherchai ce qu'il était devenu. Je le trouvai dans la chambre à coucher de la servante avec de l'or dans la main qu'il essayait de lui faire accepter. A ce spectacle je tombai évanouie. Au bruit de ma chute, mon infidèle mari se retourna et fut très-alarmé de me voir là; il se sauva dans le selamlik, en laissant à sa complice le soin de me ramener à ma chambre. Indignée d'une pareille tromperie, je pris la résolution de ne pas survivre à ma honte, car j'aimais tendrement mon mari, et j'avalai une pilule d'opium que j'avais chez moi. Je ne tardai pas à éprouver tous les symptômes de l'empoisonnement. On appela un médecin qui vint à bout de vaincre les effets du poison. Au bout de dix jours je commençai d'aller mieux. Comme je n'ai pas encore fait la paix avec le Pacha, je craignais qu'il ne réitérât son essai de séduction auprès de la servante grecque sur laquelle il avait jeté les yeux. Vous voyez que ce n'est pas sans raisons que je charge mon esclave de le surveiller.

Tel fut le récit que me fit la pauvre femme. Je fis de mon mieux pour la consoler, en lui disant qu'en se réconciliant avec son mari, elle devrait insister pour que l'esclave grecque fût vendue, et que de cette façon elle n'aurait plus d'inquiétude à avoir.

Mehemet-Pacha ne tarda pas à arriver et nous restâmes deux jours à Akiah, après quoi nous partîmes pour Beyrouth. Nous avions à traverser des contrées extrêmement montagneuses. Plusieurs fois je fus obligée de quitter le *taktaravan* ou palanquin et de monter à cheval ; car la route est bordée de précipices et si étroite qu'il eût été dangereux de rester dans le palanquin. Un des chevaux pouvait faire un faux pas et me jeter au fond de quelque ravin, cas auquel la dimension du véhicule aurait encore augmenté le danger. Après avoir passé la nuit à Beyrouth, nous prîmes le vapeur pour Constantinople. Comme c'était l'usage, mon mari avait retenu le salon pour son harem. Quand une femme veut monter sur le pont, elle doit revêtir le *yashmak* et le *feradje* comme quand elle sort dans une ville. On dispose en outre un pavillon de toile sur chaque paquebot pour y cacher les femmes aux Européens qui sont embarqués avec elles.

Nous vînmes installer notre résidence dans la maison où nous avions tant souffert avant d'être envoyés à Akiah. Dans l'espoir que nous n'aurions pas à attendre longtemps avant d'obtenir un nouveau poste, nous meublâmes seulement deux chambres et nous laissâmes le reste de nos effets dans leur emballage. Aussitôt arrivés, nous eûmes la visite du *capu-djohadar* de mon mari, c'est-à-dire d'une espèce d'agent qui se charge des messages pour la Porte de deux ou trois fonctionnaires qu'il représente, et qui sollicite pour eux les emplois vacants supérieurs à ceux qu'ils occupent. Il venait nous dire qu'il était question de donner à Mehemet-Pacha le gouvernement de Belgrade, quoiqu'il ne fût que *mirimiran* ou général de division, et que ce commandement ne fût généralement accordé qu'à des militaires ayant au moins le grade de *mushir* ou maréchal.

Cette faveur était due à Rechid-Pacha, le Grand-Vizir, ami politique et protecteur de mon mari.

Quinze jours n'étaient pas écoulés que nous entendîmes le pas précipité de plusieurs courriers qui se rendaient chez nous en poussant des cris de joie. C'étaient les trente *mekters* ou courriers qui se tiennent autour du palais pour apprendre les nouvelles; ils venaient nous annoncer la nomination de Mehemet-Pacha au poste de gouverneur de Belgrade.

Après avoir reçu plusieurs visites de félicitation, nous quittâmes Constantinople pour nous rendre au lieu de notre nouvelle résidence. Un paquebot nous conduisit jusqu'à Varna par un temps abominable et par une mer extrêmement mauvaise. Nous débarquâmes en cette ville et après un court voyage par terre nous nous embarquâmes de nouveau sur un bateau à vapeur. En passant à Widin, le gouverneur nous engagea à nous arrêter. Comme il était nuit, il envoya à notre rencontre un grand nombre de serviteurs munis de torches, en même temps que son équipage, et c'est avec cette escorte que nous fûmes conduits à son palais.

Nous y fûmes très-affectueusement accueillis, et je passai la nuit avec les quatre épouses du Pacha, qui étaient Turques et aussi ignorantes que de vieilles femmes contemporaines du Sultan Mahmoud pouvaient l'être. Aga-Hussein-Pacha avait été jadis aga des Janissaires. Il avait contribué au massacre de ce corps de troupes en mettant le feu à l'une de leurs principales casernes, et cela lui avait valu le grade de *mushir*. On nous servit un souper magnifique et somptueux. Le lendemain, nous nous rembarquâmes à quatre heures du matin, mais nous fûmes bientôt obligés de quitter le bateau à vapeur à cause d'un bas fond qui nous empêchait de remonter plus haut. Nous dûmes alors nous procurer d'horribles bateaux plats, tirés par des bœufs, pour franchir cette partie du Danube où le peu de profondeur du fleuve s'opposait au passage des bateaux à vapeur. Je préférai mettre pied à terre et suivre à pied les bateaux dans lesquels les bagages et les esclaves étaient entassés. Je jouis ainsi de la vue des belles collines qui bordent le fleuve. Nous prîmes ensuite un petit bateau à vapeur à l'endroit où le courant redevenait navigable, et nous arrivâmes ainsi en vue de Belgrade. Au lieu de descendre sur la rive turque, le Pacha s'arrêta à Semlin, sur la rive autrichienne, pour présenter ses compliments au commandant, qui nous reçut parfaitement, mit une maison à notre disposition, et envoya une musique militaire jouer sous mes fenêtres pendant qu'il était en conférence avec mon mari.

XII.

NOTRE SÉJOUR A BELGRADE. — MONOTONIE DE L'EXISTENCE QUE NOUS Y MENONS. — RÉVOLTE DES SERBES. — VISITE QUE JE RENDS AU PRINCE.

Le lendemain matin, nous traversâmes le Danube, et nous trouvâmes les troupes turques rangées pour nous recevoir. Elles nous escortèrent jusqu'à la forteresse située sur une hauteur qui domine la ville, bâtie en amphithéâtre, et qui s'étend le long de la Save. Le palais est au milieu du fort; des casemates sont creusées sous les batteries pour servir de refuge en cas de siége, et il faut passer devant ces postes avant d'atteindre la cour principale sur laquelle se trouve le palais.

Ce séjour n'était pas très-agréable. Nous n'avions pas de jardin, et j'essayai de me récréer en me promenant aux alentours; mais le sol était tout à fait stérile; il n'y avait point de verdure, et l'on n'y recontrait que quelques arbres par-ci par-là, à de grands intervalles l'un de l'autre. Les seuls troupeaux que j'y rencontrai jamais étaient exclusivement composés de pourceaux. La population serbe étant hostile aux Turcs, je ne fréquentais que quelques vieilles femmes d'officiers en retraite que le gouvernement obligeait de résider en cet endroit.

La Princesse, épouse du Prince régnant Alexandre, vint me rendre visite, et je la reçus au pied de l'escalier, marque de déférence à laquelle elle fut très-sensible, car aucune des dames turques qui m'avaient précédée ne s'était donné la peine de montrer tant de politesse à l'égard d'une chrétienne. Elles restaient assises sur leur divan et ne rendaient jamais les visites qui leur étaient faites. Contrairement à ces précédents, et avec la permission du gouverneur, je me rendis chez la Princesse, en équipage, et escortée par des cavas. Son mari vint à ma rencontre dans la cour de son palais, et, par ses ordres, sa garde se rangea sur deux rangs entre lesquels je passai, pendant que la musique jouait la marche nationale turque. Il me prit par la main et me conduisit à sa femme, qui me reçut accompagnée de ses deux filles, aimables jeunes personnes, l'une de quatorze ans et l'autre de seize. Toutes les trois portaient le costume national serbe : bonnet rouge porté sur le côté de la tête avec un gland tombant sur l'épaule ; chevelure nattée et les nattes ramenées sur le front; camisole brodée à larges manches en dedans desquelles étaient d'autres manches tombantes en mousseline; enfin jupe courte atteignant à peine la cheville. Après avoir échangé quelques mots, je pris congé de Leurs Altesses, et je fus reconduite à ma voiture avec des cérémonies analogues à celles avec lesquelles j'avais été reçue.

Belgrade était, à cette époque, une ville mal bâtie : ses rues étaient étroites, boueuses, mal pavées. Les boutiques étaient nombreuses, mais elles offraient peu d'attraits. La Belgrade d'alors était donc très-différente de la Belgrade actuelle. Elle comptait environ cinq cents familles d'origine turque, vivant uniquement de pensions données par le gouvernement ottoman en compensation de la prospérité dont elles avaient joui autrefois, et dont les Serbes s'étaient acquis le monopole. Les mœurs de cette petite colonie différaient à quelques égards de celles de Constantinople. La plupart des jeunes filles y sont blondes; mais quand elles se marient, elles se teignent les cheveux, les cils, et les sourcils. Elles se fardent aussi la figure d'une étrange manière ; c'est à quoi on peut reconnaître une femme mariée. Leur toilette diffère un peu de celle des femmes ottomanes. Elles portent un tarboosh sur un mouchoir flottant, une veste brodée avec des manches pendantes, et de larges pantalons brodés sur le côté.

Le climat de la Serbie est extrêmement chaud en

été, et la fièvre y règne alors; en hiver, le froid est très-rude et il y tombe beaucoup de neige. Chaque année, le Danube gèle, ce qui cause de nombreux accidents. En un seul jour, les bateaux se trouvent enfermés dans la glace. Le dégel arrive avec une égale vitesse, et ils sont mis en pièces sans la moindre chance d'éviter le désastre.

Privée du plaisir de la promenade et ne voyant que très-peu de monde, je tâchais de m'occuper de différentes façons.

Pendant l'hiver, la ville est absolument privée d'eau, car le fleuve est complètement gelé. La glace est apportée dans les maisons dans des seaux de bois et l'on obtient de l'eau en la faisant fondre. Cette façon de s'en procurer revenait fort cher; aussi j'achetai dix chariots, un nombre proportionné de chevaux; je louai des hommes pour en prendre soin, et mon intendant les employa à porter la glace de maison en maison. Cette petite spéculation me rapporta plus de mille francs par mois, ce qui n'était pas à dédaigner dans un poste où nous n'avions d'autre revenu que le traitement que nous donnait la Porte. Un jour le Pacha aperçut un de ces chariots.

— Celui qui a eu cette idée, — me dit-il, — doit réaliser un fameux profit.

Je pris grand soin de ne pas lui laisser savoir que l'idée venait de moi.

Le manque de jardin me causait tant de chagrin que je résolus d'en avoir un. Je donnai l'ordre à mon intendant de s'assurer le concours de cinquante forçats auxquels je donnai une petite gratification. Chaque matin, pendant que le Pacha était absent et vaquait aux devoirs de sa charge, j'occupais ces forçats à défricher une grande pièce de terre contiguë au palais. Ensuite ils allèrent chercher des arbrisseaux et des plantes que j'avais demandées aux habitants turcs et les apportèrent avec la terre qui entourait leurs racines. Dans l'espace d'environ trois semaines, j'avais un beau jardin, orné d'une tonnelle couverte de plantes grimpantes.

Quand la besogne fut achevée, j'invitai le Pacha à faire un tour dans le jardin.

— Un tour dans le jardin?... — s'écria-t-il. — Est-ce que nous en avons un!

— C'est vrai : alors allons nous promener ici près dans la plaine.

— Comme il vous fera plaisir, — dit-il, — mais je ne sais quelle idée vous avez d'aller vous promener dans cet endroit stérile.

Mes lecteurs se rendront compte de sa surprise, quand, arrivé au lieu désigné, il vit le sol couvert d'arbrisseaux et de fleurs déjà en pleine floraison. Il pouvait à peine croire que tout cela avait été fait en vingt jours.

Après cela, je m'occupai de réaliser un autre projet. J'engageai vingt jeunes filles turques à venir à la maison et je me mis à leur apprendre à filer et à tisser la soie, à broder et à faire d'autres petits ouvrages du même genre. Je leur donnai une rémunération convenable en même temps que je leur apprenais à travailler; par-dessus le marché, je les nourrissais. Je trouvais une grande distraction à me voir entourée de jeunes personnes et je passais toutes mes journées au milieu d'elles.

Un événement inattendu nous obligea tout à coup à nous occuper de tout autre chose. Il arriva qu'une nuit un Turc et un Serbe se prirent de querelle. La dispute devint telle que le chrétien fut tué par le musulman. Celui-ci, sans attendre que le crime fût divulgué, se réfugia dans la citadelle. Comme un vaisseau devait partir le lendemain matin pour Constantinople, le gouverneur le fit embarquer dans la crainte qu'en le gardant à Belgrade il ne fût obligé de livrer aux Serbes un homme qui avait agi en vrai croyant en prenant la vie d'un infidèle.

Quand le cadavre fut découvert, toute la ville se souleva, en proie à une violente indignation en apprenant qu'un membre de la religion orthodoxe avait été victime d'un mahométan. Les Turcs qui résidaient dans la ville accoururent nous demander protection, en apportant avec eux ce qu'ils avaient de plus précieux, et en donnant cours à la terreur dont leur âme était remplie par la description du soulèvement qui avait lieu. Bientôt nous vîmes la populace qui accourait en armes vers la citadelle, en poussant des cris furieux et en réclamant le coupable. Ils menaçaient de prendre la place d'assaut et de massacrer la garnison tout entière. Le Pacha qui n'avait pas tout à fait deux mille hommes sous ses ordres ne pouvait soutenir un siége prolongé; il aurait infailliblement succombé sous l'attaque d'ennemis dix fois plus nombreux. Pendant sept jours nous restâmes enfermés dans le fort, craignant à chaque instant de voir commencer l'attaque. Cette situation devenait en se prolongeant d'autant plus insupportable, que nous avions la famine en perspective, si les choses ne changeaient pas de face. Personne, pas même le gouverneur, n'osait s'aventurer au delà des retranchements.

Lasse de nous voir privés de toute communication avec l'extérieur, je résolus de faire un effort pour changer cet état de choses en sortant de la citadelle et en allant rendre visite au Prince. Sans informer personne de mon intention, je fis préparer mon équipage et je donnai l'ordre aux cavas de m'accompagner. Cette injonction les frappa de stupeur. Ils croyaient marcher à une mort certaine. Pour moi, je pensais que les insurgés me respecteraient parce que j'étais femme. Ce ne fut pourtant pas sans une certaine appréhension que j'entendis les vociférations qui s'élevèrent de tous côtés autour de moi quand la porte extérieure fut ouverte. Cependant ma voiture s'avançait entourée de cavas qui ne marchaient qu'à contre-cœur. Dès que les Serbes m'aperçurent, ils cessèrent leurs démonstrations hostiles, se rangèrent respectueusement le long de la route, et m'escortèrent jusqu'au palais du Prince. Son Altesse me reçut avec une parfaite courtoisie. Ses gardes firent la haie devant moi et la musique militaire se mit à jouer.

— Vous êtes courageuse, — me dit le Prince en

me conduisant dans ses appartements, — mais le Pacha a causé, jusqu'à un certain point, ce qui arrive, en protégeant le meurtrier. Je n'aurais pu réprimer l'exaspération publique sans m'exposer à compromettre mon autorité.

— Altesse, — répondis-je, — nous sommes ici pour protéger les Turcs ; c'était notre devoir de recevoir l'individu dont vous vous plaignez.

— Cependant, — dit le Prince, — il me paraît impossible qu'un crime comme celui-là reste impuni. Il est de toute nécessité que la vindicte publique s'exerce et que le meurtrier soit remis entre les mains de la justice.

— Nous ne sommes pas investis d'une autorité sans limites, — répliquai-je à mon tour ; — nous devons exécuter les ordres du Sultan, et nous avons écrit à Constantinople pour demander des instructions.

— Alors, — s'écria le Prince, — comment voulez-vous que j'apaise la population si je n'ai aucune satisfaction à lui offrir?

— C'est votre affaire, — répondis-je. — Il me semble que pour nous, nous ne pouvons faire autrement que d'attendre les ordres du gouvernement impérial. Dans l'intervalle Votre Altesse doit s'efforcer de calmer l'émotion populaire.

Le Prince me promit de le faire, et je regagnai la forteresse accompagnée d'une escorte.

Bientôt après, le Prince annonça par une proclamation que le Pacha avait demandé à la Porte l'autorisation de livrer le criminel à la justice et qu'avant peu arriverait une réponse qui, il était à croire, serait satisfaisante.

Les Serbes commençaient à se lasser de leur attitude hostile, et le cadavre de la victime ayant été enterré, ils se calmèrent petit à petit et rentrèrent chez eux. Dans l'espace d'une semaine à peu près après ma visite au Prince, les communications entre le fort et la ville furent rétablies. Le gouverneur invita alors le Prince à venir s'entendre avec lui au sujet de l'accusé.

— Il est impossible, — lui dit-il, — de vous le livrer, car il s'est échappé la nuit même du crime à bord d'un vaisseau qui levait l'ancre. Il est donc inutile de perdre plus de temps à propos d'une affaire dont la solution régulière est impossible. Si je ne vous ai pas informé plus tôt, — ajouta-t-il, — de ce qu'il en est, c'est que je ne voulais pas vous laisser supposer que je craignais les menaces que vos sujets dirigeaient contre moi, en demandant la remise du musulman qui avait causé ces troubles.

Le Prince eut l'air de croire les affirmations de mon mari, mais au fond il resta convaincu que c'était avec son concours que le meurtrier avait pu s'esquiver.

Cependant, pour sceller la réconciliation, il pria le Pacha d'accepter en mon nom une invitation à dîner, qui m'était faite par la Princesse. Elle devait inviter en même temps un certain nombre de dames serbes qui, fières de l'honneur que je leur ferais, oublieraient et feraient oublier à leurs maris les discordes antérieures.

Pour couper court à toute cause d'agitation pour l'avenir, le Prince déclara que le coupable avait été envoyé à Constantinople pour y expier son crime.

Désireuse de répondre aux politesses qui m'étaient faites, j'ordonnai à quelques dames turques qui résidaient dans la ville de m'accompagner au palais de la Princesse de Servie. Elles s'exécutèrent à contre-cœur, en raison de l'horreur que leur inspiraient la viande de porc et le vin qu'elles s'attendaient à trouver sur la table d'une chrétienne.

La plupart d'entre elles étaient, comme je l'ai dit, les femmes ou les filles d'anciens officiers jadis au service du Sultan Mahmoud, et, par conséquent, des mahométanes très-zélées. L'une d'elles avait plus de quatre-vingts ans.

Toutes les dames turques se placèrent avec moi du même côté d'une immense table. Son Altesse et les dames serbes étaient en face de nous. Le repas était vraiment princier. Afin de ne pas heurter les sentiments de Son Altesse, je goûtai indifféremment aux divers plats qui furent servis sur la table. Les autres convives turques imitèrent mon exemple dans la pensée que je n'aurais pas consenti à manger du porc. Enfin on versa du champagne à chacune. Je proposait un toast à la santé du Sultan, et un autre à celle d'Iskender-Bey (Alexandre de Servie). Les dames turques, qui n'avaient jamais vu de champagne, ne savaient pas du tout si ce qu'elles buvaient était du vin ou de la limonade ; le pétillement de ce vin paraissait les embarrasser un peu.

Le Prince, pour me témoigner combien il était content de moi, m'envoya le lendemain matin une très-belle bague avec une paire de boucles d'oreilles magnifiques. Ainsi se termina cette affaire, dont le commencement avait été aussi menaçant que l'issue en fut pacifique.

Pendant mon séjour à Belgrade, je donnai naissance à un fils que son père appela Mustapha-Djehad-Bey. Mustapha était le nom du père du Pacha ; quant au surnom de Djehad, qui signifie « guerre », il le lui donna parce que l'enfant vint au monde en temps de guerre — la guerre de Hongrie en 1847.

La naissance d'un héritier causa tant de joie au Pacha, qu'il la célébra par des fêtes et des feux d'artifice.

XIII.

RAPPEL DE MEHEMET-PACHA. — IL EST NOMMÉ MUSHIR. — INVITATION QUI NOUS EST FAITE PAR LA KADIN-EFFENDI. — SON HISTOIRE. — CONDITION DES ESCLAVES EN TURQUIE.

Après être restés un an environ à Belgrade, nous fûmes rappelés à Constantinople. Comme nous nous attendions cette fois à y demeurer longtemps, nous meublâmes notre maison en conséquence. A peine avions-nous achevé notre installation qu'un *mahbendji* ou chambellan du Sultan, accompagné d'une troupe de musiciens militaires, vint apporter à mon mari le *firman* qui lui conférait le grade de *mushir* ou maréchal. Le brevet impérial était renfermé dans un étui de soie verte orné de glands d'or. Après l'avoir déposé sur la table, le chambellan baisa le firman, l'éleva respectueusement à la hauteur de son front, et le lut à haute et distincte voix; la musique joua un air triomphal et tout le monde se retira.

Les premiers jours qui suivirent, mon mari reçut de nombreuses visites de félicitation, tandis que les dames, de leur côté, venaient me présenter leurs respects. La *Kadin-Effendi* (seconde femme) de Mahmoud, mère de Merimah-Sultane, la sœur d'Abdul-Medjid, envoya sa *kjaja-kadin* m'inviter à venir passer deux ou trois jours dans son palais, situé à Tarla-Baschi, en face de Dolma-Bagtché, résidence du Sultan.

Je revêtis mes plus beaux atours et je pris avec moi une belle esclave blanche et un eunuque assez grand, dont j'avais l'intention de faire présent à la Princesse que j'allais visiter. Je me fis conduire au palais, et en arrivant à l'entrée du jardin, je fus reçue par plus de cent esclaves rangés de chaque côté de ma voiture et, faisant la haie sur le chemin conduisant à un magnifique escalier de marbre qu'il fallait monter pour arriver au harem. Plusieurs d'entre elles me prirent par-dessous le bras et m'aidèrent à monter. La *Hasnadar-housta* ou grande maîtresse m'attendait au haut de l'escalier et me conduisit à mes appartements. Ils consistaient en trois pièces : un salon, une chambre à coucher, et une salle à manger. Les murs étaient ornés de roses blanches et de roses rouges ; les rideaux étaient en magnifique cachemire à raies ; des tapis précieux étaient étendus sur le plancher; des glaces de toute beauté étaient disposées de distance en distance; des coupes d'or enrichies de pierres précieuses et remplies de sucreries étaient placées çà et là pour le cas où j'aurais éprouvé le besoin de me rafraîchir. Indépendamment de divans confortables, de fauteuils de provenance européenne, des lampes étaient préparées sur des grands candélabres d'argent massif de style oriental, qui ressemblaient à ceux dont on se sert pour les cierges dans les églises de France. Toutes les autres pièces étaient meublées et ornées de la même façon.

Je donnai mon *yashmak* et mon *feradje* à une esclave, qui les déposa dans le meuble qui leur était affecté. Au bout d'une heure environ, on vint me dire que la Sultane m'attendait.

Je la trouvai assise sur un *tandour* (j'ai déjà fait la description de ce meuble) de velours rouge brodé de paillettes. Les tentures de sa chambre étaient de cachemire à fleurs; des esclaves se tenaient debout tout autour. Dès que j'entrai, elle me félicita sur le bon goût de ma toilette et m'invita à m'asseoir à ses pieds sur un coussin de velours brodé d'or. C'était un grand honneur qu'elle me faisait. Nous entamâmes la conversation et la Sultane fit preuve d'une vivacité d'esprit et d'un degré d'intelligence que j'avais rarement rencontrés chez une femme turque. Elle était grande et blonde, et sa peau extrêmement blanche relevait la fraîcheur de son teint.

Sachant que j'avais voyagé en Europe, elle m'interrogea sur les mœurs et les usages des chrétiens, sur la façon dont les villes sont construites, sur les bals, les théâtres, l'éclairage au gaz, l'architecture des palais, et sur mille autres sujets inconnus des Orientales. Je répondis à toutes ses questions ; elle en parut très-satisfaite et me témoigna son contentement en me racontant les peines qu'elle avait eu à subir.

— Je suis, — dit-elle, — la fille adoptive de Behiyé-Sultane, sœur du Sultan Mahmoud. Celui-ci visitait rarement sa sœur, mais, dans la crainte d'exciter ses désirs et sachant combien serait courte en ce cas la durée de son attachement, je me cachais chaque fois qu'il venait. J'aurais mieux aimé acquérir ma liberté en épousant un Pacha qu'en devenant la femme du Sultan. Cependant Mahmoud avait appris que sa sœur m'avait adoptée et manifestait souvent sa surprise de ne pas me voir. Un jour Behiyé-Sultane donna un grand festin à son frère. Je me barricadai dans ma chambre en plaçant un buffet contre la porte ; mais le Sultan, qui avait une vive prédilection pour le beau sexe, imagina un stratagème pour arriver auprès de moi. — Avant le souper, — dit-il à ma maîtresse, — je vais faire une visite à votre harem. Il parcourut successivement toutes les chambres. Voyant ma porte fermée, il la poussa si vigoureusement qu'il dérangea le buffet et me trouva cachée derrière un divan. Il m'offrit la main, me conduisit auprès de sa sœur et me présenta à elle en disant : — Vous voyez que j'ai bien fait de visiter votre palais, car j'ai découvert un trésor. — C'est ma fille adoptive, — répondit Behiyé-Sultane. — Je suis si vivement épris d'elle, — reprit Mahmoud, — que je ne serai content que quand vous me l'aurez donnée. — Je n'ai rien à vous refuser, — répondit-elle, — parce que vous êtes mon maître; mais comme j'ai adopté cette jeune fille, je veux la traiter comme si elle était mon enfant. Je lui donnerai une dot et je vous l'enverrai comme une femme de bonne naissance. Quelques jours après, ma maîtresse m'envoya au sérail en grande cérémonie et chargée de présents magnifiques qu'elle me donnait à titre de dot. Pendant dix jours le Sultan fut très-assidu à mon égard; mais ensuite je ne le vis plus. J'avais des appartements séparés et somptueux, de nombreuses esclaves, autant de parures que je pouvais en désirer, mais je subissais avec impatience la monotonie de cette existence. Je dissimulai ma peine et m'appliquai à me rendre aussi agréable que possible aux personnes qui étaient à mon service. Je ne sortais jamais du palais; je ne recevais de visites de personne; chaque matin je prenais mon bain, je disais mes prières, et je me confinais dans ma solitude. Les quelques jours pendant lesquels j'avais joui des assiduités du Sultan avaient eu pour conséquence la naissance d'une fille qui fut appelée Merimah-Sultane. Quand l'époque fut arrivée de lui donner un mari, je résolus de lui laisser faire son choix. Je lui montrai le portrait de plusieurs jeunes gens qui pouvaient prétendre à sa main. Elle arrêta sa préférence sur Saïd-Pacha. Au bout de très-peu de mois, ma pauvre fille, qui était enceinte, vint à mourir et avec elle disparut ma dernière consolation. La mère du Sultan Abdul-Medjid me regarde toujours d'un œil jaloux. C'est à peine si elle me permet de rendre visite une fois par mois à Saïd-Pacha, quand il est à Constantinople. Indépendamment de cela, il ne m'est jamais permis d'entendre parler de ma fille.

Pendant qu'elle prononçait ces paroles, de grosses larmes lui jaillissaient des yeux. Le spectacle d'un chagrin si vif me toucha et je me sentis dominée par une grande sympathie pour la personne qui l'éprouvait.

— Jugez un peu, — continua la pauvre femme, — si la Sultane Valideh, mère du Sultan, peut m'être favorable. A l'époque où j'étais la fille adoptive d'une Sultane, elle remplissait les fonctions de servante du harem et s'occupait des travaux les plus serviles. Un jour que, la chevelure en désordre, elle apportait du feu pour le bain, le Sultan l'aperçut à travers une fenêtre et conçut pour elle un caprice subit. Il lui ordonna sur-le-champ de déposer le paquet de bois qu'elle portait et de l'accompagner au bain. C'est ainsi qu'elle devint mère du Sultan actuel. Cette femme s'est toujours montrée mon ennemie. Elle voit avec envie que son fils, afin de rester respectueux pour la mémoire de son père, vient quelquefois me rendre visite.

Après avoir causé encore quelques instants avec la Sultane, je me retirai dans mes appartements où un souper abondant m'était servi. Je restai trois jours au palais et j'y passai le temps fort agréablement. Tantôt je m'entretenais avec la Sultane, tantôt quelques-unes de ses principales esclaves venaient me tenir compagnie et me raconter l'histoire de leurs galanteries.

— Nous nous plaisons, — me disait l'une d'elles, — à sortir seules dans une voiture de louage et à aller de côté et d'autre agacer les jeunes gens qui s'amusent à nous suivre. Un jour que nous étions à quatre dans le même équipage, nous vîmes deux Pachas, tout jeunes encore, s'approcher de nous. Ils distinguèrent nos traits à travers nos *yashmaks* (ces voiles sont en gaze de soie très-mince) et vinrent tout près de la portière de notre voiture. Ils nous demandèrent par signes si nous voulions accepter des fruits. Sur notre réponse affirmative, ils nous offrirent des rafraîchissements, puis nous donnèrent une sérénade et nous prièrent d'accepter de petites bourses pleines d'or que nous consentîmes à prendre. Encouragés en voyant que leurs cadeaux étaient bien accueillis, ils nous suivirent pour nous faire connaître le lieu de leur résidence et pour apprendre qui nous étions. Quelle ne fut pas leur surprise quand ils virent notre attelage se diriger vers le palais et s'arrêter à la grande porte du harem? Les pauvres garçons semblaient accablés de chagrin et de dépit. Pour nous moquer d'eux, nous agitions la main comme pour leur dire adieu.

C'est ainsi que ces pauvres filles cherchaient parfois à se distraire. Il est certain que la situation d'esclave n'est pas très-heureuse ; et, puisque l'occasion se présente, j'en profiterai pour dire quelques mots du sort de ces victimes du destin et de la jalousie.

Le plus grand nombre d'entre elles se compose de pauvres Circassiennes; le reste est formé d'Arabes, de Persanes, et de femmes d'autres nations. Elles sont vendues à des marchands d'esclaves, soit par des intermédiaires qui les ont élevées, soit par leurs parents eux-mêmes. Ceux-ci considèrent leurs filles comme un moyen de se procurer de l'argent ; ils croient aussi qu'en les vendant ils contribuent à les rendre heureuses. Il est de fait qu'en Circassie les femmes sont loin de mener une existence agréable, car on les emploie aux travaux les plus pénibles de la campagne, et leurs pères et leurs maris les considèrent comme de véritables bêtes de somme. Tous les soins domestiques reposent sur elles. Les hommes rougiraient de s'abaisser à s'occuper à des travaux utiles; ils sont guerriers, et c'est tout.

A Constantinople, les marchands d'esclaves habitent en général le quartier de Top-Hané. Quand on veut acheter une esclave, on s'adresse à ces industriels, qui font voir alors, pour qu'on fasse son choix, une troupe de jeunes paysannes mal vêtues qui n'ont quitté que depuis quelques mois leurs montagnes natales et ne parlent que le dialecte barbare de leurs tribus. Elles se vendent à différents prix, selon qu'elles sont plus ou moins belles et capables de faire des danseuses, des musiciennes, des servantes de bain, des femmes de chambre, ou des odalisques. Elles valent de quatre mille à vingt mille francs. Pour atteindre ce dernier chiffre, il faut qu'elles soient d'une beauté extraordinaire. Si elles sont laides, on ne les emploie qu'à des travaux qui ne les obligent pas à se présenter devant leurs maîtres, et dans ce cas leur valeur ne dépasse pas quinze cents à deux mille francs. Elles sont vendues ordinairement à l'âge de douze à treize ans, mais il arrive quelquefois que cela a lieu dès l'âge de six à sept ans. Pourtant ces cas ne se présentent que quand une dame veut les élever en qualité d'esclaves, soit pour les habituer à son service, soit pour les revendre avec bénéfice quand elles sont plus âgées. Leur maîtresse les fait habiller convenablement, les habitue à se conduire comme il faut et à parler le turc. Elles s'appliquent à cultiver le talent particulier par lequel elles se distinguent, tels que la musique, la danse, la coiffure, etc. Si leurs charmes semblent leur donner le droit d'aspirer à la dignité d'odalisques, elles apprennent à se parer avec grâce, à observer les usages en vigueur dans la société musulmane, à offrir les sorbets ou le café, à saluer avec plus ou moins de cérémonie, ou à s'asseoir plus ou moins bas, selon le rang de la personne qui leur rend visite ou qui est visitée par elles ; à accompagner leur maîtresse, etc.

Quand elles ont reçu ces premières notions de savoir-vivre, leur valeur est augmentée dans la proportion de leur aptitude, et c'est le moment où on les revend. Les chanteuses, celles qui savent jouer de la guitare, de la flûte, du tabar, ou du tambour de basque, les danseuses et les joueuses de castagnettes entrent alors dans le harem des grandes dames qu'elles sont chargées d'égayer. Elles atteignent un très-haut prix ; on les paye de six à huit mille francs.

Quand une dame possède une jolie esclave, c'est bientôt connu. Les amateurs qui désirent acheter une odalisque ou une femme font leurs propositions. Beaucoup de Turcs préfèrent, en effet, prendre une esclave pour femme, car dans ce cas ils n'ont pas à redouter le père, la mère, les beaux-frères, et d'autres parentés désagréables.

Une jeune fille ne peut pas être vendue pour devenir épouse ou odalisque sans qu'elle y consente.

L'achat d'une esclave se conclut de la manière suivante. Après l'avoir examinée de la tête aux pieds, l'acheteur, homme ou femme, se met d'accord pour le prix. Le marché terminé, la jeune fille est envoyée le lendemain chez son propriétaire accompagnée d'une vieille femme qui ne la perd pas de vue. Celle-ci reste avec elle plusieurs jours jusqu'à ce qu'il soit bien établi que la jeune fille n'a pas de défaut corporel. Une sage-femme est appelée pour s'assurer qu'elle n'a jamais eu de rapports auparavant avec qui que ce soit. C'est après cet examen que l'argent est versé et la vente ratifiée par un récépissé en forme, appelé *petcheh.*

Quelle que soit la maison dans laquelle entre une esclave, celle-ci est presque toujours également à plaindre. Les femmes et les odalisques forment la classe supérieure. Si leur maître est riche, elles jouissent de tous les raffinements du luxe : voitures, promenades, festins, serviteurs de toute espèce. Mais il arrive souvent qu'après avoir été quelque temps l'unique femme de leur maître, celui-ci en introduit une autre et partage son affection entre les deux.

Quelle que soit la condition d'une première femme, qu'elle soit esclave ou libre, une nouvelle épouse la fait descendre au second rang. Si elle est esclave comme elle, il n'en résulte que de la jalousie ; mais si elle est riche et sort d'une famille pour laquelle le mari a des égards, la pauvre épouse esclave a à endurer tous les ennuis et toutes les humiliations qu'une rivale jalouse et toute-puissante peut inventer pour elle. Sa vie n'est qu'un long martyre qui se termine souvent d'une façon tragique.

Quand une esclave entre dans le harem d'une dame de haut rang, son sort est vraiment à plaindre. Comme on l'a vu à propos des habitudes de Nazly-Hanum, elle est ordinairement obligée de passer la nuit sur pied pour rester aux ordres de sa maîtresse pendant qu'elle se livre à ses goûts de débauche. Un caprice suffit pour les faire condamner à être fouettées par des eunuques armés de *curbatches* ou de lanières de peau d'éléphant.

D'un autre côté, ces malheureuses créatures sont souvent en butte à la fois aux obsessions de leur maître et à la jalousie terrible de leur maîtresse. Menacées d'un célibat perpétuel, captivées par l'espoir d'être choisies pour odalisques ou femmes du second rang, souvent victimes de l'occasion ou de la violence, tout contribue à leur chute. Dès que leur maîtresse a vent de quelque intrigue, les furies sont déchaînées. Le mari, dont la patience s'épuise, abandonne sa victime au ressentiment de sa femme, qui se débarrasse de sa rivale en se hâtant de la vendre.

Si la malheureuse fille se trouve enceinte, elle ne peut être vendue tant qu'elle est en cet état. Elle ne peut pas être vendue non plus si elle donne naissance à un fils. Sa maîtresse la remet, en conséquence, aux mains d'une sage-femme chargée de la faire avorter.

Les esclaves sont exposées pourtant à rencontrer une consolation d'une triste espèce. Elles peuvent plaire à leur maîtresse sans captiver leur maître. Si elles sont dans le Sérail ou dans quelque maison importante, elles peuvent devenir *kjaja-kadin* (première dame) ou *haznadar-ousta* (trésorière), et dans ce cas elles ont des appartements séparés avec des équipages et des servantes à leur disposition. Ce sont de grandes dames. La trésorière de la Sultane Valideh a plus de deux cents esclaves ou eunuques sous ses ordres.

Je commençais à me fatiguer de mon séjour au palais. Accoutumée à une vie régulière, j'étais obligée, de peur de faire de la peine à celles qui me servaient, de goûter à tous les plats servis sur la table, ce qui m'était très-désagréable. En attendant, je ne pouvais pas prendre congé de la Sultane; un tel procédé aurait été contraire à l'étiquette du Sérail. Je devais attendre que mon *yashmak* et mon *feradje* me fussent rendus, et ce fut avec une véritable satisfaction que je vis, le quatrième jour après mon arrivée, les dames de service qui m'apportaient ces objets. J'envoyai à la Sultane l'eunuque et la jeune esclave que j'avais amenés pour elle, et elle m'adressa, en retour, une belle montre en or ornée d'émail vert, garnie de brillants, ainsi que la chaîne. Elle envoya aussi pour ma fille une pièce de cachemire rayé.

Comme la Sultane avait donné de l'argent à mon eunuque, à mon cocher, et à mes autres domestiques, je fus obligée d'en faire autant à l'égard des gens de sa maison. J'enveloppai de petites pièces d'or dans des mouchoirs brodés en même nombre que les domestiques, et je remis le tout à la trésorière, dont l'un des priviléges est de vaquer aux distributions de cette espèce. Si par hasard il m'était arrivé en préparant mes petits paquets d'oublier une esclave, il n'aurait pas été convenable de ma part de m'en aller avant de réparer l'oubli, et, s'il ne m'était pas resté assez d'argent pour le faire, j'aurais été obligée d'en envoyer chercher avant de partir. Après avoir donné satisfaction à tout le monde, je montai dans ma voiture et m'en allai.

XIV.

MOTIF DE L'HONNEUR QUI M'AVAIT ÉTÉ FAIT PAR LA KADIN-EFFENDI. — INTRIGUE DE SAID-PACHA CONTRE RECHID-PACHA. — PORTRAIT DE CE MINISTRE.

L'invitation qui m'avait été faite par la Kadin-Effendi n'était pas tout à fait désintéressée. Sachant que mon mari jouissait de la faveur de Rechid-Pacha, alors Grand-Vizir et tout-puissant, elle voulait s'assurer de mes bons offices dans l'intérêt de Saïd-Pacha, mari de la fille qu'elle avait perdue, qui était exilé à Castambolu.

Saïd-Pacha, comme tous les partisans des anciennes institutions ottomanes, voyait avec jalousie l'élévation d'un ministre imbu des idées européennes. Dès qu'un fonctionnaire se montre animé d'idées de progrès, qu'il tranche, sans égards pour les personnes, les affaires qui lui sont soumises, ou qu'il donne des preuves d'intelligence ou d'éducation, on lui donne l'épithète de *ghïaour* (infidèle). Tout alors conspire pour amener promptement sa chute. Si l'on ne peut lui faire commettre quelque faute grave qui assure sa disgrâce complète, on essaye de le bannir en lui faisant donner un commandement dans quelque province de la frontière, à demi-barbare et privée de toute ressource. où les talents les plus brillants et les meilleures intentions ne comptent pas pour l'avancement ; tous les efforts sont vains dans ces contrées éloignées de l'œil du maître, et quoi qu'on y fasse de bon ou de mauvais rencontre une égale indifférence.

A l'époque dont je parle, la politique de la Russie à l'égard de la Porte devenait de plus en plus menaçante et la guerre paraissait imminente. Le Grand-Vizir vit que tout était perdu, s'il ne parvenait pas à contre-balancer le pouvoir de la Russie au moyen d'une alliance avec les puissances occidentales. Le Sultan envisageait avec répugnance la formation d'alliances qui pourraient en cas de guerre amener des troupes étrangères à Constantinople.

— Qui sait, — disait-il, — si les alliés une fois chez nous consentiront à abandonner une ville que toutes les nations de l'Europe convoitent avec une ardeur presque égale ?

Riza-Pacha, Saïd-Pacha, Mehemet-Ali-Pacha, et tous les autres ministres attachés au vieux parti turc résolurent de profiter de la répugnance manifestée par Abdul-Medjid à l'égard de la prépondérance des nations occidentales. Ils firent courir le bruit que le Sadir-Azam (Grand-Vizir) ne favorisait l'intervention des puissances européennes que pour donner suite au marché qu'il avait conclu avec elles.

— Il s'occupe de vendre aux Européens, — disaient-ils, — Constantinople et toutes nos possessions d'Europe. Maintenant il veut livrer ce qu'ils lui ont acheté à beaux deniers.

Saïd-Pacha adressa alors un mémorandum au Sultan, dans lequel il appelait l'attention de Sa Majesté sur les desseins de Rechid; il l'avertissait que, s'il ne se tenait pas sur ses gardes, la France et l'Angleterre s'empareraient de ses plus belles provinces; que la Russie était d'accord avec les autres puissances pour en faire le partage; que les menaces des Russes et les offres des Français et des Anglais n'étaient que l'exécution d'une habile manœuvre destinée à jouer la Porte au moyen de l'action concertée des différents cabinets.

Les autres ministres devaient apposer leur sceau sur ce document, qu'on avait l'intention de présenter au Sultan comme l'expression des craintes que tous éprouvaient. Au moment décisif, ils engagèrent Saïd-Pacha à faire d'abord une communication verbale à leur maître.

— Vous êtes son beau-frère ; qu'avez-vous à craindre? Si vous avez une audience favorable, vous pouvez compter sur notre concours.

Le trop confiant ministre écouta leurs conseils, vint trouver le Sultan habilement préparé à se rappeler des soupçons qu'il avait conçus en perspective d'une alliance avec les puissances occidentales, et crut qu'il allait le convaincre de la trahison du Grand-Vizir.

Abdul-Medjid était naturellement peu porté à s'arrêter aux résolutions violentes, et une réaction s'opérait dans son esprit.

— Tout ce que vous me dites a l'air d'être vrai, — s'écria-t-il, — mais jusqu'à aujourd'hui Rechid-Pacha m'a servi fidèlement. Il m'a toujours donné les preuves de beaucoup de zèle et je ne me suis jamais aperçu qu'il ait trahi les intérêts de son pays. Vous m'apportez contre lui une accusation du caractère le plus grave, et vous êtes seul pour la soutenir. J'hésite à vous croire et à ruiner sur un simple soupçon l'homme le plus intelligent de l'empire.

— Je ne suis pas seul à vous donner ces avertissements, — répondit Saïd-Pacha. — Tous les autres ministres sont d'accord avec moi, et je suis prêt à en fournir la preuve écrite à Votre Majesté.

— S'il en est ainsi, je cède, — dit le Sultan. — Procurez-moi cette preuve et je suis résolu à agir en conséquence, — ajouta-t-il en congédiant son interlocuteur.

Saïd-Pacha se hâta de venir trouver ses collègues pour leur annoncer la réussite de son entreprise; mais ce fut en vain qu'il s'efforça à les persuader de signer le document réclamé. Ils pensaient avec raison que leur adversaire ne manquerait pas de se défendre vigoureusement devant son maître. Il mettrait ses accusateurs au défi de fournir des preuves qu'ils n'avaient pas. Ils se voyaient d'avance exposés à la haine d'un ministre vindicatif et tout-puissant.

Rechid-Pacha eut connaissance de la démarche faite auprès du Sultan par Saïd-Pacha et de la difficulté insurmontable qu'il avait trouvée à revenir avec la preuve authentique qui lui avait été demandée. Il se décida en conséquence à se débarrasser de Saïd en l'envoyant en exil.

C'est à la suite de ces événements que la Kadin-Effendi m'avait engagée à l'aller voir. Elle me pria d'en parler à mon mari et de l'engager à intercéder auprès du Grand-Vizir afin d'obtenir le rappel du Pacha disgracié. Je promis d'employer tout mon zèle en sa faveur.

Rechid-Pacha eut l'air de lui pardonner. Il rappela Saïd et lui donna le gouvernement de Damas. C'était un moyen habile de le perdre tout à fait. Damas était un des commandements les plus difficiles de l'empire, en raison de la diversité de sa population. Les Arabes, les Grecs, les Turcs, les Musulmans, les Chrétiens, les Juifs s'y trouvaient côte à côte. Cette promiscuité donnait lieu à de perpétuelles difficultés.

Le résultat de l'intervention de mon mari ne refroidit pas l'amitié que me portaient Saïd-Pacha et sa belle-mère.

Ce que Rechid avait prévu dans son ressentiment ne manqua pas d'avoir lieu. Un Juif s'étant rendu coupable d'un vol, le gouverneur lui fit donner la bastonnade pour l'obliger à avouer son crime. L'accusé mourut le lendemain. Les Israélites furent exaspérés et envoyèrent une députation à Constantinople; ils mirent ainsi en mouvement auprès de la Porte l'influence de la *Société israélite universelle* et le talent diplomatique de Sir Moïse Montefiore. Le Grand-Vizir, ravi de pouvoir rendre son ennemi responsable d'un meurtre, ne perdit pas de temps pour le révoquer et l'envoyer en exil à Konieh. Sa vengeance était satisfaite.

Rechid-Pacha était doué d'une intelligence supérieure et possédait en outre une grande force de caractère. Sa physionomie indiquait à la fois beaucoup de résolution et beaucoup de finesse. Il ne parvenait pourtant pas à dissimuler tout à fait ses dispositions vindicatives, qui se trahissaient surtout quand il jetait les yeux sur un adversaire qu'il venait de recevoir avec une courtoisie exquise et qui se retirait convaincu des intentions favorables du ministre à son égard. Sa taille était un peu au-dessous de la moyenne; il avait le teint brun, la barbe noire, les sourcils très-épais; en même temps ses larges épaules et son cou puissant dénotaient un homme d'une vigoureuse énergie.

XV.

PROMENADES A TRAVERS CONSTANTINOPLE. — LE BAIRAM. — MEHEMET-PACHA EST NOMMÉ AMBASSADEUR EN ANGLETERRE.

En quittant le palais de la Kadin-Effendi de bonne heure, comme c'était un jeudi, et qu'à Constantinople chaque jour de la semaine a sa promenade particulière, je dirigeai mes pas vers les Eaux-Douces.

C'est un endroit où l'on arrive à pied, en voiture, ou en barque. Les femmes se tiennent sur un côté d'une longue allée sinueuse qui suit le bord de l'eau; les hommes fréquentent l'autre côté, mais l'espace qui sépare les deux sexes est étroit et peut facilement se prêter à des intrigues galantes. Les hommes jettent aux femmes des fleurs ou des billets doux; celles-ci, si elles sont honnêtes, se contentent de reconnaître cette attention par le don d'une fleur ou d'un mot de remercîment, et la chose ne va pas plus loin, car nul n'oserait s'attacher aux pas d'une femme respectable. Il arrive ainsi que les jeunes gens et les dames se rencontrent chaque jour pendant des années entières sans lier connaissance ; mais d'un autre côté, c'est à la faveur de ces entrevues que les femmes galantes trouvent l'occasion d'entrer en rapport avec leurs admirateurs. Elles répondent aux billets qu'on leur jette en fixant un rendez-vous ou en donnant leur nom et leur adresse, de manière à ce qu'ils puissent employer une vieille en qualité d'entremetteuse pour arranger la chose.

Ces promenades offrent un spectacle très-attrayant aux saisons où elles sont fréquentées. Les dames, descendant de leurs voitures, se font étendre un tapis sur l'herbe, et s'asseoient avec leurs esclaves pour y partager une collation. Elles rivalisent de luxe les unes avec les autres en ces occasions. De tous côtés on peut voir étinceler la vaisselle d'or et d'argent. Des orchestres font de la musique quelquefois du côté des dames, d'autres fois du côté opposé. Un nombre infini de batelets sont lancés à la surface de l'eau. On voit souvent des dames de qualité assises avec coquetterie sur du drap écarlate avec des franges d'or, tandis que leurs esclaves sont placées en face d'elles. Les couleurs variées des feradjés rouges, verts, ou bleus; la magnificence des équipages; l'animation provoquée par la musique, et les banquets servis sur le gazon; l'arrivée et le départ des voitures et des flâneurs à cheval et à pied; les différents costumes des serviteurs, des eunuques et des courriers; la mise pittoresque des marchands de fruits; tout cela forme un spectacle aussi animé qu'agréable.

Les dames turques d'un certain rang ne sortent jamais, à moins de circonstances exceptionnelles, que pendant la journée. Pourtant, durant le Ramazan, comme je l'ai déjà dit, elles ne sortent que le soir et rentrent rarement avant minuit. En ce mois, les hommes et les eunuques ont coutume de prendre part à une prière appelée *Teravi* qui a lieu à la fin de chaque jour et qui dure environ une heure et demie. Beaucoup de femmes profitent de cette époque pour sortir et avoir une entrevue avec leurs amants, sous prétexte de visiter une amie. Aucun mari n'oserait, à moins de se rendre ridicule, refuser à sa femme la permission de sortir avec une vieille esclave pour se rendre à la mosquée ou chez une amie.

Les visites mutuelles sont effectivement, indépendamment de la promenade, un des grands moyens de distraction à l'usage des dames. Il n'est pas rare de rencontrer chez une dame d'un certain rang vingt ou trente visiteuses. Elles passent le temps à commérer, à regarder danser les esclaves, à les écouter chanter, à prendre du café ou des sorbets, et à fumer. Les gens de la ville restent souvent jusqu'après souper et sont obligés de se servir de lanternes pour rentrer chez eux.

Les femmes sont généralement les premières à apprendre et à répandre les nouvelles. Les hommes se rendent souvent des visites, mais ils se tiennent toujours sur la réserve. Ils ont moins de retenue à l'égard de leurs femmes et leur racontent, pour les amuser, ce qu'ils ont entendu et ce qu'ils ont l'intention de faire. Les femmes des hauts fonctionnaires sont en intimité étroite avec d'autres grandes dames et leur répètent ce que leurs maris leur ont dit ; de cette manière les nouvelles se répandent au dehors avec une rapidité inouïe.

Le Baïram était arrivé ; c'est une fête de trois jours qui suit le Ramazan. C'est le moment le plus important de l'année musulmane. Il équivaut à la fois au temps de Pâques et de Noël des chrétiens.

Le matin du premier jour chaque mari embrasse sa femme, les enfants viennent baiser la main de leurs parents, les amis et les parents échangent des compliments et s'embrassent dans les rues. Chaque musulman, depuis le plus pauvre jusqu'au plus riche, s'habille du mieux qu'il peut. Les femmes vont complimenter celles d'un rang supérieur. Les grandes dames ne font leurs visites que huit jours après le terme de la fête. Le gros tambour qui, pendant la durée du Ramazan, donne chaque nuit le signal du réveil, est employé alors pour accompagner les compliments qu'on s'adresse. Le veilleur qui le bat traverse les rues suivi d'une foule d'enfants des deux sexes. Les femmes le regardent à travers le guichet des stores et lui donnent des pièces de monnaie enveloppées dans des mouchoirs de mousseline. En même temps les pauvres vont de côté et d'autre offrir des oranges et des bonbons, en échange de quoi ils reçoivent en général des vêtements et de petites pièces de monnaie. Les hommes se rendent aussi visite ; ceux d'un rang inférieur apportent des présents de bonbons et de fruits à leurs supérieurs.

Le premier jour du Baïram, le Sultan se rend à cheval, en grande cérémonie, à la mosquée ; il est accompagné de ses ministres, des officiers supérieurs, des dames du Sérail, des femmes des ministres et des autres grands dignitaires de l'État. A son retour, il se place sous la coupole du trône et reçoit les hommages de ses sujets. Chacun, en approchant de Sa Majesté, baise le bord d'une écharpe que porte le premier chambellan de la cour. Le Grand-Vizir accomplit le premier cette cérémonie ; ensuite son *musteshar* (lieutenant), après avoir baisé l'écharpe, le salue en portant la main au front et prend place à côté de lui. Tous les grands fonctionnaires, dans l'ordre de leurs grades, imitent cet exemple.

Le peuple célèbre le Baïram par des réjouissances tumultueuses. On se rend en foule aux principales places de la ville, où se trouvent des musiciens ambulants, des charlatans, des maîtres d'armes, des montreurs de lanternes magiques, des marchands de bonbons et de pâtisseries ; en un mot, tous les nomades qu'on rencontre sur les fêtes publiques dans les villes européennes.

Trois mois après le Ramazan, suivi du Baïram, a lieu le Kourban-Baïram, qui dure aussi trois jours. Chacun, tant pauvre soit-il, s'est procuré deux moutons. Après avoir récité une prière, on tue les deux animaux, l'un pour soi, l'autre pour sa femme, car, d'après la croyance musulmane, le mouton que vous tuez l'année de votre mort vous sert de coursier pour traverser le pont de Siraht, qui conduit aux portes du paradis. Les riches, au lieu d'accomplir le sacrifice en personne, se servent d'un boucher et font tuer jusqu'à dix ou quinze moutons, selon leurs moyens. L'animal est coupé en plusieurs morceaux et le propriétaire en envoie une portion à chacun de ses voisins et à tous ceux à qui il veut rendre une politesse.

Les trois jours de cette fête se passent en divertissements dont les pauvres ont leur bonne part, à ce point qu'ils profitent des dons qu'on leur fait alors pour pourvoir au présent et mettre de côté la nourriture qu'ils veulent garder pour l'hiver. Tant que dure la fête, les esclaves et les domestiques ont une rude besogne à la cuisine. Leur principale occupation est de préparer des conserves de viande. La méthode qu'ils emploient consiste à la faire frire et à la saler; cela fait, ils la mettent dans de grands bocaux, qu'on recouvre d'une couche de graisse à l'épreuve de l'air.

XVI.

DÉPART DU PACHA POUR LONDRES. — JE RESTE A CONSTANTINOPLE. — MA SITUATION. — MALADIE DE DJEHAD-BEY. — MES ALARMES. — FATMAH MA GOUVERNANTE. — CONSEILS QU'ELLE ME DONNE. — L'ENFANT EMPRUNTÉ. — CONDUITE DE FATMAH ET DE BESHIR. — LEUR RIVALITÉ. — RÉSOLUTION QUE J'EXÉCUTE. — MEURTRE DE BESHIR.

C'est au mois du Ramazan de l'année 1848 que mon mari fut nommé ambassadeur auprès de la cour d'Angleterre. Ce choix fut occasionné par l'attitude menaçante prise par la Russie à propos de son intervention dans les affaires austro-hongroises. La Porte, alarmée des progrès de cette puissance, crut nécessaire de former des alliances en Occident, et, en particulier, avec la Grande-Bretagne. Cette mission délicate fut confiée à Kibrizli-Mehemet-Pacha, qui était en intime communauté de vues avec Rechid-Pacha, le promoteur de cette politique nouvelle.

Indépendamment des raisons politiques qui avaient dicté cette nomination, Rechid avait certains motifs tout à fait privés pour donner ce poste à mon mari de préférence à tout autre personne ; il voulait s'assurer l'amitié et l'appui du ministère Palmerston et entamer des opérations financières sur le marché de Londres. En d'autres termes, il offrait à l'Angleterre des avantages commerciaux et financiers en échange de l'appui que cette puissance donnerait à sa politique propre et à son autorité personnelle. Les négociations qui précédèrent cette nomination n'eurent pas lieu à mon insu. Au contraire, ma participation à la partie matérielle de l'affaire en favorisa le succès. J'usai de mon influence personnelle sur le Grand-Vizir pour l'engager à choisir mon mari pour le poste en question de préférence aux autres candidats. Kibrizli-Pacha mit tout en œuvre pour atteindre ce but; mais il crut prudent de me laisser négocier seule d'abord, de peur de se compromettre sans résultat. L'expérience lui avait appris que rien n'est impossible à une femme.

En effet, quelques jours avant le Baïram, la femme de Rechid-Pacha me fit informer que la nomination de mon mari avait été soumise à Sa Majesté et, qu'avant peu de temps, le rescrit impérial nous serait envoyé. La publication du firman d'investiture ayant eu lieu au bout de quelques jours, le Pacha reçut les félicitations du corps diplomatique et des grands dignitaires de la Porte. Ces cérémonies achevées, il fit ses préparatifs de voyage.

Comme les préjugés religieux et l'usage interdisent aux femmes musulmanes d'accompagner leurs maris dans les pays chrétiens, je me trouvais naturellement dans l'impossibilité de suivre mon mari dans son ambassade. Il prit, en conséquence, toutes les mesures nécessaires pour l'entretien de sa maison en son absence. Il ne s'épargna à cet égard ni les ennuis, ni la dépense, et laissa à ma disposition tout ce que je pouvais désirer pour moi, mes enfants, mes esclaves et mes domestiques.

Nos adieux furent très-affectueux et très-émus. Le pauvre Pacha, les larmes aux yeux, avait peine à s'arracher de mes bras et de ceux de ses enfants. Son chagrin était si vif que des sanglots convulsifs étouffaient sa voix. Cette émotion était naturelle ; car c'était la première fois, depuis notre mariage, que nous allions nous trouver séparés.

Nous ne pensions guère pourtant que ces adieux étaient aussi les derniers que nous aurions à échanger. Une destinée fatale allait mettre fin à notre bonheur et à celui de nos enfants. Si une voix prophétique avait pu nous révéler l'avenir, le pauvre Pacha n'aurait pas hésité un instant à rejeter avec dédain ses idées de grandeur et d'ambition ; il n'aurait jamais consenti à les satisfaire au prix de ce qu'il estimait plus que tout le reste de l'univers. Le sort, pourtant, cruel ou favorable, agit en dépit de nos désirs ou de nos craintes, et ces adieux, je le répète, furent pour nous les derniers.

Il se passa longtemps avant que je pusse me consoler du chagrin que le départ de mon mari m'avait causé. Du reste, la vie solitaire et monotone que je menais à Yuksek Caldirim ne pouvait qu'aggraver ma peine en me rendant l'existence insupportable. Ma principale occupation était de contempler en silence la belle vue que m'offraient de mes fenêtres les sept collines de Stamboul avec leur couronne de mosquées et leur ceinture de maisons et de jardins. Les visites que je recevais de temps en temps donnaient un peu d'animation à l'effrayante monotonie de ma vie de tous les jours. C'étaient les dames du palais et les eunuques du Sérail qui m'apportaient le plus de distraction, et la raison en est que les personnes de cette catégorie sont beaucoup plus enjouées et sans gêne que les dames de la ville. Leur manière d'être est moins affectée et par conséquent plus sincère, ce qui rend leur société agréable et lui donne du charme auprès de celles qu'oppresse la routine mortellement ennuyeuse de la vie du harem.

J'avais des amis parmi les eunuques dont la compagnie me causait de l'agrément, en ce sens que quelques-uns d'entre eux étaient poètes et musiciens excellents. Ferhad-Agha, par exemple, réunissait ces deux talents. C'était un vrai troubadour dont les sentiments chevaleresques et la cordiale gaieté repoussaient tout ce qui était vil ou ennuyeux. Il avait pourtant une faiblesse habituelle; il aimait le *raki;* mais c'était assez naturel : de tout temps Bacchus n'a-t-il pas vécu en bonne harmonie avec les muses? Toutes les fois, donc, que je pouvais avoir mes amis du palais, je les accueillais de mon mieux. Quant aux amusements du dehors, qu'on rencontre dans les promenades publiques, c'étaient des choses pour lesquelles j'avais peu de goût; d'ailleurs, en Turquie, il est contraire à l'étiquette qu'une dame sorte beaucoup en l'absence de son mari. On peut en donner comme preuve des dames qui sont restées plusieurs années sans mettre le pied dehors, afin de témoigner de leur amour pour leurs maris absents. Aussi mes chevaux, confinés dans leurs écuries et n'ayant autre chose à faire qu'à profiter de leur bien-être, engraissaient-ils à la faveur de leur paresseuse existence. Des mois entiers s'écoulaient souvent sans que je pensasse à franchir le seuil de la maison.

On comprendra facilement qu'une vie si retirée et si uniforme devait réagir sur mon caractère et engendrer en moi une sorte de malaise difficile à décrire. Mais, tandis que le désœuvrement involontaire et l'ennui me tourmentaient de la sorte, un événement inattendu et des plus graves vint secouer ma léthargie et influer sur mon avenir d'une manière irrévocable.

Mon fils, Djehad-Bey, était d'une constitution faible et maladive, et il avait toujours été pour moi et pour son père un grand sujet d'inquiétude. Aussitôt après le départ du Pacha pour Londres, la santé de Djehad s'altéra de jour en jour et les médecins finirent par perdre tout espoir de guérison. Cette circonstance mit le comble à mon désespoir, car je savais que son père ne pourrait se consoler de sa perte. Le Pacha aimait tendrement cet enfant qu'il considérait comme son futur héritier. La mort de son fils aîné, Moharem-Bey, lui avait dejà causé un vif chagrin; maintenant, si Djehad venait à succomber, il serait inconsolable. Mais, indépendamment de ces considérations, qui ne m'affectaient qu'indirectement, des idées sinistres remplissaient mon cœur d'alarme. Les soucis personnels faisaient entendre leur voix au milieu de ma douleur et de mes déceptions, et me portaient à craindre, je dois le reconnaître, les conséquences que la perte de Djehad pourrait avoir eu égard à ma situation. Il me semblait que la mort de son héritier engagerait le Pacha à prendre une autre femme et à me mettre de côté, selon la coutume des Turcs. Une fois que cette idée se fut enracinée dans mon cerveau, il me devint impossible de m'en délivrer ; au contraire, tous mes efforts pour s'opposer à son développement ne purent l'empêcher de prendre les proportions d'un cauchemar qui ne me laissait en repos ni la nuit ni le jour.

L'état d'irritation fiévreuse auquel j'étais livrée ne pouvait échapper aux yeux des personnes de ma connaissance, ni à ceux des domestiques de ma maison qui se trouvaient souvent en ma présence. Ma gouvernante s'appelait Fatmah ; c'était une Syrienne à qui mon mari avait confié l'administration du harem et la surveillance des esclaves. Elle jouissait d'une certaine importance par suite de l'autorité qu'elle tenait de mon mari. Sa position et les attentions qu'elle me prodiguait lui donnaient un libre accès auprès de moi et lui valaient une certaine familiarité que nulle autre n'aurait osé se permettre. Elle avait remarqué le changement qui s'était opéré en moi depuis la maladie de mon fils et se hâta d'en chercher la cause en pénétrant dans les secrets de mon cœur. Douée d'adresse et de tact, elle vint bien vite à bout de connaître les pensées qui s'agitaient dans mon âme. Dès qu'elle eut satisfaction à cet égard, cette odieuse femme forma le plan diabolique de profiter de ma faiblesse en préparant une machination qui aurait pour effet de me rendre sa victime et de me mettre à sa merci. Elle était venue à Constantinople pour chercher fortune dans le métier d'aventurière, et, à ses yeux, tous les moyens étaient bons pour atteindre son but.

Faisant adroitement semblant de partager mes inquiétudes et de prendre mes intérêts à cœur, Fatmah, loin d'essayer de me tranquilliser quand nous envisagions ensemble les conséquences possibles de la mort de mon pauvre enfant, accrut mes tourments en m'assurant que mes soupçons relativement aux intentions de mon mari n'étaient que trop fondés, et qu'elle-même tenait de bonne source que le Pacha était résolu de prendre une nouvelle femme, si son fils venait à mourir.

— Un tel événement, — disait-elle, — causerait infailliblement votre perte, car une femme comme vous ne pourrait jamais supporter un pareil affront.

Ayant réussi par de tels discours à me convaincre de son dévouement et à exciter dans mon cœur les plus violentes émotions, la gouvernante en vint aux conseils ; elle me dit qu'il était inutile de s'abandonner au désespoir, car en ce monde il y a remède à tout. Pressée de s'expliquer plus clairement, Fatmah ajouta :

— Vous n'avez, madame, qu'à acheter un enfant à quelque malheureuse et à le substituer au vôtre. L'absence du Pacha vous offre une occasion précieuse qu'il ne faut pas laisser échapper.

Ce conseil me plut tellement qu'en ce moment je n'hésitai pas à voir dans la perfide Fatmah une libératrice qui allait me rendre ma tranquillité et assurer mon bonheur. Mais maintenant, quand je refléchis avec calme à l'imprudence dont je me rendais coupable en m'associant à une pareille femme, je puis à peine comprendre que j'aie pu avoir l'esprit assez perverti et assez aveugle pour ne pas m'apercevoir que le projet de Fatmah était une pure folie.

Avoir recours à des couches feintes, afin de pouvoir donner comme mien l'enfant d'autrui, était absolument impossible, car les personnes mêmes qu'il me fallait employer pour exécuter ce subterfuge seraient les premières à dévoiler le secret et à me compromettre aux yeux du monde.

Mais un fantôme imaginaire qui semblait me poursuivre et la crainte que j'éprouvais d'une catastrophe m'aveuglaient à ce point que je croyais tout possible. Avec une inconcevable simplicité, il me semblait que rien n'était plus facile que de me donner comme enceinte et d'acheter un enfant, comme on peut acheter un costume, une garniture de bijoux, ou toute autre chose. Quant aux intermédiaires dont j'aurais à me servir pour mener à bien ce beau projet, il ne me vint jamais à l'esprit qu'ils saisiraient avec empressement la première occasion de me trahir.

Et pourtant j'étais la femme dont l'intelligence était célébrée et admirée de tous ; celle que chacun était prêt à consulter comme un oracle ! Mais telle est la faiblesse de l'esprit humain : il peut tomber des hauteurs les plus orgueilleuses au fond de l'abîme de la folie et de l'infatuation la plus aveugle ! C'est une vérité reconnue, que plus on a d'esprit, plus on commet de sottises. Que mon égarement ait été inexcusable, je l'admets, et c'est cette conviction qui m'a fait endurer avec résignation les vingt années de souffrances auxquelles j'ai été condamnée. Mais cette faute qui avait sa source dans un sentiment de jalousie très-naturel chez une femme, atteignit, grâce à l'acharnement de mes ennemis, les proportions d'un crime infâme. Ceux qui avaient soif de mon sang transformèrent, dis-je, une simple faute en un crime odieux et me punirent par la dégradation sociale, par l'exil, par la confiscation de tous mes biens, et par l'obligation où ils me mirent de traîner une existence de misère et de honte. Il est temps cependant de reprendre le fil de mon histoire au point où je l'ai laissée pour me livrer à cette digression. Fatmah réussit à obtenir mon consentement, et toutes les mesures nécessaires furent prises pour préparer la naissance prétendue de l'enfant. Le moment critique étant arrivé, Fatmah se mit à la recherche d'un enfant et en acheta un d'une pauvresse qui était heureuse de se débarrasser d'un fardeau qu'elle trouvait trop lourd à porter.

Je dois dire que Fatmah n'était pas seule au courant de la chose, car il lui eût été impossible de la mener à bien sans s'être assuré préalablement du concours d'un autre agent. A cet effet, elle crut convenable de mettre dans la confidence un des eunuques nommé Beshir, afin qu'il prêtât les mains à l'introduction clandestine de l'enfant. Cependant, toutes les peines qu'ils se donnèrent à cet égard étaient parfaitement inutiles, car la maladie de mon petit Djehad prit tout à coup une tournure favorable, et sa guérison ne tarda pas à être complète. Toute cette affaire aboutissait donc à accroître mes charges de celle de l'enfant supposé et à me faire devenir la victime de ceux dont j'avais été la complice.

Une fois le coup frappé, les conséquences ne s'en firent pas longtemps attendre. Fatmah et son complice, enhardis par le succès, prirent tout à coup des airs de maîtres et m'imposèrent leurs ordres en même temps qu'aux autres domestiques. Voyant que ma complicité dans cette triste affaire me condamnait au mutisme et à l'impuissance, ces deux démons jetèrent un trouble affreux dans la maison.

Les esclaves et les domestiques, incapables de supporter plus longtemps l'insolence de ces deux tyrans, invoquaient à grands cris mon intervention; mais, comme ces appels n'avaient pas de résultats, une révolte eut lieu. Mon attitude impassible était, non sans raison, interprétée comme une preuve de ma connivence dans les excès commis par Fatmah et Beshir. J'essayai vainement de ramener la tranquillité en donnant des marques de libéralité tantôt à l'un, tantôt à l'autre. Mais cette façon d'agir ne servit qu'à attiser le feu de la discorde, car ces sacrifices n'avaient d'autre résultat que d'exciter la cupidité des mécontents.

Ma patience était tout à fait à bout et j'étais justement alarmée des proportions menaçantes qu'avait pris l'esprit de sédition ; je crus nécessaire, en conséquence, d'appeler à mon aide l'autorité de notre homme d'affaires, Rechid-Effendi, pour essayer de rétablir l'ordre dans ma maison. Comme Fatmah et Beshir, d'alliés qu'ils étaient, avaient conçu une haine mortelle l'un pour l'autre, j'insistai pour qu'ils fussent expulsés de la maison, seul moyen d'éviter une catastrophe, car les deux ennemis ne faisaient pas mystère de leurs intentions homicides à l'égard l'un de l'autre. Rechid pourtant ne voulut rien en croire et refusa de s'en mêler en disant que c'était une affaire de femme à eunuque.

Cette réponse et l'indifférence manifestée à ce propos par Rechid-Effendi contribuèrent peu à me tranquilliser, car j'étais mieux placée que lui pour juger de ce qui se passait sous mes yeux. Abandonnée alors à mes propres forces, je ne vis pas d'autre alternative que de tenter une dernière expérience, c'est-à-dire de séparer les deux ennemis au moyen d'un sacrifice pécuniaire. A cet effet, j'entrai en négociation avec Fatmah afin d'obtenir d'elle qu'elle quittât la maison. Elle consentit à partir, mais après m'avoir arraché une somme considérable.

Ravie de me voir délivrée de cette méchante femme, je m'occupai d'apaiser Beshir, qui se voyant flatté et satisfait d'avoir triomphé de sa rivale, me fit la promesse de se conduire convenablement. Quant à l'enfant adopté, il fut convenu que l'affaire resterait en suspens jusqu'au retour du Pacha, qui prendrait à cet égard les dispositions qu'il jugerait convenables.

Un mois s'était écoulé depuis le départ de Fatmah, quand j'eus à donner une réception pour célébrer la première lecture du Koran que ma fille Aïsheh devait accomplir cette année-là. C'est la coutume des Musulmans de fêter cette circonstance avec un éclat en rapport avec la position et la fortune des parents de la jeune personne. J'adressai en conséquence des invitations à toutes nos connaissances, et aucune dépense ne fut épargnée pour rendre la réception somptueuse.

Sur ces entrefaites, Fatmah était entrée en correspondance avec les ennemis que j'avais dans le palais, et elle avait été poussée par eux à se venger à la fois de moi qui l'avais renvoyée et de son ennemi mortel Beshir, par tous les moyens en son pouvoir, sans en excepter le meurtre. Elle imagina que le meilleur moyen de s'introduire chez moi et de commettre le crime qu'elle méditait, était de se mêler à la foule des invités et d'entrer sans être vue à la faveur de la confusion. Informée que Fatmah était à la maison, je la fis appeler et je lui demandai les raisons de sa présence dans un lieu où l'on ne désirait nullement la rencontrer. Sa réponse fut sèche et laconique.

— Madame, — dit-elle, — dois-je croire que je suis chassée de chez vous?... N'ai-je pas le droit d'assister à la célébration d'une fête ?...

Comme je le vis clairement au ton dont cette réponse m'était faite, Fatmah n'aurait pas hésité à faire une scène en présence de mes hôtes, et je jugeai prudent de me retirer, sans oublier pourtant d'appeler

Beshir et de lui recommander de ne rien dire à cette femme, car je ne voulais pas avoir de bruit dans la maison. Je lui donnai à entendre que Fatmah ne resterait que très peu de temps et qu'il n'avait par conséquent pas à s'inquiéter d'elle.

Comptant sur l'efficacité des mesures que j'avais prises, j'entrai dans la pièce où mes hôtes étaient rassemblés, et je vaquai tout entière aux devoirs qui m'incombaient à leur égard.

Mais pendant que la société goûtait le plaisir de la musique et du chant, Fatmah exécutait ses desseins sanguinaires. Échappant habilement à l'observation, elle ouvrit tout doucement la porte qui séparait le selamlik du harem, et fit entrer un serviteur appelé Omer, qui était son amant et qui devait lui prêter la main pour l'assassinat projeté. Fatmah parvint ensuite à attirer Beshir dans la salle de bain. Là, les deux assassins se précipitèrent sur le malheureux Arabe, le renversèrent, et parvinrent à l'étouffer. La rage de Fatmah était telle qu'elle arracha résolûment elle-même la vie à sa victime en s'asseyant sur sa figure, tandis qu'Omer se contenta de jeter Beshir à terre et de lui tenir les mains.

XVII.

SCÈNE QUI SUIT LE MEURTRE. — LES ASSASSINS SONT LIVRÉS A LA JUSTICE. — MANŒUVRES DE MES ENNEMIS. — MON EMPRISONNEMENT ET MON PROCÈS. — LE PACHA EST APPELÉ A CONSTANTINOPLE. — POLITIQUE DE RECHID-PACHA. — MARIAGE DU PACHA. — RÉPUDIATION DE DJEHAD. — NOBLE CONDUITE DU SULTAN. — CONFISCATION DE MES BIENS. — MON BANNISSEMENT.

Beshir avait à peine rendu le dernier soupir, que les portes du harem furent enfoncées, et qu'une troupe furieuse envahit l'appartement en criant « Au meurtre! au meurtre! vengeance! vengeance! » La terreur saisit tout le monde, et mes invités prirent la fuite devant la colère des envahisseurs. Les tapageurs arrivèrent dans la chambre où je m'étais retirée avec trois ou quatre esclaves qui m'étaient restées fidèles. En entrant, les misérables se mirent à me souiller du sang de Beshir, et à me menacer des sabres, des bâtons, et des autres armes qu'ils brandissaient.

Je dois faire remarquer ici que cette troupe d'envahisseurs ne comprenait pas plus de cinq ou six personnes faisant partie de ma maison; le reste, au nombre d'une trentaine, étaient des étrangers, dont il est impossible d'expliquer la présence chez moi en ce moment. Il semble qu'ils avaient été rassemblés à dessein pour donner un aspect théâtral à cette tragédie.

L'ordre ne put être rétabli que par l'intervention de la police, qui ne tarda pas à apparaître sur cette scène tumultueuse. Les agents de police se hâtèrent de faire leur rapport officiel au moyen de l'interrogatoire des assassins. Quand ils en vinrent à s'enquérir des motifs qu'ils avaient eus pour commettre le crime, une scène violente eut lieu. D'un côté, ceux qui voulaient, à toute force, ma perte engageaient Fatmah et Omer à rejeter le crime sur moi seule; de l'autre, ceux-ci gardaient un silence obstiné. Le débat se prolongea longtemps sans que les accusés se laissassent persuader de dire que c'était seulement par mes ordres qu'ils avaient tué l'eunuque. Les deux meurtriers ne se décidèrent à dire que je leur avais commandé de tuer Beshir qu'après qu'on leur eut donné à entendre que c'était l'unique moyen pour eux d'éviter la peine capitale. Dès que les dépositions furent achevées, les prisonniers furent conduits sous escorte au ministère de la police pour y être jugés.

Pendant ces tragiques événements, mes ennemis et ceux de mon mari mettaient tout en œuvre pour amener notre perte. Mes ennemis propres avaient la satisfaction d'avoir enfin trouvé le moyen de m'abattre pour jamais et de m'empêcher de pouvoir leur nuire. De leur côté, les ennemis politiques de mon mari se hâtaient de profiter de l'occasion qui leur était offerte de nous séparer et de détruire ainsi la combinaison de nos efforts. Sans moi, Mehemet-Pacha était un ennemi à demi-renversé, car on n'ignorait pas la part que j'avais prise à sa promotion au titre d'ambassadeur. C'était par mon intermédiaire qu'une entente s'était établie entre lui et le Grand-Vizir, et c'était grâce à mes efforts qu'il était question en termes favorables de son élévation au poste de ministre des affaires étrangères. Ses adversaires savaient bien que, si cet événement avait lieu, ils en recevraient un coup mortel. Ces ennemis étaient la Sultane Valideh, mère du Sultan; Mehemet-Ali-Pacha ; Mehemet-Pacha, ministre de la police ; Rifaat, et une foule d'autres Pachas plus ou moins influents.

Sous l'impulsion de motifs de ce genre, tout ce monde faisait autant de bruit qu'il pouvait et répandait de fausses nouvelles sur les crimes et les atrocités qu'on m'imputait. Les journaux indigènes et étrangers étaient remplis de contes destinés à satisfaire la crédulité publique, et à présenter mon caractère sous l'aspect le plus révoltant. C'était une tâche facile, car personne n'était là pour prendre ma défense.

S'apercevant qu'ils avaient produit par de tels moyens les résultats désirés, mes ennemis eurent recours aux procédés légaux et me firent arrêter. Quatre jours, en effet, après la mort de Beshir, je fus citée à comparaître devant le ministre de la police pour répondre aux accusations portées contre moi. M'arrachant des bras de mes enfants et de ceux de mes domestiques qui m'étaient restés fidèles, je montai en voiture, et je fus conduite au palais du ministère. Je fus ensuite reléguée dans une maison que le gouvernement avait fait préparer et meubler pour moi. Mes gardiens étaient deux servantes et un domestique en qui le ministre avait confiance et sur lesquels il pouvait compter. Quant au traitement que j'eus à subir durant mon emprisonnement, je puis dire que, tandis que, d'un côté, on affectait de me prodiguer les attentions dues à une femme de mon rang, on avait recours, d'un autre, à tous les moyens d'intimidation.

On jugea à propos, afin de vaincre mon obstination, de me menacer des tortures les plus raffinées, et, pour me prouver que ce n'était pas une plaisanterie, les agents de police me racontaient toutes les horribles cruautés dont leur maître était capable. Ils me disaient, par exemple, qu'alors que le vieux Pacha était gouverneur de Chypre, il avait fait empaler et brûler une grande quantité de monde avec le plus grand sang-froid qu'on puisse imaginer. Ces menaces et ces récits produisaient sur moi une impression d'autant plus pénible que je savais que la Sultane Valideh et mes autres ennemis avaient une soif ardente de mon sang.

Il y avait des moments, surtout pendant les heures silencieuses de la nuit, où mon esprit succombait sous le poids des tourments moraux que j'avais à endurer. Le désespoir s'emparait alors de moi, car je savais que je n'avais pas de pardon à attendre de la part d'ennemis qui avaient juré de pousser leur vengeance jusqu'à ses dernières limites. Après m'avoir soumise aux menaces et à l'intimidation, le ministre de la police finit par me faire appeler devant lui.

Il tenait une espèce d'audience, dont faisaient partie avec lui Rifaat-Pacha et un secrétaire. Cette cour était une sorte de chambre d'instruction régulière. Les deux Pachas firent un bref résumé de l'affaire, puis me posèrent des questions dont le but était de me faire avouer ma participation au meurtre de Beshir. La réponse, dont je ne me départis jamais, était celle-ci :

— Je n'ai jamais donné d'ordres de cette espèce, et je n'ai contribué au crime en aucune façon. Croyez-vous, en effet, — dis-je aux deux Pachas qui me regardaient avec étonnement, — que si j'avais voulu me défaire de Beshir, j'aurais été assez sotte pour le faire étrangler publiquement, pour ainsi dire, tandis qu'avec quelques doses de poison je pouvais m'en débarrasser tranquillement? Du reste, si j'avais eu à choisir entre les deux, j'aurais plutôt tâché d'en finir avec Fatmah qu'avec Beshir, car c'est à elle que je dois tous mes malheurs.

Voyant que leur interrogatoire n'aboutissait à rien, les deux Pachas ne renouvelèrent leurs séances que deux fois.

A propos de ce qui m'arriva pendant que j'étais en prison, je dois mentionner comment eut lieu la confiscation de mes bijoux. Quelques jours après mon incarcération, trois agents de police se présentèrent devant moi et me dirent de leur remettre la cassette qui contenait mes joyaux. Elle renfermait une grande quantité de colliers, de ceïntures, de chaînes, etc., ornés de brillants et dont la valeur s'élevait à cent cinquante ou cent quatre-vingt-mille francs. On en fit l'inventaire et le cachet du ministre fut apposé sur la cassette. Quand ce fut fait, les agents m'informèrent que ces bijoux resteraient sous leur garde jusqu'à ce que je fusse mise en liberté et qu'alors on me les rendrait intacts. Je me hasardai à leur demander un reçu des bijoux que je leur avais confiés ; mais j'obtins pour toute réponse que leurs instructions leur interdisaient de satisfaire à ma demande.

Il est inutile d'ajouter qu'à partir de cette époque mes bijoux furent perdus pour moi. Quand mon mari arriva de Londres, le gouvernement se hâta de les remettre entre ses mains. Cet acte arbitraire était une violation flagrante des lois musulmanes, qui exigent le respect de ce qui appartient à la femme.

Tandis que ces choses se passaient au ministère de la police, les intrigues du dehors suivaient leur cours. Les ennemis du cabinet de Rechid-Pacha faisaient des efforts surhumains pour nous écraser, mon mari et moi, d'un seul coup. Profitant des dispositions de l'opinion publique, ils essayèrent de faire de l'accusation qui pesait sur moi une question ministérielle et empêchèrent Rechid-Pacha de me protéger.

Le Grand-Vizir vit, en effet, qu'il était impossible de m'arracher des mains de mes ennemis, car cette résolution aurait été fatale à son administration.

Obligé de céder devant la coalition formée contre moi, Rechid se trouvait dans la nécessité de m'abandonner à mon sort.

Cependant il fit de son mieux pour empêcher que

Kibrizli-Pacha ne fût enveloppé dans ma ruine ; car en agissant ainsi il neutralisait les efforts de ceux qui cherchaient à renverser un de ses collègues. A cet effet, il se hâta donc de rappeler mon mari à Constantinople, eut avec lui plusieurs longues conférences, et parvint à le convaincre de la nécessité d'apaiser les clameurs de l'opposition en me répudiant.

Ce sacrifice, comme je le sus plus tard, coûta bien des larmes au pauvre Pacha, mais les exigences politiques l'emportèrent sur les considérations sentimentales et autres, et mon mari fut obligé de s'incliner devant la volonté de son chef. Mon divorce me fut immédiatement notifié par les émissaires du ministre de la police, qui me fit passer ma dot, presque insignifiante, et m'en demanda un reçu. Cependant mes ennemis n'étaient pas satisfaits de la concession que leur avaient faite Kibrizli et Rechid, d'autant plus qu'ils leur soupçonnaient l'intention de me réintégrer dans ma situation première, dès que l'émotion actuelle serait calmée. Sous l'influence de cette présomption, ils continuèrent de crier contre moi et de menacer Rechid.

Celui-ci s'imagina que le meilleur moyen de mettre fin à ces menaces était de faire épouser une autre femme à Kibrizli-Pacha et de le séparer ainsi de moi d'une manière irrévocable. Nulle autre garantie ne pouvait en effet satisfaire ceux qui voulaient profiter des circonstances présentes pour effectuer ma ruine d'une manière irrémédiable.

Les nécessités de cette situation obligèrent donc Rechid à chercher une femme pour son collègue, et le choix du Grand-Vizir tomba sur une dame nommée Ferideh, sœur d'une de ses favorites. C'est ainsi que Kibrizli-Pacha fut contraint d'épouser une femme qu'il n'avait jamais vue et pour laquelle il n'avait aucune prédilection.

Après être restée quatre mois en prison, il était grand temps que je fusse informée de la décision qui avait été prise relativement au crime qui m'était reproché. Un secrétaire du ministre m'apprit que Fatmah et Omer avaient été condamnés aux galères, et que je devais être bannie en Asie Mineure, d'où j'obtiendrais au bout de quelques mois la permission de revenir. Cette mesure avait été nécessitée, me dit-il, par l'obligation où se trouvait l'administration de calmer l'esprit public et de fermer la bouche à ceux qui réclamaient mon châtiment. Quand le ministre de la police me notifia en personne la décision du gouvernement, je lui fis la réponse suivante :

— Vous m'avez séparée de mon mari, de mes enfants, de tout ce que j'avais au monde, pourquoi ne m'enlevez-vous pas aussi la vie ? Je n'ai plus rien qui puisse me faire désirer de vivre ; tuez-moi, et tout sera fini !

En prononçant ces paroles je ne doutais nullement que la coupe de mes souffrances n'était déjà pleine à déborder. J'avais pourtant encore à subir une autre épreuve. Quelques jours avant que je ne partisse en exil, le ministre de la police m'envoya chercher et me parla en ces termes :

— Il est une question, madame, sur laquelle nous

vous prions d'avoir la bonté de nous donner des explications, avant votre départ, car ni le Pacha ni nous ne pouvons permettre qu'il reste quelque doute à cet égard. Vous avez acheté un enfant, et ce fait jette quelque doute sur l'authenticité de l'origine de Mustapha-Djehad-Bey; car tout le monde dira que puisque vous avez bien acheté un enfant, il y a tout lieu de croire qu'il en a été ainsi du premier. Votre mari ne croit pas que l'enfant soit à lui; cependant il voudrait que vous fissiez votre déposition afin de savoir que penser et que faire.

Il n'y avait pas besoin de posséder une pénétration exceptionnelle pour découvrir la manœuvre que masquaient ces paroles. Mais, en ce moment, je n'en tins pas compte et je ne devinai pas la véritable nature du piége qui m'était tendu. Au langage tortueux du ministre, je voyais bien qu'il y avait quelque méchanceté sous roche, mais je ne pouvais voir en quoi elle consistait précisément. Pour échapper à cet embarras sans tomber dans le piége, je crus nécessaire de répondre d'une manière évasive qui me laisserait ma liberté d'action, tout en déjouant les intrigues de mes ennemis.

D'ailleurs, il me semblait qu'une réponse de ce genre était le meilleur moyen de me venger d'un homme qui m'avait abandonnée sans une parole de consolation, et seulement dans la crainte de compromettre des intérêts politiques. Évidemment, une réponse évasive équivaudrait pour lui à nier qu'il fût le père de l'enfant, car un simple doute concernant sa naissance obligerait le Pacha à se séparer de lui. Mais ce qui m'engageait surtout à m'arrêter à un acte aussi contre nature que de renier mon propre enfant, était la crainte que j'éprouvais relativement à la sécurité de Djehad. Je ne pouvais pas consentir à laisser aux mains de ma rivale Ferideh un enfant qui était son ennemi naturel, d'autant plus que la mort seule de mon fils pouvait lui donner l'espérance de mettre les mains sur l'héritage entier de mon mari. Je répondis donc au ministre : —

— Est-il possible qu'un homme ne connaisse pas son propre enfant ? Si le Pacha dit que Djehad n'est pas son fils, c'est la preuve que lui aussi a été acheté.

Cette réponse embarrassa le ministre de la police, et il fit de son mieux pour tirer de moi une explication catégorique. Je continuai à répéter ce que j'avais dit, comme si je n'avais rien autre chose à ajouter. Ma conduite actuelle produisit le résultat désiré. Kibrizli-Pacha ayant été informé que j'avais refusé de déclarer expressément la légitimité de son fils Djehad, se trouva dans la nécessité de se séparer de lui.

Quand je fus rentrée d'exil, la question de la légitimité de Djehad fut soulevée plusieurs fois par Kibrizli-Pacha; il me fit des avances et des offres réitérées afin de m'amener à faire une déclaration explicite à ce sujet. Mais comme lui de son côté refusait de m'accorder la satisfaction que je lui demandais, l'affaire demeura en suspens.

La peine de l'exil, décrétée contre moi en vertu d'un rescrit impérial, était le coup final par lequel la

Sultane Valideh essayait de m'abattre. Abdul-Medjid, avec la générosité qui le distinguait, refusa d'abord d'apposer sa signature sur un document de cette nature. J'ai entendu dire que le Sultan fit remarquer à sa mère que ma participation au meurtre de l'Arabe n'ayant pas été établie, il n'y avait pas de raison pour me punir. Quant à l'affaire de l'enfant supposé, le Sultan était d'avis que cela ne concernait que mon mari. Voyant que son fils se refusait à devenir le docile instrument de sa colère, la Sultane eut recours à un expédient théâtral pour arracher la signature si désirée. Elle appela le chef des eunuques et lui dit que le seul moyen d'obtenir ma punition était qu'il se jetât aux pieds de Sa Majesté et la suppliât de punir la coupable. Cette nuit-là même, le chef des eunuques attendit le Sultan à la porte du harem, et à son entrée se jeta à ses pieds en criant à haute voix : —

— Que Votre Majesté ait pitié des malheureuses créatures comme nous, autrement les femmes nous feront tous périr !

Le lendemain, le Sultan signa le décret qui me bannissait pour un temps indéterminé.

Le jour fixé pour mon départ, le ministre de la police m'envoya chercher et me donna communication de l'ordre par lequel j'étais reléguée en Asie Mineure. Il feignit hypocritement d'être vivement touché de mon sort et me confia, avec les marques du plus profond intérêt, aux soins d'un officier chargé de m'escorter. Avec un excès de courtoisie, il mit son propre équipage à mon service pour me conduire au paquebot prêt à lever l'ancre pour Ismid (Nicomédie).

Ajoutons que, pour un motif ou pour un autre, on crut à propos de me dissimuler le lieu de ma destination qui se trouvait être Konieh, en Cappadoce. En partant, je ne pensai pas du tout à prendre avec moi rien de ce qui pourrait m'être utile. Je montai en voiture accompagnée d'une seule esclave et sans autre ressource qu'environ cent francs en petite monnaie, que je portais habituellement avec moi pour mes dépenses courantes.

En arrivant à Ismid, je fus reçue avec courtoisie par le gouverneur, qui vint à ma rencontre et me conduisit en présence de ses femmes dans les appartements desquelles une chambre avait été préparée pour moi. Après un court instant de repos, je pris quelques rafraîchissements que m'offrit mon hôte. Pendant qu'il conversait avec moi, je remarquai que, chaque fois qu'il me regardait, sa figure prenait un air de tristesse et de commisération. Je lui en demandai la cause.

— Je suis chagriné, madame, des ordres que j'ai à mettre à exécution en ce qui vous regarde.

— Vraiment ! et quels sont ces ordres ? — demandai-je.

— Ils sont si sévères que je n'ose pas vous les communiquer.

— N'ayez pas peur. Je suis préparée à tout ce qui peut m'arriver. Vous ne pouvez rien m'annoncer de pire que la mort, et je suis prête à la subir, s'il le faut.

— J'ai l'ordre, — dit-il, — de vous fournir une escorte et de vous envoyer à Konieh, ville à quinze jours de marche d'ici.

— Faites votre devoir. Quant à moi, j'irai partout où il vous plaira de m'envoyer. Que ce soit là ou ailleurs, peu m'importe.

— Alors, demain matin, un palanquin sera préparé pour vous, et je prendrai les dispositions nécessaires pour votre voyage.

— Je n'ai pas besoin d'un palanquin. Un cheval me suffira.

Le lendemain, avant de partir, je donnai la liberté à l'esclave qui m'avait suivie jusque-là, et que je ne voulais pas envelopper dans mes malheurs. Je commençai alors mon voyage par un froid très-vif, avec une escorte de dix ou douze cavas. L'indifférence que je montrais faisait plus d'impression sur eux que les plus violentes démonstrations de désespoir. Je vis de grosses larmes couler sur leurs joues, quand je montai à cheval.

— Est-ce possible, — me disaient-ils, — qu'on persécute ainsi une femme à cause d'un misérable nègre! A quoi bon tant d'affaires pour un nègre qui avait été acheté quelques piastres? Il vous appartenait, et nos lois ne punissent pas ceux qui ôtent la vie de leurs esclaves.

— Ce que vous dites là, mes bons amis, est inutile. Il faut obéir sans mot dire, puisque toute plainte serait vaine.

Partout où je passais, les gouverneurs des villes

et les sheiks des villages essayaient par tous les moyens en leur pouvoir d'alléger les fatigues que j'avais à subir. Ils m'accueillaient de la façon la plus hospitalière ; ils me donnaient les meilleures chambres et m'offraient les repas les plus splendides. Les *mudirs* ou gouverneurs des petites villes passaient la nuit sous une tente pour me laisser le lit unique qu'ils possédaient. Plus j'avançais, plus le froid devenait vif. J'avais à traverser de hautes chaînes de montagnes couvertes de neige où nos chevaux enfonçaient souvent jusqu'aux sangles. J'étais parfois obligée de retenir mon cheval pour l'empêcher d'être étouffé par les masses épaisses de neige qui couvraient les chemins que nous avions à suivre. Mes conducteurs eux-mêmes étaient surpris de l'énergie que je montrais. Le fait est que j'avais banni de mon esprit toute pensée de désespoir. Ma détermination était si bien prise, que j'étais prête à supporter sans faiblesse tout ce qui pouvait m'arriver.

XVIII.

LA VIE A KONIEH. — HOSPITALITÉ DE HAFIZ-PACHA. — IDÉES SINGULIÈRES DE SES FEMMES. — JE SUIS INVITÉE A VISITER TCHELEBI-EFFENDI, CHEF DES DERVICHES. — LES DERVICHES. — ARRIVÉE DE FRÉDÉRIC. — DÉPART DE HAFIZ-PACHA.

Nous atteignîmes enfin Konieh, et je fus laissée dans une maison sans châssis aux fenêtres et tombant en ruines. Les chagrins que j'avais éprouvés, les fatigues d'un si long voyage, ainsi que le froid auquel je n'étais pas habituée, altérèrent sérieusement ma santé. Je tombai malade le jour même de mon arrivée. La femme chargée de la maison et le docteur grec qu'elle fit venir prirent soin de moi et réussirent à me rétablir.

J'étais tout particulièrement impatiente d'apprendre si le gouvernement avait donné les ordres nécessaires pour qu'on me procurât des moyens de subsistance. En attendant, le mushir m'invita à venir le voir. Je le trouvai animé des sentiments les plus bienveillants à mon égard, et je lui demandai s'il avait reçu l'autorisation de me fournir les fonds nécessaires pour subvenir à mes dépenses.

— Je n'ai reçu aucune instruction à ce sujet, — répondit-il, — mais votre situation excite ma compassion. Je vois que vous êtes persécutée. Si vous le voulez, vous viendrez vivre avec mes femmes ; vous n'aurez point de dépenses, et je vous donnerai cinq cents piastres par mois; ce qui est justement ce que je leur accorde pour leur amusement.

Comme je ne connaissais pas le gouverneur, j'eus peur d'aller résider dans sa maison, mais j'acceptai son offre d'argent, et je touchai cette somme sans embarras pendant toute une année. A la fin de ce terme, Hafiz-Pacha vint remplacer le mushir précédent dans le commandement de la garnison de Konieh. Le nouveau gouverneur était un digne vieillard d'environ soixante ans, qui m'avait connue chez mon oncle quand j'étais toute enfant. Quelques jours après son arrivée, j'allai lui présenter mes compliments, il m'accueillit avec une affection vraiment paternelle.

— Que je suis heureux, ma fille, de vous rencontrer ici ! On m'a dit que vous habitiez seule une maison. Vous courez ainsi le risque d'être enlevée par des brigands. Venez demeurer avec moi. Vous serez bien reçue par mes femmes, vous n'aurez à songer à aucune dépense, et je vous donnerai tout ce que je leur accorde.

J'acceptai avec empressement une offre si bienveillante, et je pris ma résidence dans son harem, qui était bien pourvu, car il avait quatre femmes, qui le chérissaient comme un enfant gâté. Ce n'étaient pas les seules femmes qu'il avait eues dans le cours de sa carrière matrimoniale. On dit que Hafiz était un véritable Barbe-Bleue, qui en avait eu au moins une douzaine. Mais, à part ces rumeurs, c'était un homme vertueux, qui ne faisait rien au delà de ce que le Koran sanctionne : il n'avait jamais eu plus de quatre femmes à la fois ; mais aussitôt qu'un vide survenait, Hafiz-Pacha se hâtait de le combler en prenant une nouvelle épouse. En me présentant à ses femmes, le Pacha tâcha de les intéresser en ma faveur par un langage qui montrait la pureté de ses pensées et la générosité de son cœur.

— Qui de vous m'aime le mieux, — dit-il, — me prouvera son affection par le soin qu'elle prendra de cet oiseau qui est venu chercher un abri sous notre toit.

Ces pauvres femmes, quoique simples et mal élevées, n'en firent pas moins tous leurs efforts pour se rendre agréables sous tous les rapports. Elles s'acquittaient de tous les devoirs de l'hospitalité de la façon la plus louable ; elles me cédèrent la meilleure chambre du harem ; une se chargeait de mes vêtements ; une autre me menait au bain ; une troisième m'aidait à ma toilette ; la quatrième faisait mon ménage. On aurait dit, à voir comment elles se conduisaient, que mon pouvoir sur elles était celui d'une maîtresse sur ses esclaves. Ces nobles femmes, accoutumées à s'humilier pour faire plaisir, ne pouvaient concevoir d'autre moyen de témoigner leur amitié que de remplir des devoirs presque serviles, tandis qu'elles prouvaient leur véritable affection en bannissant toute pensée de jalousie à cause de moi. Quoiqu'elles fussent toutes jalouses les unes des autres, elles avaient pleine confiance en moi ; j'étais la confidente de leurs peines et de leurs désirs, et nous devînmes des compagnes inséparables. Ce qu'elles désiraient par-dessus tout, c'était de plaire à leur mari, mais elles ne connaissaient aucun artifice par lequel elles pussent atteindre à ce but.

— Vous êtes si bonne et si adroite, — me dit une d'elles un jour, — que je suis sûre que vous consentirez à me faire un talisman pour inspirer au Pacha de l'amour pour moi.

— Oh! — répondis-je, — vous me supposez beaucoup plus savante que je ne suis. Comment saurais-composer un talisman si puissant?

— Si vous le voulez bien, — insista-t-elle, — vous le pourrez certainement.

Je vis que si je continuais à refuser, je ne parviendrais qu'à m'aliéner son affection, sans la convaincre de la folie de sa demande.

— Très-bien, ma chère, — lui dis-je, — je tâcherai de satisfaire vos désirs.

C'est pourquoi le lendemain je pris du sucre en poudre, auquel je mêlai du sel, et je mis le tout dans un petit sac de soie attaché avec un cordon lié en plusieurs nœuds très-compliqués.

— Voici, — lui dis-je, en lui remettant le sac, — le talisman que vous m'avez demandé. Ce soir, lorsque le Pacha sera assis et fumera au milieu de vous, détachez silencieusement le cordon et, tout à coup, jetez le contenu du sac dans le réchaud.

Elle fit ce que je lui avais recommandé.

— Que signifient ce bruit et cette fumée? — s'écria

le Pacha, en entendant le pétillement du sel dans le feu et en voyant la fumée du sucre brûlé.

— C'est sans doute l'esclave qui a mis quelques mauvais charbons dans le brasier, — dit la pauvre femme toute tremblante.

Le Pacha, observant sa contenance, devina ce dont il s'agissait; mais il ne fit aucun signe. Il résolut d'exaucer le désir de cette femme et de la garder avec lui toute la nuit. Je laisse à conjecturer si elle resta ou non convaincue de l'efficacité de mon sortilége. Une fois que j'eus gagné la réputation d'être une habile sorcière, chaque femme vint, à son tour, me demander quelque moyen magique d'accroître l'amour de son mari. Une d'elles, plus ambitieuse, me sollicita avec persistance, pendant longtemps, de lui enseigner quelque charme, grâce auquel elle pourrait devenir mère, me promettant, en retour, une somme très-considérable. Je lui donnai un grand sac de potasse broyée, en lui recommandant d'aller fréquemment au bain et d'y mettre chaque fois une cuillerée de cette composition qui était d'une puissance singulière pour produire le résultat désiré. Le hasard voulut qu'elle devînt enceinte peu de temps après. Il serait impossible de vous dire quelles caresses elle me prodigua. Toutes ces femmes, à mon grand amusement, furent ainsi intimement convaincues de ma profonde connaissance des sciences occultes.

Toutes les femmes de l'Orient sont persuadées de l'efficacité des talismans, des charmes, des philtres, et de toutes les ruses ridicules de la sorcellerie. Un grand nombre de femmes et d'hommes (car ceux-ci s'en occupent aussi) vivent par ce moyen de la crédulité de leurs semblables. Mais il n'est pas aussi divertissant d'apprendre que, par l'ignorance ou parfois la malveillance des sorciers et des sorcières, il s'ensuit de graves conséquences, souvent même la mort, pour avoir avalé, sur l'avis de ces misérables, quelque composition des plus hétéroclites.

Pendant mon séjour chez Hafiz-Pacha, je fus invitée par Tchelebi-Effendi à passer quelques jours dans son palais. C'était le chef des Derviches Mevlevih, et le dernier descendant des Abassides, qui seraient les héritiers du trône Ottoman, si la race des Sultans régnant actuellement venait à s'éteindre. Ce personnage jouit du privilége de ceindre l'épée du Sultan le jour de sa proclamation. A Konieh et ailleurs, il est tenu en une considération sans bornes ; le mushir, le cadi, le nakib, et tous les autres dignitaires de la ville, bien que complétement indépendants de son autorité, lui montrent un tel respect que leur pouvoir paraît insignifiant comparativement à celui qu'il exerce sur les consciences du peuple. Personne n'oserait s'asseoir en sa présence. Dans tout l'Orient, les Derviches entretiennent un grand nombre de maisons religieuses, où ils reçoivent sans distinction tous les voyageurs pauvres et riches. Ces derniers ne considèrent nullement comme au-dessous d'eux de profiter de la simple et cordiale hospitalité de ces saints hommes, qui donnent la nourriture et le logement pendant trois jours sans jamais accepter la moindre rémunération.

Les Derviches Mevlevih se livrent dans les mosquées à un singulier exercice, qui consiste en une danse particulière. Ils joignent leurs mains en cercle, le visage tourné en dehors, et tournoient rapidement, en poussant, par intervalles, un cri guttural, ressemblant beaucoup à un aboiement. Quelquefois, ils continuent ce manége durant plusieurs heures avec une vitesse surprenante et sans montrer aucun signe de fatigue ou de vertige.

Tchelebi-Effendi me reçut avec une bonté marquée, et me fit prendre place sur le divan, à côté de lui. Il parut grandement touché de mon sort, offrit d'intercéder pour moi à Constantinople, et me confia les ennuis qu'il avait avec ses femmes. Je restai plusieurs jours dans son palais, et fis de mon mieux pour réconcilier ces dames les unes avec les autres : tentative dans laquelle je réussis; après quoi je retournai chez Hafiz-Pacha.

Comme Tchelebi-Effendi me l'avait dit, il adressa au Divan une pétition en ma faveur, qui fut appuyée par les dignitaires résidant à Konieh. Cette demande fut renouvelée plusieurs fois, mais toujours sans résultat. Plus tard je vis que toutes ces pétitions avaient été interceptées à leur arrivée par les ministres qui avaient été cause de mes embarras.

Des mois, des années se passèrent sans changement dans ma situation, qui eût été excessivement triste et pénible, sans la généreuse hospitalité du digne gouverneur.

Je n'ai guère besoin de dire que, pendant mon séjour à Konieh, l'abattement moral que l'exil faisait peser sur moi ne put être allégé par la sympathie ou la généreuse bienveillance que ce bon Hafiz-Pacha et sa famille me témoignaient. Je puis dire que, quoique exilée corporellement, mon esprit était à Constantinople avec les objets de mon affection : mes enfants et mon mari. Jour et nuit mes pensées me reportaient à mon pays natal, et j'étais presque inconsolable ; souvent, dans un accès de désespoir, je tournais les yeux vers le ciel et m'écriais : — Mon Dieu, quand cesseront mes afflictions ?... Quand retrouverai-je la paix ?...

La ferveur de mes prières amena ma délivrance d'une manière presque miraculeuse ; car le Tout-Puissant m'envoya un protecteur en mon fils Frédéric, qui vint inopinément à mon aide, me consolant dans mon chagrin et me ranimant au milieu de mes ennemis.

J'ai raconté, au commencement de ce livre, comment j'avais laissé à Rome ma fille Evelyne, et Frédéric, mon fils aîné. Depuis mon mariage avec Kibrizli-Pacha, j'avais entièrement perdu de vue ces chers enfants, qui avaient été placés dans des couvents et élevés par les soins de leur tante.

Quoi qu'il en soit, il arriva que Frédéric, à son retour à Constantinople, en apprenant mes persécutions et mon exil, résolut d'unir son sort au mien. Poussé presque à la démence par l'amour d'une mère qu'il avait à peine vue, il se jeta aux pieds de Mehemet-Ali-Pacha, alors ministre de la guerre (1854), et le supplia de lui permettre de rejoindre sa mère, celle à qui il devait l'existence.

Le Pacha, touché de cette preuve d'affection filiale, accéda à sa prière et donna sans retard les ordres nécessaires pour le mettre à même de se rendre à Konieh. Mehemet-Ali lui donna aussi de sa bourse particulière une somme de six cents francs afin de lui procurer les fonds pour son voyage.

J'étais allée un jour visiter une de mes amies, qui habitait dans le voisinage du tombeau du saint patron de Konieh, et je me reposais près d'une fenêtre, lorsque j'entendis frapper à la porte. Mon amie se hâta de voir ce que c'était ; mais, au lieu de revenir auprès de moi, elle resta à causer à voix basse avec l'étranger.

Par un mouvement de curiosité, je regardai du côté de la porte, et tout à coup je vis un jeune homme d'une tournure élégante, vêtu d'un uniforme, qui soudain entra dans la salle et se dirigea vers l'endroit où j'étais assise.

Cette étrange apparition et la hardiesse du jeune homme m'alarmèrent ; je reculai involontairement, et j'étais sur le point de me lever de mon siége, lorsque l'étranger me jeta ses bras autour du cou, en s'écriant : —

— Ne me reconnais-tu pas, ma mère ?... je suis Frédéric.

Ces mots me surprirent complétement, car, en ce moment d'extrême émotion, je pouvais à peine en croire mes yeux et mes oreilles. Frédéric, que j'avais quitté presque enfant, et que je considérais comme perdu à jamais pour moi, était-ce le beau jeune homme que j'avais devant moi ? Était-ce possible ? Les treize années passées étaient-elles un rêve ou une réalité ?

Mon pauvre enfant, transporté par la vue d'une mère qu'il pouvait revoir enfin, m'embrassa à diverses reprises, me tenant dans ses bras, et il ne paraissait jamais las de me regarder. Il tira sa bourse, qui contenait toute sa richesse, et la mit dans mes mains en disant : —

— Prends, ma mère ; tu es pauvre, mais je t'aime.

A partir de ce moment la plus belle perspective semblait s'ouvrir devant moi ; je n'étais plus une femme isolée et abandonnée, sans aide ni défenseur. La nouvelle de l'arrivée de mon cher fils fit grande sensation à Konieh ; tous mes amis partagèrent ma joie.

Frédéric, qui avait pris le nom d'Osman-Bey, resta un mois avec moi, et à son retour à Constantinople il fit tous ses efforts pour me faire rappeler de l'exil. Les informations que je reçus de lui me décidèrent à tâcher de m'échapper pour aller le rejoindre à Constantinople, et depuis cette époque il a toujours été mon protecteur, ma consolation, l'appui de ma vieillesse.

Avant mon départ de Konieh, il survint un événement qui sema le trouble et la zizanie dans la ville. Un homme marié était parti comme soldat, laissant sa femme à la maison. Pendant qu'il faisait partie d'une certaine expédition, il disparut et on le crut mort. Comme cela arrivait souvent dans ces provinces, dont les villes sont entourées de plaines désertes, sur lesquelles les habitants font paître d'immenses troupeaux, la femme fut enlevée par un mécréant, qui l'emmena avec lui dans une contrée éloignée ; et quand elle l'eut informé de la disparition de son mari, il l'épousa.

Peu après, le mari revint, découvrit sa femme et voulut la reprendre ; mais son amant refusa de la rendre, prétendant que, selon sa manière de comprendre la loi musulmane, le premier mari avait été absent assez de temps pour permettre à sa femme de se remarier. Le plaignant répondit qu'elle aurait pu sans doute, de son propre gré, contracter un second mariage, mais que dans le cas présent elle n'avait pas agi librement. Le Pacha était disposé à ordonner la restitution de la femme au premier mari ; mais les autres magistrats, s'en tenant au texte de la loi, maintinrent la validité du second mariage. Le gouverneur, homme d'un caractère très-déterminé, au lieu de céder dans une affaire qui l'intéressait si peu, envenima la dispute à un tel point qu'il en vint bientôt à une rupture ouverte avec les ulémas et les autres autorités. Sa position devint insupportable, et un matin il partit incognito pour Constantinople, laissant ses femmes derrière lui. Aussitôt après son arrivée dans la capitale, il obtint le gouvernement de Trébizonde, et alors il envoya quérir son harem ; néanmoins il me continua la pension qu'il m'avait accordée pendant que je vivais sous son toit.

XIX.

JE M'ENFUIS DE KONIEH. — KUTAYEH. — J'ARRIVE A CONSTANTINOPLE. — RECHID-PACHA ME PROTÈGE.

Quatre ans environ s'étaient écoulés depuis que j'avais été exilée, et aucune réponse n'avait jamais été faite aux diverses demandes adressées en mon nom à Constantinople. J'avais toute raison de croire qu'il me faudrait demeurer pendant un temps infini dans un pays où, depuis le départ de Hafiz-Pacha, je me sentais dans une position rien moins que sûre. Je me présentai donc devant les autorités en fonctions, en attendant l'arrivée du successeur du dernier gouverneur, et demandai un passe-port pour pouvoir retourner dans la capitale.

— Je ne suis sous le poids d'aucune condamnation ; on a donné l'ordre de me transporter ici, et voici quatre ans que j'y suis. Comme on ne vous a pas défendu de me laisser partir, je viens demander les papiers nécessaires pour me procurer un voyage libre et sûr.

— Si vous étiez une personne de condition ordinaire, nous obtempérerions à votre demande, — me répondit-on, — mais vous êtes la femme d'un ministre et nous pourrions nous compromettre en vous donnant la permission de vous en aller.

— J'ai fait mon devoir en vous prévenant de mon intention, et je n'ai rien de plus à ajouter.

Ayant dit, je me retirai.

Prenant le peu que j'avais épargné des libéralités de Hafiz-Pacha, je fis marché avec deux des habitants, qui s'engagèrent, pour quatre mille piastres (environ mille francs), à me conduire, par des sentiers détournés, dans le voisinage de Constantinople. Afin de ne point éveiller de soupçons, je me rendis une nuit, accompagnée d'un seul domestique, à une ferme située hors des murs, et où j'avais coutume d'aller. Le propriétaire était un des personnages les plus riches du pays et m'avait toujours témoigné la plus grande bienveillance.

J'avais donné à mes guides avis du rendez-vous, et ils m'attendaient avec des chevaux pour eux, pour moi, et pour mon domestique. Nous nous mîmes sur-le-champ à traverser les immenses plaines de la Caramanie, marchant nuit et jour, passant par les endroits les plus déserts, évitant avec soin les villes et les villages, et ne prenant que le repos qui nous était absolument nécessaire pour nous empêcher, nous et nos chevaux, de tomber de fatigue. Nous eûmes à franchir des montagnes escarpées et dangereuses; enfin, après un voyage de quatre jours et sans avoir rencontré de contre-temps, nous gagnâmes Kutayeh. Au sortir de cette ville, le pays devint plus habité et plus sûr. Nous ne pouvions nous rendre de là à Constantinople sans une autorisation du gouverneur de l'endroit.

Ne sachant pas bien comment je devais m'y prendre pour obtenir l'autorisation voulue, j'allai me loger avec mes compagnons chez une dame, nommée Aïsh-Bey, espèce de femme robuste qui se livrait à des affaires de commerce entre Constantinople et Kutayeh. En entrant je me présentai à elle comme la femme d'un colonel mort en Crimée. Il n'y avait pas longtemps que j'étais au lit, lorsque mon hôtesse, frappant à ma porte, vint m'informer que le secrétaire du Pacha voulait me parler. La visite de ce fonctionnaire à pareille heure ne présageait rien de bon, et ce ne fut pas sans effroi que je le vis bientôt entrer dans la chambre. Cependant son visage était empreint d'une expression de courtoisie d'un favorable augure.

— Son Excellence le Pacha, — dit-il, — prend en mauvaise part que vous n'ayez pas fait appel à son hospitalité au lieu de prendre ici votre logement. C'est pourquoi il m'a envoyé pour vous exprimer ses regrets à ce sujet, et pour réclamer de votre gracieuse personne la permission de venir demain vous présenter ses respects.

Je répondis, comme c'était mon devoir, que je serais très-heureuse d'être honorée d'une telle visite, et remerciai le gouverneur de la bienveillante attention qu'il avait de me prévenir de l'hommage qu'il se proposait de me rendre.

Le secrétaire se retira, me laissant plusieurs boîtes

de confitures et autres friandises que m'envoyaient les femmes du Pacha.

Les gens de ma suite avaient eu l'imprudence de révéler que je venais de Konieh, et, comme on parlait de toute part de ma fuite, le gouverneur sut immédiatement qui j'étais ; mais, comme il me connaissait depuis longtemps, il ne voulait pas, en m'arrêtant, se prêter aux mauvais desseins de mes persécuteurs. C'est pour cette raison qu'il avait eu la délicatesse de me faire connaître ses bons sentiments à mon égard, de peur que, dans l'incertitude de ses intentions, je ne fusse entraînée à commettre quelque imprudence.

Le lendemain, il se présenta dans un magnifique appareil, et me salua respectueusement en baisant le bord de ma robe. Il consentit, après s'y être d'abord refusé par politesse, à s'asseoir sur le même divan que moi. Après avoir conversé de différents sujets sans importance, il me questionna sur moi-même et sur les motifs de mon voyage. Je lui dis que je retournais à Constantinople et le priai de me fournir le passe-port nécessaire pour me mettre à même de poursuivre mon chemin. Satisfait du résultat de notre conversation, dans laquelle il avait manifesté les dispositions les plus courtoises et les plus obligeantes, il me promit de me donner l'autorisation que je demandais, et il se retira en m'invitant, ce que j'acceptai, à passer le reste de la journée chez lui.

Ce retard me causa quelque inquiétude, car je craignais à tout moment de voir arriver de Konieh des messagers envoyés à ma poursuite, ce qui eût gravement compliqué la situation. Mes deux guides, remplis d'alarme, s'étaient cachés dans l'écurie, quand ils virent approcher le gouverneur.

— C'en est fait de nous, — se disaient-ils les uns aux autres. — En échange de la paye que nous avons reçue, on nous empêchera de jamais retourner auprès de nos femmes et de nos enfants. La dame que nous avons conduite jusqu'ici est la femme d'un grand personnage, et il est certain qu'on vient nous arrêter sur-le-champ et nous emmener en prison.

Craignant d'éveiller des soupçons, ils n'osaient pas s'en aller pendant le jour, car leur aspect étranger ne pouvait manquer d'attirer l'attention. Je me rendis hardiment chez le Pacha. Il me reçut au haut de l'escalier, me présenta à ses femmes, qui m'accueillirent avec beaucoup d'affabilité et me donnèrent un vrai festin en guise de souper.

Désireux d'accomplir sa promesse d'une façon à la fois noble et généreuse, il envoya chercher son secrétaire et lui enjoignit de rédiger le passe-port dans les termes que je lui dicterais.

— Écrivez, — dis-je, — que tous commandants de troupes et tous gardiens de routes ont l'ordre de laisser passer Fatmah-Hanum, de Kutayeh, retournant à Constantinople pour affaires et ayant l'intention d'y séjourner environ deux mois, et de lui donner aide et protection.

Le passe-port fut rédigé en conséquence, et le gouverneur, afin de tout arranger avec une munificence encore plus grande, me remit une bourse pleine d'or pour m'aider à payer les dépenses du voyage; il m'accorda en outre une escorte de quatre cavas.

Quand je fus de retour chez mon hôtesse, je trouvai mes guides plus morts que vifs ; ils s'attendaient à tout moment à être appréhendés au corps et traînés devant le Pacha. Je les fis venir aussitôt et leur donnai à lire le papier qui avait été rédigé pour moi ; ils ne pouvaient en croire leurs yeux. Le lendemain matin, je partis à la pointe du jour, et, après trois jours de marche, j'atteignis le golfe de Nicomédie, à un point appelé Dil-bash; de là, une espèce de barque me transporta directement à Constantinople, du côté de la Douane. Alors, je récompensai les cavas et les guides qui m'avaient accompagnée jusque-là, et leur remis une lettre de remercîments pour leur maître.

Aux approches de la ville, je fus accostée par un employé qui me demanda mes papiers.

— Si nous sommes si extraordinairement exigeants, — dit-il, — c'est parce que la femme d'un ministre d'État s'est enfuie de Konieh, et nous avons reçu des ordres très-rigoureux à l'égard des dames qui reviennent à Constantinople. Fatmah-Hanum, de Kutayeh, — ajouta-t-il en lisant mon passe-port, — c'est une marchande de ma connaissance (à ce moment il me regarda fixement). J'en ai entendu souvent parler. Ce n'est pas aujourd'hui la première fois qu'elle voyage pour affaires.

Tandis que le début de ce colloque m'avait remplie

de terreur, la conclusion m'excita fortement à rire, mais je me contins.

Au lieu de chercher l'hospitalité de quelque personne de haut rang, — car, dans ce cas, mon arrivée eût fait sensation, — j'allai chez une vieille femme que, au temps de ma prospérité, j'avais coutume d'employer pour qu'elle m'amusât en me racontant des histoires. Je lui donnai ce qui était nécessaire pour me meubler une chambre; puis j'écrivis à Fety-Pacha, qui, comme ambassadeur à Paris, m'avait autrefois accueillie avec tant de bienveillance, pour lui demander s'il pouvait m'arriver malheur dans le cas où ma retraite serait découverte. Il s'empressa de m'envoyer son secrétaire Yusuf, qui m'assura que je n'avais absolument rien à craindre. Yusuf était en même temps porteur d'une quantité de linge et de robes, sans compter une grosse somme d'argent, que Son Altesse mettait à ma disposition.

J'envoyai la femme chez laquelle je logeais s'enquérir de l'état des affaires publiques, car je ne savais à qui m'adresser avec quelque certitude d'être protégée. Elle ne put obtenir aucun renseignement positif ; alors je lui confiai une lettre pour Fehim-Effendi, un des parents de mon mari, qui s'était toujours montré animé de mauvais sentiments à mon égard ; je le priais de venir me voir, sans lui faire savoir qui j'étais.

Il vint donc, et fut profondément étonné de me voir.

— Comment êtes-vous venue ici? — s'écria-t-il. — Il est impossible que vous vous soyez sauvée de

Konieh sans rencontrer quelqu'un pour vous arrêter. Les routes étaient toutes gardées avec soin.

Comme je tenais surtout à ne compromettre personne en révélant comment j'étais venue, je répondis : —

— Rien n'a été plus aisé. Mon mari m'a envoyé un passe-port.

— Vraiment !... — repartit-il. — Quand je lui ai dit récemment que vous vous étiez enfuie de Konieh, il a souri malignement ; mais, — ajouta-t-il, — qu'avez-vous l'intention de faire ici ?

— J'ai, — dis-je, — l'intention de m'adresser à Rechid-Pacha et de le prier de réclamer de Mehemet-Pacha la restitution de mes biens.

— Ne faites pas cela, — s'écria-t-il d'un air alarmé ; — c'est maintenant le plus mortel ennemi de votre mari.

— Oh ! très-bien, — répliquai-je, — puisqu'ils sont en désaccord, il ne peut être question de lui écrire.

Alors il me dit que si seulement je voulais rester tranquille, Mehemet-Pacha ne trouverait rien de mieux que de me donner de temps en temps une petite somme pour m'aider à m'entretenir.

— C'est là, — dit-il, — ce que vous avez de mieux à faire.

Je feignis d'entrer dans ses vues, et pris congé de lui, enchantée d'avoir appris par lui que j'aurais en Rechid-Pacha un protecteur aussi actif qu'influent, et bien disposé pour moi.

Désireuse de découvrir ce qui avait eu lieu pendant mon absence et quel était l'état actuel des affaires, je demandais des nouvelles à toutes les personnes avec lesquelles je me trouvais en contact. Je vais rendre compte du résultat de mes investigations.

XX.

ÉVÉNEMENTS POLITIQUES. — KIBRIZLI-PACHA GRAND-VIZIR. — MARIAGE D'ALI-GALYB-PACHA AVEC LA FILLE DU SULTAN. — CONSÉQUENCES DÉPLORABLES DE CETTE UNION. — RIVALITÉ ENTRE RECHID-PACHA ET MEHEMET-ALI-PACHA.

Depuis mon départ de Konieh, Kibrizli-Pacha avait été nommé gouverneur d'Alep, ville extrêmement dangereuse par les dissensions perpétuelles qui existaient entre les Musulmans et les Chrétiens. En l'envoyant en Arabie, on espérait qu'il périrait; mais, contrairement à cette attente, il réussit à réprimer les deux factions avec une telle rigueur, emprisonnant, exécutant, et refusant tous les présents, que la tranquillité fut bientôt rétablie. Voyant cela, le Sultan le nomma au commandement de Damas.

Il ne demeura pas longtemps en Syrie; car il fut bientôt après nommé Grand-Vizir. Voici les circonstances qui amenèrent cette nomination.

La fille d'Abdul-Medjid était d'âge nubile, et les fils de quelques-uns des personnages les plus élevés aspiraient à la main de la jeune Princesse. Rechid-Pacha, et plus particulièrement sa femme, qui était excessivement fière, désiraient ardemment que leur fils Ali-Galyb-Pacha devînt le gendre du Sultan. Les autres ministres voulaient plaire au Grand-Vizir, et ils tâchèrent d'engager leur maître à donner la main de la Princesse au fils de leur collègue.

Après beaucoup d'insistance, le Sultan consentit à l'union proposée. Toutefois, Rechid-Pacha craignait que le peuple ne murmurât, si ce mariage avait lieu pendant qu'il était Grand-Vizir. En effet, on ne manquait pas de faire observer que le Sultan faisait tout ce que désirait son Vizir, et avait si peu de volonté, qu'il ne savait rien lui refuser, pas même sa fille. C'est pourquoi il envoya sa démission et fit nommer Kibrizli-Pacha à sa place.

Celui-ci fit les plus grands efforts pour seconder l'union que son prédécesseur avait tant à cœur, et les noces furent célébrées avec une grande pompe. La personne qui en fut le plus satisfaite, c'était la mère du jeune fiancé. Veuve d'un certain Ali-Pacha, un des plus cruels et des plus braves des Turcs qui se distinguèrent dans la guerre avec la Grèce; femme d'un Vizir illustre; devenue aujourd'hui belle-mère d'une Princesse, elle se voyait une des plus grandes dames de l'Empire.

Mais le mariage si vivement désiré n'eut pas les résultats favorables qu'en avaient espéré ses plus ardents promoteurs.

Les maris des Sultanes sont presque les esclaves de leurs épouses. Ils ne peuvent se présenter devant elles sans y être invités. Si la femme n'envoie pas chercher son mari, il faut qu'il reste dans le selamlik sans oser pénétrer dans le harem. Il peut lui arriver de passer la nuit, pendant toute une quinzaine ou plus, à dormir sur un divan dans les appartements des hommes.

Or, le jeune Pacha, bien que très-intelligent et profondément attaché à la Princesse, ne réussit pas à gagner ses bonnes grâces. Dans le cours d'un mois il passait à peine deux nuits dans le harem, état de choses qui lui causait un amer chagrin.

Une très-fâcheuse découverte vint mettre le comble à ses peines : il s'aperçut que sa femme avait une inclination pour le fils d'un ancien ministre. Ils correspondaient ensemble, et le pauvre mari avait des soupçons à cet égard, mais ne savait rien de certain. Un jour qu'on le supposait sorti, un eunuque arriva avec une lettre ; mais voyant le maître de la maison, il se retira à la hâte, sans la remettre. Le jeune homme alla aussitôt trouver son père, et lui dit quelle preuve il avait de la réalité de sa position malheureuse, dont il avait bien voulu douter jusqu'alors. Vous concevez ce qu'a dû être le chagrin de son père et de sa mère. Le père, sans retarder un instant, se rendit en toute hâte au palais, se présenta devant le Sultan, à qui il fit connaître la façon dont sa fille rendait son mari malheureux.

Abdul-Medjid, au lieu de blâmer sa fille, se déchaîna contre Rechid-Pacha.

— Comment ! — s'écria-t-il, — vous m'avez obsédé d'instances pour conclure ce mariage, et maintenant vous venez vous plaindre, et vous inventez je ne sais quelles accusations contre la Sultane. Allez, si vous ne voulez pas vous exposer à tout de mon ressentiment.

Le pauvre père, accablé d'un accueil auquel il ne s'était pas attendu, s'en retourna chez lui dans un état d'extrême consternation. La manière dont son souverain l'avait traité et le désappointement de son fils le plongèrent dans le désespoir et le poussèrent, avec d'autres causes dont je vais parler, à hâter sa fin.

Sa femme manifesta une vive indignation. Toute son affection se concentrait sur leur fils. Elle tâcha de le consoler par tous les moyens en son pouvoir. Il venait passer plusieurs heures chaque jour en sa société, s'efforçant d'oublier les peines que lui causait sa femme.

Près de trois mois s'étaient écoulés depuis la mort de son père, et il y avait trois semaines environ que la Sultane ne l'avait pas fait demander. Afin de chercher un peu de récréation, le jeune homme se détermina à aller passer la soirée à la maison de campagne d'un riche juif, nommé Camondo. Il monta donc à bord d'un bateau, et passa son temps agréablement dant la société du banquier et de ses hôtes.

Quand la nuit fut venue, il se rembarqua. Il naviguait pour revenir chez lui, lorsqu'un bâtiment à vapeur, apparaissant tout à coup, heurta et mit en pièces la frêle embarcation qui le portait; deux esclaves tâchèrent de sauver leur maître et périrent avec lui.

Le lendemain, sa mère, ne voyant pas son fils

comme d'ordinaire, attendit son arrivée dans la plus grande anxiété. Remarquant une agitation extraordinaire dans la maison, observant que les esclaves et les eunuques se parlaient bas et gardaient le silence à son approche, elle soupçonna la fatale nouvelle et s'évanouit. Quand elle rouvrit les yeux, elle était folle. Elle passa le reste de son existence, enfermée dans sa chambre, les pieds et les mains liés.

La Sultane, en apprenant la mort de son mari, manifesta une affliction véritable. Elle tomba malade, et fut longtemps à se rétablir. Quoiqu'elle n'eût jamais montré d'amour pour le Pacha, elle avait néanmoins un certain sentiment d'amitié pour lui. Abdul-Medjid, toujours bon, vint plusieurs fois la consoler. Le jeune homme qui était la cause première de tous ces malheurs, demanda au Sultan la main de sa fille; mais celui-ci ne voulut jamais consentir à cette union. Ce fut à un autre soupirant qu'il maria la Princesse, dont la conduite a été depuis lors irréprochable. Ayant vu les conséquences de sa première intrigue, elle ne désirait pas en former de nouvelles.

Pour ne pas interrompre le récit des funestes conséquences du mariage d'Ali-Galyb-Pacha, j'ai négligé de parler d'autres événements survenus depuis la célébration de cette alliance et antérieurs à la mort de Rechid-Pacha.

Après la nomination de Mehemet-Pacha comme Grand-Vizir sur la recommandation de Rechid, son ami et son protecteur, sa nouvelle femme montra de l'éloignement pour la femme de l'ancien ministre. Celle-ci, qui était extrêmement fière, fut profondément blessée des procédés d'une parvenue qui lui devait son élévation. De là naquit entre elles de la froideur, qui se changea bientôt en hostilité manifeste. Les deux femmes étant en querelle, l'intimité entre leurs maris en fut altérée. Mehemet-Pacha commença à suivre moins docilement les conseils de son prédécesseur, et ne tarda pas à lui dire qu'il entendait exercer ses fonctions suivant ses propres idées et non en se conformant aux instructions d'un protecteur, qui exigeait, pour prix de son appui, une obéissance incompatible avec la dignité du premier ministre de l'Empire.

Dès ce moment Rechid-Pacha, sans lui manifester une aversion ouverte, ne désira rien moins que la ruine de son ancien protégé. Une occasion s'offrit bientôt pour l'exécution de ses desseins.

Le beau-frère du Sultan, Mehemet-Ali-Pacha, avait à différentes époques emprunté de très-fortes sommes à son banquier, Djzaïrli-Oghlu. Les Orientaux, en guise de signature, au lieu d'écrire leurs noms, apposent simplement leur cachet. Chaque fois que le Pacha recevait une somme, il mettait son cachet sur le reçu. Le banquier, désirant être remboursé, présenta à Mehemet-Ali-Pacha un certain nombre de reçus, dont il demandait le paiement. Le Pacha objecta que le cachet qui figurait sur la plus grande partie des reçus n'était pas le sien, et qu'il avait l'intention de ne payer que ceux qui portaient le vrai cachet. Alors le banquier prétendit que son débiteur avait quelquefois employé un cachet différent de celui dont il se servait généralement, et réclama la protection de Rechid-Pacha, qui était l'ennemi déclaré de Mehemet-Ali-Pacha, avec qui le Grand-Vizir s'était lié intimement depuis qu'il avait refusé de se conformer plus longtemps aux ordres de son trop exigeant prédécesseur.

L'ancien ministre résolut de profiter de l'occasion pour frapper d'un seul coup et son ancien protégé et le nouvel ami de celui-ci. Il alla trouver Kibrizli-Pacha et lui remit les reçus en question.

— En vertu de vos fonctions, — lui dit-il, — vous êtes obligé de faire prévaloir la justice parmi les sujets du Sultan. Voici des pièces qui montrent que Mehemet-Ali-Pacha a reçu d'un *seraf* (banquier) des sommes d'argent très-considérables. Aujourd'hui il renie son propre cachet : c'est un abus auquel vous devez mettre fin.

— Ce cachet, — répliqua le Grand-Vizir, — n'a jamais été celui de Mehemet-Ali. Le banquier a fait un faux en apposant aux reçus que vous me montrez le cachet que vous prétendez être celui de son débiteur. D'ailleurs je sais Mehemet-Ali-Pacha incapable de faire tort à qui que ce soit, surtout à un homme auquel il a des obligations.

Rechid-Pacha n'aurait pu désirer une meilleure réponse. Il se rendit tout de suite auprès du Sultan.

— Mehemet-Ali, beau-frère de Votre Majesté, — dit-il, — a emprunté de l'argent à un négociant. Sachant qu'il lui serait probablement difficile de rembourser les fortes sommes qu'il a reçues, il a apposé aux reçus tantôt son cachet ordinaire, tantôt un autre cachet qu'il prétend aujourd'hui ne pas connaître. Mehemet-Pacha, votre Grand-Vizir et son ami, refuse de rendre justice au prêteur, en alléguant comme excuse que le Prince est incapable de renier son propre cachet et encore moins de se servir d'un cachet faux. Il ajoute que les papiers en litige ont été forgés par le négociant. Ceci, dans mon opinion, témoigne d'un degré de partialité fort regrettable. Ce serait un mauvais exemple que de laisser des personnes haut placées abuser de leur position en trompant des particuliers. Puisque Mehemet-Ali-Pacha est allié à la famille impériale, il ne doit pas être juge dans sa propre cause. Si l'on doit permettre à un homme de son rang de refuser de répondre devant une cour de justice à la demande d'un négociant, d'autres suivront son exemple, et nous verrons bientôt tous les fonctionnaires de l'État invoquer leur position élevée comme une excuse pour s'approprier les biens des négociants. Si vous voulez bien m'écouter, vous requerrez Mehemet-Ali-Pacha de comparaître devant le Divan pour se justifier. S'il refuse d'obéir à cet ordre, vous saurez quelles mesures prendre pour faire respecter votre souveraine autorité.

Le Sultan, touché des raisons avancées à l'appui de cette mesure politique, signa aussitôt un firman enjoignant à Mehemet Ali-Pacha de comparaître devant la Porte pour défendre sa cause contre le banquier.

Dès que Kibrizli-Pacha apprit ce qui s'était passé

et connut le firman adressé à son ami, il renvoya les sceaux officiels, insignes de sa dignité, et le Sultan les remit aussitôt à Rechid-Pacha.

XXI.

RECHID-PACHA INTERVIENT ENTRE MON MARI ET MOI. — PROCÈS DEVANT LA PORTE. — RECHID-PACHA EST REMPLACÉ PAR ALI-PACHA. — SERMENT. — MON SECOND EMPRISONNEMENT. — JE SUIS RELACHÉE.

Tel était l'état des affaires quand je revins de Konieh. J'allai voir le nouveau Grand-Vizir, et le priai de me faire rendre justice par Mehemet-Pacha. C'était une nouvelle occasion de tourmenter son rival ; aussi me fit-il un accueil favorable. Il me demanda si je désirais retourner auprès de mon mari ou réclamer la restitution de mes biens. Je répondis que, comme Mehemet-Pacha avait pris une nouvelle femme, aucune réconciliation entre nous n'était possible ; je demandais donc la restitution de ma fortune.

— Très-bien, — dit le ministre, — faites-le citer à comparaître devant la Porte. S'il refuse de comparaître, revenez me voir.

En me disant cela, il me remit une bourse pleine d'or pour m'aider à attendre la décision de ma cause.

J'envoyai plusieurs fois les messagers de la Cour. Ils furent repoussés brutalement par les domestiques de Mehemet-Pacha. C'est pourquoi je fus obligée de retourner chez le ministre, à qui les citations avaient été aussi envoyées. Le Grand-Vizir informa le Sultan de ce qui était arrivé, et lui fit signer un firman ordonnant à mon ancien mari de répondre à la demande que j'avais présentée contre lui devant la Porte. Le rescrit impérial fut porté au défendeur par un des chambellans de Sa Hautesse.

Il serait impossible de dire quel trouble occasionna, dans la maison de Mehemet-Pacha, la réception de l'ordre royal. La nouvelle femme du Pacha, le Pacha lui-même, Bessim-Bey, son beau-frère, qui se flattait de m'avoir apaisée par ses promesses dérisoires, tous furent dans la consternation et se crurent perdus. Le lendemain, Fehim-Effendi, un des parents de mon mari, vint chez moi, et, d'un ton très-obséquieux, offrit de me donner tout ce qu'il me plairait de demander. Je n'avais qu'à présenter l'état de mes réclamations, et il y satisferait sans retard.

— Aussitôt que vous serez satisfaite, — dit-il, — vous me donnerez une déclaration portant que vous n'avez plus d'autre réclamation à faire. Mehemet-Pacha pourra la présenter au Divan, lorsqu'il y comparaîtra.

Après le zèle que Rechid-Pacha avait déployé en ma faveur, je ne pouvais lui jouer le mauvais tour de faire supposer qu'il avait engagé son maître à signer un firman sans aucun but : ce qu'on ne pourrait manquer de croire, si Mehemet-Pacha, en comparaissant pour obéir au décret, avait remis un papier de la nature de celui qu'il voulait obtenir de moi. Il pouvait s'ensuivre que le Grand-Vizir serait destitué de ses fonctions par suite d'un tel incident ; mais qu'il conservât ou perdît son pouvoir, je n'en serais pas moins exposée au ressentiment d'un homme qui s'était montré plein de bonté pour moi. Je repoussai donc les propositions qui m'avaient été faites.

La cause fut appelée, et, par l'entremise de mon avocat, je fournis un état des bijoux, des diamants, des effets d'habillement, des meubles, des voitures, etc., composant mes biens personnels et comprenant tout ce que je possédais par moi-même ainsi que les présents qui m'avaient été faits : le tout montant à plus de quatre millions de piastres (un million de francs). Malgré tous les subterfuges que l'agent de mon mari put employer, son client reçut l'ordre de me restituer tout ce que je réclamais. Quand la décision fut prononcée, je demandai seulement, afin d'en assurer l'exécution dans les trois jours, l'approbation du Sheik-ul-Islam ou suprême dignitaire religieux, attendu que les décisions en matière civile sont rendues par interprétation du Koran.

Mais le procès en était là, lorsque survint un revirement politique qui renversa cette belle perspective et donna la haute main à mes adversaires. En vingt-quatre heures, de plaideuse triomphante que j'étais, je fus réduite à la condition de victime du despotisme.

Rechid-Pacha, satisfait d'avoir administré ce rude coup à mon mari, résolut de frapper son autre rival, Mehemet-Ali, dont l'affaire avec le banquier était encore pendante, et qui, malgré le firman impérial lui imposant les ordres du Sultan, n'avait point comparu devant la Porte pour répondre à la réclamation présentée contre lui par son banquier, Djezaïrli-Oghlu. Le Grand-Vizir s'empressa d'informer le Sultan de cette circonstance, en représentant la désobéissance du Prince comme un acte de rébellion du plus dangereux exemple contre l'autorité suprême du Sultan, et obtint un ordre de bannissement contre Mehemet-Ali-Pacha, qui était sur le point de se retirer pour se reposer, quand ses domestiques vinrent le prévenir que le palais était entouré de troupes, et qu'un officier le demandait de la part du Sultan. Il descendit, fut arrêté, rudement appréhendé, et traîné à bord d'un bâtiment à vapeur qui n'attendait que lui pour prendre la mer.

La sœur du Sultan se rendit le lendemain matin au palais ; mais son frère refusa de la voir. Sachant combien il était peu capable de rien refuser aux femmes, il craignait de courir le risque d'écouter les supplications de la Princesse. Elle ne se découragea pas ; elle fit agir tous les moyens d'influence qu'elle avait à sa disposition, et, avant la fin du jour, elle obtint du Sultan, qui était indigné de la manière dont on avait abusé de son autorité, et de la haine déployée par son Grand-Vizir, l'envoi d'un navire chargé de ramener Mehemet-Ali-Pacha.

En apprenant cette nouvelle, Rechid-Pacha se démit de ses fonctions. Ali-Pacha, ami de l'exilé d'un jour et de mon mari, fut choisi pour occuper la place du Grand-Vizir démissionnaire, et Mehemet-Pacha fut nommé président du Tanzimat, cour suprême d'appel récemment établie sur la demande des puissances européennes.

Le Sheik-ul-Islam, voyant ces changements, refusa de ratifier la décision prononcée en ma faveur sous le Grand-Vizir tombé. Je fus obligée de recommencer le procès; mais le défendeur, Kibrizli, en vertu d'un privilége attaché à son rang, avait le droit d'être cru sur serment relativement à ma demande. Il se déclara prêt à jurer que presque tout ce qui m'appartenait était la propriété de ma fille, âgée alors de huit ans. Il ne reconnaissait pas mes réclamations pour plus de trente mille piastres (environ sept à huit mille francs).

Le jour où le serment devait être prêté, je fus conduite chez le Pacha, chez lequel les plus hauts dignitaires de l'Empire étaient assemblés, pour assister à la prestation du serment. Sur une table étaient déposés de nombreux papiers et un exemplaire du Koran, sur lequel le Pacha allait jurer. Quand j'entrai, au lieu de m'incliner devant Kibrizli, qui était maintenant mon adversaire, je me contentai de saluer les assistants, et pris place en face de lui. Lorsque je fus invitée à exposer mes réclamations, je me levai et réprimandai aigrement Mehemet-Pacha pour le parjure qu'il était prêt à commettre.

— Je n'aurais jamais pensé, — m'écriai-je, — qu'un homme qui occupe votre haute position viendrait aujourd'hui prêter serment au sujet des pauvres ornements d'une femme. Comment pouvez-vous vous abaisser jusqu'à prétendre que des colliers, des bracelets, des robes, et des boucles d'oreille vous appartiennent ?

A ces paroles, le Pacha, transporté de fureur, se leva et s'élança sur moi, en criant : —

— Mon sabre, que je tue cette misérable qui ose ainsi m'insulter !...

— N'hésitez pas, — dis-je, sans montrer la moindre émotion. — Pour achever, il ne vous reste qu'à m'assassiner.

Plusieurs personnes se jetèrent alors sur lui et le retinrent.

— Laissez-le, — ajoutai-je. — Il m'a abandonnée lâchement ; mais il n'oserait pas commettre une lâcheté en ma présence.

Cette scène violente finit par l'intervention du Sheik-ul-Islam, qui nous fit éloigner hors de la portée l'un de l'autre.

Le lendemain, vers le lever du soleil, ma maison à Sari-Guzel fut entourée par un détachement d'hommes de la police, qui entrèrent de force et me contraignirent à les suivre. Une voiture m'amena tout droit au bureau du ministre de la police, où je fus emprisonnée. La raison qu'on me donna de cet acte arbitraire fut que c'était une punition du manque de respect que je montrais pour un vizir du Sultan.

Mon emprisonnement dura cinq à six jours, et la manière dont il se termina fut assez bizarre. Les employés du ministre me donnèrent à entendre que le seul moyen d'obtenir ma liberté était de signer une déclaration par laquelle je renoncerais à tous mes biens et accepterais les conditions que m'imposait mon mari.

— Réfléchissez à ce que vous avez à faire, — me dirent-ils ; — si vous montrez de l'obstination, le Pacha vous fera partir de nouveau pour Konieh.

— Je suis dans vos mains, — répliquai-je, — vous pouvez faire de moi ce que vous voudrez...

Or, le dernier jour de mon emprisonnement, je fus conduite sous escorte à la Cour, et là je fus contrainte de signer un mandat, en vertu duquel je reconnaissais avoir accepté avec gratitude tout ce que le Pacha avait consenti à me donner. Une fois cette signature extorquée, l'agent de police quitta la Cour, me mettant ainsi en liberté.

Le Sheik-ul-Islam m'envoya dans la journée ce qui m'avait été alloué par une décision sans appel, c'est-à-dire sept mille cinq cents francs et la pension extrêmement modique qu'il avait plu à mon mari de m'accorder : seulement cinquante francs par an !

Je dois dire ici pourtant que c'est la jalousie plus que la lésinerie qui poussait Kibrizli-Pacha à me refuser ce à quoi j'avais droit. Il craignait qu'une fois en possession de mes biens, je partisse pour l'Europe. L'idée que je montrerais mon visage aux Giaours le rendait fou.

XXII.

JE QUITTE CONSTANTINOPLE ET VAIS RÉSIDER A JALOVA. — JE RENCONTRE UN VOLEUR DE GRANDS CHEMINS. — MALHEUREUSE SITUATION DES HABITANTS DE LA CAMPAGNE. — TYRANNIE DES MUDIRS.

Après le règlement de mon procès, de la manière ci-dessus mentionnée, j'allai habiter à Jalova. C'était très-agréable, après toutes les peines que j'avais éprouvées, de m'éloigner à une petite distance du théâtre de mes souffrances. Séparée d'un mari auquel j'avais voué une affection sans bornes, séparée également et pour toujours, comme je le croyais, d'une fille bien-aimée, privée de fortune et déchue d'une position du rang le plus élevé, je trouvai que la retraite m'était nécessaire.

Jalova est une ville située sur le golfe d'Ismid, seulement à trois heures de voyage en bateau à vapeur de Constantinople. J'achetai une maison et quatre chevaux, et engageai une femme pour faire le ménage et un domestique mâle pour panser les chevaux et me servir. Dans le voisinage, qui était agréablement varié par des collines du plus charmant aspect, il y avait plusieurs villages que je me proposai de visiter. Accompagnée de mon domestique, je voyageais sans crainte la nuit aussi bien que le jour. Les avertissements des mudirs, qui tâchaient de me rendre plus circonspecte en me racontant combien la campagne était infestée de voleurs, ne me retenaient pas le moins du monde. L'exercice m'était indispensable pour bannir les pensées de désespoir qui, sans cela, eussent été la mort pour moi.

Dans ma retraite, je gardai toujours quelques relations avec la capitale. Rechid-Pacha, et, après sa mort, les ministres de son parti, m'écrivaient souvent. Une vieille dame prit aussi soin de me donner des nouvelles de ma fille, dont le sort m'inspirait de vives inquiétudes, abandonnée qu'elle était à une femme qui ne pouvait que la haïr et qui paraissait redouter ma vigilance, à un tel point qu'elle avait pris toutes les mesures les plus rigoureuses pour me priver de la possibilité de voir mon enfant, à qui elle me faisait passer pour morte.

Jusqu'alors, ma vie s'était écoulée dans les sphères les plus élevées. Excepté lors de mon excursion chez les Druses et les Bédouins, j'avais été rarement en contact avec le peuple. C'était donc chose entièrement nouvelle pour moi que de me trouver au cœur de la campagne et d'observer les habitants. Je visitai successivement tous les villages du voisinage ; quelquefois je restais vingt jours sans retourner chez moi. J'étais partout accueillie avec une cordialité et un respect tout à fait touchants. Ces bonnes gens, sachant qui j'étais, faisaient de leur mieux pour être hospitaliers. Mon arrivée dans un endroit était annoncée d'avance, et les plus riches habitants se disputaient l'honneur de me recevoir. Partout où je me présentais, je trouvais toujours un logement et un repas préparés pour moi.

Malgré les craintes qu'on avait essayé de m'inspirer, je ne fus jamais attaquée par des personnes mal intentionnées. C'eût été cependant une entreprise avantageuse que de me voler; car, d'ordinaire, je portais la plus grande partie des biens qui me restaient dans un sac accroché à ma selle. Une nuit, comme j'allais à Sulus, village dont j'avais entendu vanter les attraits, je gravissais une montagne, de l'autre côté de laquelle se trouvait l'endroit que j'allais visiter. Mon domestique fut obligé de mettre pied à terre et de conduire mon cheval, et ce fut avec difficulté qu'il put lui faire faire la montée. Tout à coup apparut devant moi un cavalier, coiffé d'un grand turban, ayant un fusil à la main, un sabre au côté, et la ceinture garnie de pistolets. Trapu et d'une taille moyenne, le visage couvert d'une barbe noire et touffue, les membres puissants, tout en cet homme indiquait une force plus qu'ordinaire. A cette vue, mon domestique se mit à trembler des pieds à la tête et put à peine continuer de guider mon cheval. Pour ma part, j'attribuai sa contenance à l'effet d'un long et pénible voyage. Le cavalier dont j'ai parlé s'approcha de nous, me regarda attentivement, et vit tout de suite, à mon costume, que j'étais étrangère à la contrée.

— Soyez la bienvenue, madame! — s'écria-t-il à haute voix.

— Dieu vous protége! — répliquai-je. — Vous êtes, à ce qu'il paraît, un habitant de ces environs?

— Oui, — dit-il, — j'habite sur cette montagne; mais il me semble que vous, vous n'appartenez pas à la contrée?

— Non, — repartis-je, — je suis de Constantinople, et, depuis quelque temps, je suis venue résider à Jalova; mais on m'a tellement recommandé Sulus, que je suis en route pour cet endroit. Cependant, la nuit est si sombre que je ne sais si je pourrai y arriver aisément.

— Si vous voulez souffrir que je vous accompagne, — dit mon étrange interlocuteur, — je connais dans ce village un prêtre grec chez lequel j'offre de vous conduire.

J'acceptai; il marcha devant, et bientôt nous arrivâmes à notre destination. Mon guide frappa violemment à la porte, et le prêtre vint aussitôt ouvrir.

— Père, voici une dame que je vous amène : prenez soin d'elle; j'insiste là-dessus, — ajouta-t-il d'un ton menaçant.

Le pauvre prêtre nous pria d'entrer, me donna sa meilleure chambre pour me coucher, éveilla sa femme et ses filles, et leur ordonna de préparer à souper, tandis qu'il mena lui-même nos chevaux à l'écurie.

— Madame, — s'écria mon domestique, dès qu'il fut seul avec moi, — je ne comprends pas votre but en vous livrant aux mains d'un voleur. Si vous voulez périr, cela vous regarde personnellement; mais vous ne devriez pas me mettre dans un pareil guêpier.

— Prenez courage, — lui dis-je, — je ne sais si cet homme est ou non ce que vous croyez; mais s'il avait de mauvaises intentions, il les aurait déjà mises à exécution. Il n'y a rien à craindre de lui.

Bientôt après notre hôte entra.

— Comment se fait-il, madame, que vous ayiez rencontré l'homme qui vous a amenée ici?

— Il nous a accostés sur la montagne, — répondis-je, — et quand je lui eus dit que je désirais me rendre à Sulus, il m'a conduite chez vous.

— Vous ne savez pas, — dit le prêtre, — que cet homme est notre ruine. Il vit dans un antre aux environs, et vient à l'improviste, de temps en temps, chez l'un ou l'autre des habitants demander ce qui lui plaît : de l'argent, de l'huile, ou de la soie. Comme on le connaît pour un hardi scélérat, on s'empresse de le satisfaire. Bien des fois les autorités ont envoyé des troupes après lui ; mais elles n'ont jamais pu s'en emparer. Il a un flair étonnant pour éviter de se rencontrer avec les Zaptiés quand, une fois que ses déprédations ont dépassé toutes les bornes, on les envoie à sa recherche. Aussitôt qu'ils se sont retirés, il exerce les plus atroces vengeances contre ceux qu'il soupçonne de s'être plaints de ses méfaits.

Je partageai le repas que les filles de mon hôte avaient préparé pour moi ; ensuite survint mon ami le brigand.

— Êtes-vous satisfaite de l'accueil qui vous a été ait? Avez-vous quelque plainte à faire? — demanda-t-il.

— Au contraire, — dis-je, — je suis entièrement

satisfaite, et je ne sais comment vous remercier de m'avoir amenée dans la société de gens si obligeants.

Puis il s'assit près de moi et se mit à débiter le récit suivant : —

— Je vis sur le sommet de la montagne, avec une jeune fille que sa mère m'a refusée et que j'ai enlevée, il y a cinq ans. Nous sommes très-heureux et à l'aise ; elle m'a donné plusieurs enfants. J'ai un beau jardin, et quand il vous plaira de reprendre vos voyages, j'espère que vous me ferez l'honneur d'une visite. Je vous assure que vous ne vous en repentirez pas ; je vous montrerai tout ce que je possède, et vous emporterez tout ce que vous voudrez. Voulez-vous venir me voir demain?

— Je ne puis y aller si tôt, — répliquai-je. — On sait où je suis. J'ai envoyé dire à Jalova que je reviendrais demain, et si je retarde, on enverra sur-le-champ à ma recherche ; mais lorsque je reviendrai dans ces environs, j'irai vous voir.

Je parlais ainsi afin de lui inspirer la crainte que la police serait envoyée à sa poursuite, s'il osait m'attaquer. Il n'insista pas, mais se retira. Le lendemain matin, de bonne heure, je montai à cheval, et, après avoir admiré la beauté de certaines cascades qui tombaient en bas du versant de la montagne en faisant grand bruit, je suivis le bord de la mer pour m'en retourner à Jalova. Lorsque je me vis près de l'eau, je ne fus pas exempte d'inquiétude; car si l'idée eût pris à mon obligeant voleur de se jeter sur moi à cet endroit, il eût pu facilement me tuer, me voler, et me lancer à la mer.

C'est avec une satisfaction considérable que je rentrai saine et sauve chez moi.

Je fis tous mes efforts pour me rendre agréable aux villageois au milieu desquels je vivais. J'intervenais volontiers entre eux et les mudirs devant lesquels ils étaient assignés. Ces fonctionnaires, connaissant dans quel termes j'étais avec quelques-uns des ministres, avaient du respect pour moi et obtempéraient à toutes mes demandes. Ils allèrent donc jusqu'à m'envoyer des présents d'une valeur considérable, dans la crainte que je n'invoquasse quelque autorité supérieure pour prendre connaissance de leurs actes.

Les motifs ordinaires de mon intervention résidaient dans les poursuites intentées au peuple pour le recouvrement des impôts, et, généralement, je forçais ses persécuteurs à lui accorder un temps raisonnable pour le payement.

Les deux principales branches d'industrie auxquelles se consacraient les habitants sont : la culture de l'olivier et la fabrication de l'huile, l'élève des vers à soie et le dévidement des cocons. Les deux produits sont prêts pour le marché à peu près vers la même époque, quinze jours ou un mois après la date de l'échéance des impôts. Les mudirs portés à la bienveillance, attendent patiemment la vente des marchandises avant de demander aux contribuables ce qu'ils doivent au *mahlieh* (trésor). Ceux qui agissent ainsi sont aimés des gens dépendant de leur juridiction; mais ils se trouvent réduits seulement à leurs salaires ; aussi sont-ils rares.

La grande majorité de ces fonctionnaires se conduisent de la façon suivante : aussitôt que l'huile est extraite, avant qu'elle soit assez clarifiée pour être mise en vente, et lorsque les cocons sont prêts à être dévidés, ils envoient leurs cavas avec un ordre de payer sur-le-champ. Les pauvres créatures auxquelles s'adresse cette demande de payement, n'ayant précisément alors aucune de leurs ressources réalisées, voient leurs produits saisis et vendus à l'encan, pour un prix d'une absurde insuffisance, à des usuriers qui s'entendent d'avance avec le mudir pour tirer profit de ces saisies. Ces mécréants promettent une somme fixe à ce fonctionnaire pour l'engager à opérer ces ventes iniques. Ils conviennent entre eux de ne point se faire de concurrence, et ils sont bien sûrs que les gens de la campagne, étant très-pauvres, n'ont pas d'argent disponible pour racheter, par un procédé légal, ce dont ils ne peuvent empêcher la saisie. Il y a même des fonctionnaires d'une injustice assez monstrueuse pour tout faire vendre, y compris les meubles, les casseroles et les ustensiles d'agriculture appartenant aux pauvres, qu'ils réduisent ainsi à la mendicité.

Les contribuables ne peuvent parvenir à se faire écouter des autorités supérieures. Dans le voisinage de Constantinople, les mudirs sont tous des domestiques, des secrétaires ou des valets des ministres en fonctions, qui leur donnent ces places pour récompenser leurs services. Les plaintes des habitants ne sont l'objet d'aucune attention de la part des ministres, naturellement disposés à favoriser leurs anciens serviteurs, entretenus qu'ils sont dans ces dispositions par de constantes fournitures de beurre, de soie, de fruits, de légumes, extorqués aux paysans. Dans les provinces, la distance est un obstacle de plus, auquel il faut ajouter que les demandes, pour parvenir aux oreilles des ministres, doivent passer par les *walis*, qui sont tous plus portés à favoriser leurs subordonnés que les plaignants.

Je m'amusais quelquefois, après le repas du soir, à m'asseoir dans une maison rustique, devant le grand feu autour duquel s'assemblaient les grossiers mais paisibles habitants de la campagne, pendant qu'ils m'offraient l'hospitalité. Ce fut en pareille occasion qu'ils m'exposèrent, avec une émouvante simplicité, les souffrances qu'ils avaient à endurer de la part de leurs oppresseurs.

— Nous voyons parfaitement bien, — dit mon hôte, agriculteur aisé et ouvrier infatigable, — que nous n'avons rien à espérer. Le Sultan ne veut que le bien de son peuple ; mais il est entouré de subordonnés qui nous dépouillent de l'or gagné au prix de nos larmes et de nos labeurs.

— Il ne sert à rien de gémir sur tout cela, — répliqua un brave et robuste bûcheron nommé Hussein. — Il peut arriver quelque chose de pire. Les Giaours peuvent venir s'emparer de notre pays.

— Eh bien ! pensez-vous qu'ils nous traiteront plus mal que nous le sommes ? Au contraire, craignant que nous ne nous révoltions, ils tâcheront de se concilier notre bon vouloir, et nous gouverneront avec bien plus de bienveillance que nous ne sommes gouvernés maintenant.

— Mais, — dit un autre, qui était un ferme musulman et un pèlerin de la Mecque, — ils essayeront de nous faire chrétiens et nous persécuteront à cause de notre religion.

— Il est vrai qu'ils ont notre croyance en horreur, — fit observer mon hôte, — mais ils savent que notre foi est tout pour nous. Ils craindront de devenir nos ennemis mortels en attaquant ce que nous avons le plus à cœur. Les Anglais laissent leurs sujets musulmans pratiquer leurs rites sans être inquiétés ; les Russes, aussi, n'essayent jamais de convertir les Tcherkesses, les Circassiens, et les autres musulmans qui habitent leurs possessions.

J'étais fort étonnée, comme on peut facilement le supposer, d'entendre ces paysans raisonner de cette façon sur des sujets auxquels je les aurais crus étrangers ; mais le désir d'améliorer sa condition tend à éclairer les intelligences les plus bornées.

XXIII.

MORT D'ABDUL-MEDJID. — KIBRIZLI-PACHA FAIT MONTER ABDUL-AZIZ SUR LE TRONE. — PORTRAIT DU SULTAN. — CONSÉQUENCES DE LA PROTECTION ACCORDÉE PAR LES CONSULS. — DISGRACE DE MEHEMET-PACHA.

Il y avait cinq ans que j'habitais à Jalova ou dans le voisinage, quand j'appris que le Sultan Abdul-Medjid était malade. Kibrizli-Mehemet-Pacha, mon mari, était Grand-Vizir, et l'on craignait qu'une révolution n'éclatât à la mort du Sultan. Les ministres en disgrâce complotaient pour mettre sur le trône le Prince Mourad-Effendi, fils d'Abdul-Medjid. Ils agissaient ainsi au mépris de la loi musulmane, qui conférait la souveraineté au frère du Sultan mourant, c'est-à-dire au Prince Abdul-Aziz, dont les dispositions en faveur de Mehemet-Pacha et de son parti étaient bien connues.

Je retournai à Constantinople afin d'être en position de profiter du nouvel ordre de choses qu'un changement de règne ne pouvait manquer de produire. En même temps Mehemet-Pacha prenait ses mesures pour assurer les droits de l'héritier légitime. Les chambellans lui étaient dévoués. Très peu de personnes pouvaient réussir à pénétrer dans la chambre du malade, dont l'état était beaucoup plus grave qu'on ne le laissait savoir. La nouvelle Sultane Valideh, mère d'Abdul-Aziz, en était informée; et le Prince, son fils, se tenait préparé à toute éventualité. Ce fut dans la soirée que le Sultan rendit le dernier soupir, et la nouvelle en fut tenue secrète toute la nuit. Le lendemain matin, le public ne l'apprit qu'en entendant les chants funèbres entonnés par les muezzins au sommet des minarets, et en voyant le Prince Abdul-Aziz se rendre à la mosquée pour être proclamé Sultan.

Le nouveau Sultan, en prenant le pouvoir, se montra animé des meilleures intentions. Il désirait remédier aux abus qui l'avaient profondément affecté pendant qu'il n'était qu'un simple particulier. Son avénement fut salué comme le présage d'une ère de prospérité pour la Turquie. Il était connu pour sa bonté, sans jamais la faire dégénérer en faiblesse, comme le faisait son prédécesseur. On savait qu'il avait mené une vie retirée, qu'il n'avait épousé qu'une femme, à laquelle il avait promis de n'en jamais prendre d'autre qu'elle; que ses goûts étaient simples, et ses dépenses modérées sans avarice; et après la prodigalité excessive d'Abdul-Medjid, cette dernière qualité était tout particulièrement appréciée. On croyait qu'il s'occuperait lui-même des intérêts de son peuple en toute indépendance, sans céder à l'influence du Sérail. Sa mère, la Sultane Valideh, avait un profond dégoût des affaires, et il regardait toutes les femmes avec une égale indifférence.

Il commença par loger dans le Vieux Sérail toutes les femmes de son prédécesseur et mit fin à leur conduite désordonnée; ensuite il s'occupa d'améliorer la condition des troupes. Il voulait voir se faire ponctuellement la distribution des vivres ; la solde se payer à son jour; les habillements des soldats faits de bonnes étoffes; le pain et les autres provisions de bonne qualité. Tous les ministres étaient consternés. Ils voyaient les fournisseurs, avec lesquels ils avaient des accords particuliers pour sanctionner le gaspillage, contraints d'exécuter fidèlement leurs marchés avec le gouvernement.

Cependant, quelque temps après son avénement au trône, sa sœur lui ayant fait présent d'une jeune esclave, Abdul-Aziz ne put refuser un tel cadeau, car ce refus lui eût créé une ennemie mortelle. Plus tard, frappé des charmes d'une autre esclave, il en fit aussi son odalisque. Actuellement il a trois femmes : ce n'est pas beaucoup, comparativement au brillant et nombreux Sérail entretenu par son prédécesseur. Toutefois les femmes et les odalisques du Sultan mènent une vie très-simple ; leur luxe n'excède pas de beaucoup celui des femmes des ministres. Abdul-Aziz trouve son plus grand plaisir à faire des excursions à bord d'un bâtiment à vapeur. Deux fois par mois il va passer deux à trois jours seul dans une petite maison de campagne qui lui appartient, sur le bord de la mer, à deux ou trois lieues de la capitale : ce qui lui fournit l'agrément de faire un court voyage. Quand il n'était que l'héritier du trône, il avait coutume de passer presque tout son temps à bord d'un yacht de plaisance, sur lequel il faisait de fréquents voyages qui duraient plusieurs jours.

Comme c'est l'habitude en prenant possession du trône, Abdul-Aziz fit remeubler ses palais. Cet ameublement sur une telle échelle est une entreprise importante, et doit occasionner une dépense de plusieurs millions au profit des gens chargés de faire cette commande ou des marchands de meubles. Cet incident nous fournit une occasion de signaler par quels moyens les Européens parviennent, grâce à la protection de leurs ambassadeurs et de leurs consuls, à faire une fortune rapide en Orient.

Quiconque offre la plus forte somme au ministre chargé de la fourniture, obtient le marché, qui est ordinairement signé sans être lu ; Son Excellence ne veille qu'à une seule chose : combien il doit recevoir. Le mobilier, d'une valeur de cinq à six cent mille francs, est acheté à Paris ou à Lyon, au compte du Sultan, par le fournisseur, et celui-ci présente une facture de quatre à cinq millions, laquelle est approuvée par le ministre.

Le fournisseur, à force de demandes réitérées, obtient le payement d'à-comptes, s'élevant à sept ou huit cent mille francs, probablement le prix coûtant des meubles et la remise due à l'auguste signataire. Celui-ci refuse de payer davantage, allègue la pauvreté du Trésor, fait valoir que payer une somme aussi forte que celle qu'on réclame le compromettrait, que dans peu de temps il sera à même d'acquitter d'autres à-comptes, etc. Alors le fournisseur attend un changement de ministres. Aussitôt qu'un nouveau Vizir est nommé, il va le voir et demande le payement du reste de son compte. Son Excellence se met en colère, déclare que celui qui a approuvé un tel compte a participé au vol le plus inique.

— Il n'est pas possible, — dit-il, — de payer une somme aussi énorme que celle qu'on réclame pour une chose d'aussi peu de valeur que les meubles qu'on a fournis.

Si le créancier est Anglais, il s'adresse à son ambassadeur ou à son consul, qui se met en communication avec le gouvernement de la Porte et proteste contre la conduite du nouveau ministre.

— Il est impossible, — dit l'agent diplomatique, — d'admettre qu'une réclamation doive être repoussée sous le prétexte qu'elle a été approuvée par un Vizir qui n'est plus en fonctions. C'est un vol. Le gouvernement que je représente ne saurait souffrir que la Porte traite avec un tel mépris les intérêts des Anglais qui sont établis en Turquie.

Malgré tous ses efforts, le ministre ottoman est obligé de céder et de satisfaire à une réclamation présentée d'une façon si péremptoire. Il va sans dire que l'affaire se termine enfin à l'amiable, et le ministre et le drogman y gagnent chacun leur petit pourboire.

Abdul-Aziz ténait le sceptre depuis deux mois et était toujours animé d'un zèle ardent pour la répression des abus. Riza-Pacha, ministre de la guerre sous le règne précédent, était accusé de nombreuses malversations ; de plus il avait fait tous ses efforts pour faire nommer le Prince Mourad successeur de son père, au détriment du nouveau souverain. Le Sultan le somma de restituer diverses sommes considérables, dont il lui fit connaître le montant. Riza-Pacha s'enferma chez lui et refusa de rien payer. Alors le Sultan le nomma gouverneur de Smyrne, comme un moyen d'éloigner le coupable à une certaine distance de Constantinople, où sa richesse lui avait gagné un grand nombre d'amis ou de complices intéressés à le soutenir et bien capables de causer des troubles, si l'on tentait de s'emparer de force de la personne de leur protecteur.

Riza-Pacha fut obligé d'obéir; mais il partit tout à fait à contre-cœur. Au bout de quelques jours de séjour à Smyrne, il reçut l'ordre d'aller en exil; au lieu de s'y soumettre, il se réfugia à bord d'une frégate française. Le Sultan demanda son extradition au gouvernement français, dont il était l'allié. On répondit qu'on livrerait le prisonnier, mais seulement à condition que des poursuites seraient intentées contre tous les anciens ministres, attendu que Riza-Pacha n'avait agi qu'en se conformant à leurs procédés habituels.

Très peu de temps après, les ennemis de Mehemet-Pacha réussirent à le priver de la haute position qu'il avait occupée jusqu'alors. On insinua au Sultan que son Grand-Vizir se considérait comme le véritable maître de la Turquie. S'il fallait l'écouter, disait-on, on supposerait que c'est à lui seul que le Sultan doit son trône, et qu'il serait tout à fait incapable de le garder sans l'appui puissant de son serviteur. Fuad-Pacha, qui était l'auteur de ces rumeurs, hérita de la position du personnage à la disgrâce duquel il avait travaillé.

Le Sultan, perpétuellement assailli de la crainte d'une conspiration, était déterminé à ne pas laisser à Mehemet-Pacha la possibilité de se joindre aux factions mécontentes. Il lui intima l'ordre de se rendre sur-le-champ à Andrinople. Sous Abdul-Medjid un ordre semblable recevait rarement son exécution à la lettre; on regardait comme suffisant que l'individu auquel il était adressé s'enfermât dans son palais et eût soin de ne se mêler à aucune intrigue politique; s'il suivait strictement cette ligne de conduite, on le laissait tranquille. Le nouveau Sultan, passant par hasard devant le palais de Mehemet-Pacha, deux jours après que l'ordre de son départ eût été donné, s'indigna vivement de le voir encore habité. Il envoya au ministre disgracié un message, le prévenant que le surlendemain un bateau à vapeur serait prêt à le recevoir. Le Pacha fut contraint d'obéir; il emmena avec lui sa femme, mais laissa ma fille Aïsheh, qu'il avait mariée à Shevket-Pacha, fils de ma rivale. Cet exil à Andrinople dura deux ans.

XXIV.

POSITION D'AISHEH. — CONDUITE DE FERIDEH. — ÉDUCATION DE FAMILLE. — VIE DE FAMILLE.

Comme j'ai déjà eu occasion de le raconter, lorsque j'avais été séparée de mon mari, j'avais laissé avec lui un fils et une fille. Ma fille s'appelait Aïsheh-Hanum; elle était dans sa huitième année quand arriva la catastrophe qui nous sépara. Son sort fut aussi cruel que le mien, je puis même dire qu'il fut pire ; car moi, quoique dans l'exil et dans la pauvreté, je jouissais encore d'une certaine liberté d'action. Ma malheureuse Aïsheh tomba entre les mains d'une belle-mère, dont la cruauté et la méchanceté surpassaient de beaucoup celles qu'on attribue universellement aux belles-mères en général. Cette quintessence des qualités mauvaises avait nom Ferideh-Hanum ; son premier mari avait été un certain Rechid-Effendi, écrivain renommé, connu pour son ivrognerie. La méchanceté de l'une et l'ivrognerie de l'autre rendirent impossible l'accord entre ce couple mal assorti ; aussi cherchèrent-ils à recouvrer la liberté et la tranquillité au moyen d'un divorce. De ce mari, Ferideh avait un fils, nommé Shevket, qui l'accompagna dans sa nouvelle demeure ; elle tâcha de le faire reconnaître comme le fils adpotif de Son Altesse.

Ferideh, une fois installée chez mon mari, chercha, par tous les moyens possibles, à y établir son autorité. Elle manquait entièrement des grâces et de la beauté ordinaires à son sexe; à défaut de ces qualités, elle avait recours à toute sorte d'intrigues et faisait agir toutes les influences dont elle pouvait disposer. Elle profita de la protection que lui accordèrent le Grand-Vizir Rechid-Pacha et les nombreux parents et amis de son frère, Bessim-Bey. Par un habile emploi de ces moyens, cette femme acariâtre et rusée réussit à gagner un entier ascendant sur Kibrizli-Pacha, qui fut forcé de subir le joug que lui imposaient tous ces fourbes dont il était entouré. Tantôt c'était la femme qui le maîtrisait, tantôt c'était Bessim, tantôt c'étaient leurs esclaves ou les parents, qui avaient beau jeu. Au milieu de toutes ces intrigues, le malheureux Pacha grondait, s'irritait; mais à la fin il était toujours, par les flatteries, les cajoleries, ou les artifices entraîné à céder. Dans tous les différends, dans toutes les luttes qui eurent lieu, c'était toujours lui qui avait tort et qui, par conséquent, était contraint de se soumettre. Mais ceux qui tiraient les ficelles étaient si adroits et si habiles que Kibrizli ne découvrait jamais leurs manœuvres, et, tout en leur obéissant aveuglément, il croyait agir suivant sa propre volonté. Tant est grand le pouvoir de l'intrigue dans les cercles privés de la société orientale!

Ferideh, qui aspirait à tout diriger, envisageait d'un mauvais œil la présence de ma fille Aïsheh dans son harem. Aïsheh était la fille de sa rivale, et le seul lien puissant qui rattachât le cœur du Pacha au mien. Partant elle était l'ennemie naturelle de sa belle-mère, l'unique menace constante contre son bonheur et contre la réalisation de ses rêves de puissance absolue et d'absorption complète des biens du Pacha.

Du premier moment que Ferideh mit le pied chez mon mari, elle tâcha, par tous les moyens possibles, de séparer la fille du père, de manière à affaiblir graduellement les liens d'affection qui les unissaient. Ayant ce but en vue, elle prenait un soin tout particulier à mettre toute sorte d'obstacles à ce que le père et l'enfant se rencontrassent, et elle s'efforçait surtout d'empêcher un tête-à-tête, dont elle redoutait les conséquences. Dans ce but, elle relégua Aïsheh dans un appartement éloigné, où elle resta entourée d'esclaves et hors de la vue de tous les étrangers. Ma fille fut complétement oubliée pendant des années, et ce ne fut que par hasard que quelques visiteurs l'aperçurent dans la maison.

Une jeune fille aussi absolument négligée par rapport à tous les détails d'intérêts de famille, devait nécessairement s'élever dans la plus grossière ignorance de toutes choses. Les Turcs, comme règle générale, ont de l'aversion pour les personnes qui ont reçu de l'éducation ; ils préfèrent celles qui sont ignorantes ou peu instruites, car ils sont sûrs de pouvoir les gouverner et les plier à leur gré. Ferideh comprenait parfaitement ce qu'elle avait à faire, et c'est avec de bonnes raisons qu'elle résolut d'élever ma malheureuse Aïsheh dans la plus profonde ignorance. Il arriva ainsi que, pendant les huit à neuf années qui précédèrent le mariage de ma fille, on ne lui avait appris qu'à lire le Koran, à griffonner une espèce d'écriture et à faire la couture indispensable dans un ménage. Le reste de son temps se passait, comme c'est assez l'habitude dans un harem, à des commérages toujours inutiles, et très-souvent pernicieux.

Mes lecteurs croiront difficilement, j'en suis sûre, qu'une jeune fille appartenant à une des familles princières de la Turquie, fille d'un homme qui avait personnellement éprouvé les avantages d'une éducation européenne, ait pu être l'objet d'une si complète négligence sous le rapport de l'instruction. Néanmoins ce phénomène était aisément intelligible pour quiconque connaissait les dispositions et le caractère de Kibrizli-Pacha, ainsi que les habitudes et les manières des classes élevées de Constantinople. Il est vrai que Kibrizli avait reçu une certaine éducation, dont il avait acquis une partie en Turquie et une partie en France; mais cette éducation consistait en une couche superficielle de connaissances recouvrant une masse épaisse d'ignorance.

Kibrizli représentait le plus grand nombre de ceux qu'on envoie en Europe pour leur éducation; il n'avait acquis qu'un savoir superficiel, et recueilli tout juste assez de notions élémentaires pour pouvoir subir les formalités indispensables d'un examen. Il ne s'était jamais avancé au point de contracter un amour réel de la science, ou d'être à même de reconnaître la nécessité positive et l'importance de l'instruction.

En outre, il n'avait jamais été capable de se défaire des idées qui sont innées chez tous les Turcs, et qui les portent à croire qu'il n'existe pas chez les femmes un besoin suprême de connaissances dont la satisfaction soit une nécessité. Kibrizli avait sous le vernis de la civilisation conservé le caractère du vieux Turc, et comme tel il regardait les femmes comme des êtres inférieurs. Il était de ceux qui toutes les fois qu'ils parlent des femmes, s'écrient avec un air de suffisance : — Oh! les femmes ont les cheveux longs et l'intelligence courte.

Et cependant aucun homme n'a jamais été si entièrement que lui sous la domination des femmes; car moi et Ferideh, nous fîmes de lui ce que nous voulions.

C'est de cette tendance d'esprit que naquit l'indifférence qui fut une des causes pour lesquelles l'éducation de ma malheureuse fille fut si tristement négligée. Mais, indépendamment du peu de valeur que Son Altesse attachait à l'instruction, les coutumes et les habitudes dominantes chez les grands seigneurs turcs, comme celles que nous avons déjà signalées, exercèrent à cet égard une influence des plus funestes.

La vie de famille est en réalité inconnue chez les Turcs. La loi du Koran, qui divise le genre humain en deux classes distinctes, les hommes et les femmes, n'admet pas l'existence d'une famille dans laquelle chacun de ses membres peut vivre de la même vie et faire partie d'un tout harmonieux. Dans la société musulmane les hommes ont des idées, des habitudes et des intérêts séparés; tandis que, d'autre part, les femmes en ont d'autres, qui leur appartiennent exclusivement. Ainsi, des personnes qui prétendent faire partie d'une seule et même famille n'ont en réalité rien de commun entre elles: — ni appartements, ni biens, ni meubles, ni amis, ni même les mêmes heures pour se reposer. Le sélamlik et le harem sont par conséquent deux établissements séparés, situés à côté l'un de l'autre, où chacun fait ce qu'il lui plaît: — les hommes d'un côté, les femmes de l'autre. L'autorité du chef de la famille, quand il est en position d'exercer quelque autorité, est le seul point de rapport, le seul lien d'union entre ces deux moitiés du même ménage.

Ce système de séparation, sur lequel est basée la famille musulmane, exploité par la loi suprême de l'égoïsme, donne lieu à une singularité qui ne peut échapper aux remarques d'un observateur attentif. Il devient évident que le degré de séparation qui existe dans les ménages turcs entre les hommes et les femmes peut se mesurer au plus ou moins d'aisance dans lequel vit la famille. Un Musulman pauvre n'a qu'une ou deux chambres pour lui et sa famille; il est forcé de chercher l'économie, et, à cause de cela, comme un bon père de famille, il mange, boit, et couche avec sa femme et ses enfants. L'homme aisé des classes moyennes établit son ménage d'une façon beaucoup plus orthodoxe, et commence par tirer une ligne de démarcation plus marquée entre lui et son harem. Deux ou trois pièces sont complétement séparées du reste de la maison; elles forment le sélamlik, appartement des hommes et lieu de réception; le reste de la maison compose le harem, terrain interdit.

Si nous passons au riche, au Pacha à trois queues, ou au ministre à portefeuille, nous trouvons son palais installé dans un grand style, et la séparation entre les hommes et les femmes plus complète.

Le sélamlik d'un grand seigneur comprend un bâtiment entièrement séparé, et le harem a les proportions d'un palais colossal, avec des portes en fer, des fenêtres grillées, et un jardin entouré de murs d'une grande hauteur. Les hommes et les femmes, enfermés dans ces deux divisions du ménage, demeurent complétement isolés les uns des autres, et n'ont de moyen de communication que par l'entremise des eunuques ou des servantes chrétiennes attachées au harem. Le Pacha, ses fils et ses proches parents, qui ont seuls le privilége d'entrer librement dans le harem, ne peuvent y entrer que par une sorte de pont clos de grilles de fer, espèce de passage secret, qu'on traverse sous l'escorte et la garde d'un eunuque.

Cette séparation complète entre le harem et le sélamlik flatte la vanité et satisfait l'orgueil des grands de Constantinople. Plus leur position s'élève, plus ils deviennent absurdes en prenant des précautions et en pratiquant rigoureusement des formalités ridicules comme un moyen de rehausser la valeur de leurs femmes en les tenant à l'écart des yeux des basses classes. Le résultat naturel de cette entière séparation des deux établissements est l'existence d'habitudes différentes. Les femmes, de leur côté, ont leurs affaires particulières, leur arrangement personnel de maison, et leurs propres intrigues ; elles entretiennent leurs amies, ont leurs réceptions et s'amusent à leur façon. Dans le sélamlik, les Pachas font de même avec leurs amis et leurs domestiques ; c'est là qu'ils reçoivent leurs visiteurs et leurs hôtes, et qu'ils passent leur temps à intriguer, à bavarder ou à poser comme des marionnettes pour se faire admirer par leurs parasites et leurs flatteurs.

Si d'un côté les hommes sont prodigues et dissipent leurs ressources, d'un autre côté les femmes ne manquent pas d'en faire autant. Les efforts faits des deux parts, pour avoir le dessus et se surpasser les uns les autres en magnificence, engendrent une sorte de rivalité entre les deux éléments. Le maître de la maison, Pacha ou Effendi, joue généralement le rôle de modérateur entre les différents membres du Sérail ; mais ce rôle ayant son origine plutôt dans l'égoïsme que dans un désir réel de modération, se borne généralement à deux points : s'assurer la pleine jouissance du harem et entretenir la splendeur du sélamlik.

Si le Pacha atteint son but, c'est-à-dire s'il jouit de l'un de ces plaisirs mondains et peut satisfaire l'autre, il n'attache aucune importance à tout le reste et ferme les yeux sur les vols commis par ses domestiques, et sur les extravagances et les excès de ses femmes.

Les Pachas, qui n'ont souci que de leurs plaisirs et de la satisfaction de leurs désirs, laissent l'entière gestion de leurs maisons aux mains d'un intendant, *kiaiah*, qui fait beaucoup pour soi et très-peu pour autrui, et qui finit souvent par plonger le Pacha dans les dettes jusqu'au cou. Ces Pachas, d'un esprit sagace, sont d'avis qu'il est bien plus avantageux de s'occuper de vols sur une grande échelle dans l'administration des affaires, que de se troubler la tête de petits larcins de détail commis par leurs intendants et leurs domestiques. Ainsi s'établit entre le maître et le serviteur une sorte d'intelligence tacite, en vertu de laquelle chacun vole du mieux qu'il peut, l'un en gros, l'autre en détail.

Un Pacha, s'étant ainsi débarrassé de tout souci et de tout tracas relativement à son état de maison particulier, devient pour ainsi dire un simple hôte dans sa propre demeure. Pendant le jour il passe généralement son temps à la Porte, où il discute des questions de justice et de politique avec tous ceux qui se présentent; ensuite il fait sa tournée dans la ville, va voir ses amis et ses partisans, et tend les lignes qui doivent former les filets de ses intrigues politiques. Vers le soir, à cinq ou six heures, Son Excellence fait son entrée solennelle dans son palais, accompagné de ses aides de camp et des gentilshommes de sa suite. Arrivé au haut de l'escalier, il n'entre pas dans ses appartements; mais, sans perdre de temps, il se dirige vers la grande porte qui donne accès au harem. Un eunuque, qui fait sentinelle à la petite porte, la lui ouvre avec toutes les cérémonies voulues, et introduit le Pacha. Dans le vestibule du harem, il est reçu par sa femme ou par la directrice ou surintendante du harem, et à elle appartient l'honneur de l'introduire dans la chambre intérieure.

Le Pacha, en règle générale, ne reste pas plus d'un quart d'heure dans le harem; c'est-à-dire juste le temps nécessaire pour se déshabiller et mettre sa robe de chambre et sa pelisse d'hermine. Dans ce costume, qui ne manque ni d'élégance ni de commodité, il retourne aux appartements des hommes et va occuper sa place accoutumée sur le divan. Il a à peine le temps de s'y installer avant l'entrée d'une procession d'amis, de flatteurs et de personnes qui désirent lui demander des faveurs; celles-ci, les unes après les autres, baisent le bas de sa robe et se placent en rang devant lui.

Au milieu de cet entourage, le Pacha boit sa bouteille de *raki,* mange des raisins secs et des noisettes, et fume plusieurs pipes. Quand l'heure du dîner arrive, Son Excellence se met en tête de la troupe des parasites qui l'entourent et les conduit à la salle à manger. Tous ceux qui ont l'honneur de partager son repas ne manquent pas d'exprimer hautement leur reconnaissance; et, à chaque bouchée qu'ils avalent, ils ne négligent jamais de faire une profonde révérence. Le grand homme, pour sa part, voyant combien son auguste présence est gênante pour la digestion de ses hôtes, ne cesse pas, pendant le repas, de les encourager et de les presser en les stimulant de sa puissante voix. Dans ce but, à chaque nouveau plat qui paraît, il ne manque jamais de les prier de l'attaquer vivement, s'écriant continuellement d'une voix forte et sonore : —

— *Buiurun, buiurun!* — Mangez, mes amis, mangez!

Quand le dîner est achevé, le Pacha et ses amis retournent prendre les mêmes siéges qu'ils occupaient avant qu'il commençât; puis on apporte le café et les pipes, et les conversations sur la politique et la société recommencent de plus belle. Quelquefois, mais rarement, comme variante, on joue aux cartes; mais le trictrac est plus en vogue; c'est pour ce genre de divertissement que le grand monde de Constantinople a des préférences. Le Pacha et son cercle passent leurs soirées de cette façon chez eux, sans se soucier de ce que leurs femmes peuvent faire dans le harem. Celles-ci, de leur côté, tâchent de se distraire le mieux qu'elles peuvent, en réunissant autour d'elles leurs amies et toutes les commères du voisinage; et dans cette compagnie elles rient, jouent à divers jeux, et quelquefois font un peu de musique avec des tambours de basque, *tef*.

Il est généralement onze heures et demie avant que le Pacha se retire définitivement dans le harem pour y passer la nuit; il est reçu sur le seuil par l'eunuque, qui attend son arrivée, en se tenant debout avec des lumières dans chaque main, et qui le précède pour traverser le vestibule qui va de l'entrée à l'appartement de sa femme.

Le matin, au moment de se lever, le Pacha est servi par des esclaves, qui l'aident à faire sa toilette et ses ablutions ; après cela et quand il est prêt à sortir de sa chambre, il reste quelques minutes et cause avec les membres du harem sur les sujets qui peuvent les intéresser. C'est habituellement à ce premier lever que ses filles et ses parentes ont l'occasion de se présenter à lui et de jouir de sa société. Quand ce court espace de temps s'est écoulé, il part à la hâte, afin de ne pas tenir trop longtemps en suspens la foule des adorateurs qui attendent la contemplation de ses traits augustes.

La description que je viens de donner de la vie chez les grands seigneurs turcs explique suffisamment la nature des relations qui existent entre les membres de la même famille et le peu de soin que les parents prennent de leurs enfants. Il est vrai que pour les garçons le cas est différent, car ils ont la faculté de sortir et peuvent entrer dans le harem quand il leur plaît; d'ailleurs, comme on prend beaucoup plus de soin de leur éducation, la séparation d'avec leur père n'a pas de conséquences désastreuses. Mais les filles souffrent réellement de cette absence totale de la vie de famille et des soins d'un père, qu'elles ne voient peut-être pas plus d'une fois ou deux par mois. Reléguées entièrement dans leurs appartements, elles n'ont à compter que sur leurs propres ressources, n'ayant pas d'autre société que celle d'esclaves et de vieilles femmes, qui les entourent, les amusent, et les gouvernent comme elles veulent.

Ma pauvre Aïsheh n'était pas traitée avec plus de distinction que les enfants d'une famille ordinaire, soit sous le rapport de l'instruction, soit pour sa tenue en général. S'il était fait une exception, c'était décidément à son désavantage, attendu que toute sorte de moyens et de ruses étaient employés pour la soustraire, autant que possible, aux yeux de son père et du monde et pour la surveiller sans relâche. L'adroite Ferideh savait bien que la jeune fille était tendrement aimée de son père. Animée d'un sentiment ignoble de jalousie, elle s'interposait constamment entre eux, ne cessait jamais d'épier mon enfant, et prenait des précautions continuelles pour empêcher que par hasard elle rencontrât son père.

XXV.

APPRÉHENSIONS DE FERIDEH. — SES MANŒUVRES. — PROJET DE MARIAGE. — CHOIX DE SHEVKET.

Le complet isolement auquel Aïsheh était condamnée et la rigoureuse surveillance à laquelle elle était soumise, avaient pour objet d'empêcher le développement de ses facultés intellectuelles, et l'on espérait ainsi la tenir dans un état permanent de dégradation morale. Mais, lors même que ce but eût été pleinement atteint, cela n'aurait pas satisfait cette sauvage belle-mère, dont la jalousie et la cupidité ne connaissaient point de bornes. En tenant la fille de sa rivale dans un état abrutissant d'ignorance, elle réussissait merveilleusement dans ses desseins, car une brute n'est jamais à craindre; mais une brute a un cœur et sait ce qu'est l'amour d'une mère. Cette idée traversa l'esprit de Ferideh, lui causa de sérieuses appréhensions, et lui fit craindre que l'amour filial ne trouvât un écho dans le cœur de la malheureuse Aïsheh.

— Jamais, — dit-elle, — jamais! Aïsheh est en mon pouvoir. Elle doit m'appartenir à moi seule, corps et âme. Si la voix de la nature parle en elle, je l'étoufferai ; car moi et ma rivale, nous ne pouvons jamais être sur un pied d'égalité. Il faut qu'Aïsheh oublie jusqu'au nom de sa mère.

C'est pourquoi, poussée par une aveugle passion et une jalousie sans bornes, la belle-mère mit tout en œuvre pour atteindre son but, qui était de faire disparaître toute trace de moi de l'esprit de ma fille. Dans ce dessein elle eut soin de l'entourer de gens dévoués à ses propres désirs ; en outre elle commença un système d'attaques, afin de bannir entièrement du cœur d'Aïsheh le peu d'amour filial qui pouvait encore y rester. Il n'était point d'atrocité ou de calomnie qu'on pût inventer contre moi, que ses gens ne lui répétassent, avec des détails de nature à frapper violemment le faible esprit de ma malheureuse fille.

Ces habiles manœuvres, comme je l'avais prévu, ne manquèrent pas d'avoir un succès complet; car, tout intelligente qu'elle était, la pauvre Aïsheh fut forcée de subir toutes les influences qu'on fit peser sur elle. Ainsi, à force de mensonges et d'efforts continuels, les adroits émissaires de Ferideh parvinrent à faire croire à ma fille toute sorte d'absurdités contre moi, et lui inspirèrent l'idée que, comme les êtres mythologiques, elle était l'enfant d'un monstre en chair et en os.

Ayant réussi à empoisonner et à pervertir l'esprit d'Aïsheh, l'astucieuse Ferideh pensa qu'il valait mieux tâcher d'effacer toutes les traces de sa rivale de l'esprit de ma fille; elle s'imaginait par ce moyen rester maîtresse absolue de sa destinée. En faisant disparaître les derniers vestiges d'une domination passée, elle comptait affermir la sienne. On donna donc ordre aux gens de la maison de répandre le bruit de ma mort et de ne plus jamais prononcer mon nom. Le même ordre fut donné aussi à ceux qui venaient dans la maison, de sorte que personne ne devait plus citer le nom de Melek-Hanum en présence de la jeune fille. De plus, par mesure de précaution, on congédia tous ceux qui avaient fréquenté la maison de mon temps et qui me connaissaient. Évidemment Ferideh craignait que des indiscrets ou des personnes bienveillantes ne révélassent la vérité à celle qu'elle désirait si ardemment tromper et mystifier. Parmi les personnes exclues, je peux nommer Atidjeh, Hanum-Effendi, Zekieh-Hanum, la Sultane Hanum, et plusieurs autres.

Grâce à ces complóts et à ces intrigues sans fin, Férideh et son digne frère, Bessim-Bey, scélérat fieffé, firent de ma pauvre fille leur esclave, ne lui permettant de voir que ce qu'ils voulaient et d'entendre que ce qui leur convenait. Aïsheh eut à se soumettre à cet esclavage, même au milieu de sa famille et sous les yeux de son père, durant sept ans, jusqu'à ce qu'elle eût atteint sa seizième année. Parvenue à cet âge, où dans l'Orient les jeunes filles sont considérées comme nubiles, Aïsheh commença à attirer l'attention, par sa jeunesse, par la fraîcheur et la beauté de ses traits. Les charmes d'Aïsheh, en même temps que tout le monde les remarquait, faisaient également impression sur Ferideh, qui, en sa qualité de belle-mère, avait à penser à son avenir. Quel sera le sort de cette jeune fille ? Telle est la question que Ferideh et ses complices doivent s'être posée souvent les uns aux autres. Par toute sorte d'intrigues ils avaient réussi jusqu'alors à faire ce qu'ils voulaient et à la tenir dans la plus complète dépendance.

En Turquie, les filles de bonne famille se marient ordinairement à seize ans, et cela parce que les prétendants à la main de la fille d'un grand Pacha ne manquent jamais. La grave question de savoir à qui serait confié l'avenir de ma fille devint le thème, le sujet principal auquel se rattachait toute la politique de Ferideh et de son entourage. Cette question était devenue pour eux une idée fixe pendant le jour et un cauchemar pendant la nuit ; car force leur était de prendre un parti ou un autre. En effet, la question, qui se dressait devant eux comme une montagne insurmontable était vraiment une des plus difficiles qu'une bande de scélérats et de fourbes eût jamais eu à trancher.

Deux moyens de résoudre le problème du mariage

se présentaient aux méditations de Ferideh et de Bessim : ou ils devaient donner la jeune fille à un jeune homme capable de l'entretenir dans l'aisance et le bien-être auxquels sa naissance lui donnait droit, ou il fallait lui chercher un parti convenable, qui serait admis dans la maison en qualité de gendre de Son Altesse Kibrizli-Mehemet-Pacha.

La première de ces solutions n'allait pas du tout à Ferideh, et cela parce que l'idée de se séparer d'Aïsheh et de lui donner sa liberté la faisait trembler d'effroi.

— Comment, — disait-elle, — puis-je laisser cette jeune fille quitter la maison, loin de ma surveillance, pour l'abandonner aux soins du premier venu contre lequel ce serait folie de combattre, et qui me baiserait la main aujourd'hui pour me trahir demain ? Non, cela ne peut se faire ! Et si malheureusement ma rivale, en apprenant que sa fille est libre et établie, venait à la découvrir et à lui dévoiler nos méfaits : que nous l'avons séparée de son père ; que nous l'avons dépouillée de tout ce qu'elle possédait ; que nous avons déclaré qu'elle était morte, pour mieux assurer sa ruine ; si cela devait arriver, je serais à jamais perdue ! Mais que dis-je ? L'union de la fille avec la mère ramènerait inévitablement l'union avec le mari. Eh ! eh ! eh ! c'est un rêve effrayant à me faire dresser les cheveux sur la tête, et si Son Altesse, attirée au milieu d'eux, revoyait la femme qu'il a tant aimée... et qu'il aime toujours, le triomphe de ma rivale serait certain, et je serais à jamais perdue !

Épouvantée par une si terrible perspective, Ferideh tourna ses pensées vers un autre mode qui lui restait encore de disposer de la personne d'Aïsheh : c'était de la marier à un homme de son choix, qui la garderait sous le toit paternel. C'était le seul moyen qui offrît une certaine garantie ; et c'est à celui-là que la perfide belle-mère eut recours. Mais, alors même qu'elle se décidait à ce dernier parti, les embarras de Ferideh ne faisaient que croître, plus elle en surmontait, plus il semblait en survenir. Déterminée à ne pas laisser échapper sa proie, elle cherchait un mari, une espèce de soi-disant mari, un être ignoble, qui se prêtât à jouer le rôle de complice et se transformât en geôlier, voire même en bourreau de sa victime.

Parmi les gens qui désirent faire leur fortune tout d'un coup en épousant une jeune fille, il y en a de toute sorte ; ainsi Ferideh n'avait pas à aller loin pour trouver l'individu qui lui conviendrait, si elle eût été assez simple pour faire fond sur le premier fripon qui se présenterait comme soupirant. Mais Ferideh était trop fine pour se fier à qui que ce soit sans distinction. Elle cherchait un mari sûr, un homme inaccessible à toute influence extérieure, à tout sentiment romanesque, un homme qu'on pût acheter pour tout faire. A en juger par les exigences absurdes et les prétentions mises en avant par cette belle-mère, on eût décidément cru qu'elle choisissait un mari pour elle et non pour une autre.

Cependant tout cela n'était simplement qu'un jeu, mais aussi un jeu sérieux, au moyen duquel les joueurs cherchaient à aveugler tout le monde, et, plus particulièrement, Kibrizli, le père, à qui l'on jetait de la poudre aux yeux. Tandis que Ferideh, Bessim et leurs complices paraissaient se préoccuper de l'avenir d'Aïsheh et ourdissaient toute sorte d'intrigues, ils avaient déjà prononcé la condamnation de leur victime, et ils concertaient les moyens de mettre cette condamnation à exécution. Kibrizli n'avait pas d'autres enfants que deux filles : l'une était Aïsheh, mon enfant, et l'autre, celle qu'il avait de son second mariage. Ces deux filles étaient donc les héritières de sa fortune ; car, à sa mort, ses biens devaient être divisés également entre elles. Il était évident qu'à la mort du Pacha, avec la moitié de cette fortune, Aïsheh acquerrait sa dot, dont elle pourrait disposer à son gré, qu'elle pourrait même partager avec moi, sa mère.

Pour empêcher cela, et, bien plus, pour la mettre dans l'impossibilité de partager ses biens et d'en jouir avec moi, Ferideh et ses parents décidèrent de s'emparer à la fois d'Aïsheh et de sa fortune. Mais cela ne pouvait se faire qu'en tenant la malheureuse fille auprès d'eux, en la mariant à un de leurs parents.

Comme il arrive souvent parmi les coquins, plusieurs des parents de Ferideh qui s'étaient mis en avant comme soupirants, se battirent entre eux et intriguèrent pour obtenir la jeune fille et sa fortune. Chacun se croyait favorisé, et s'efforçait de se concilier et de conserver les bonnes grâces de Ferideh et du père de la jeune fille. Toutefois, Ferideh avait déjà choisi son homme : ce qu'elle cachait avec d'autant plus de soin qu'elle craignait que quelque chose ne compromît son succès. La réunion de soupirants que la belle-mère entretenait auprès d'elle en comprenait trois principaux : Bessim-Bey, son frère aîné, Shakir, son plus jeune frère, et Schevket, le fils qu'elle avait de Sarosh-Rechid. Les deux premiers n'étaient en quelque sorte que des basses cartes ; le dernier était pour ainsi dire l'atout à l'aide duquel elle espérait gagner la partie.

Ayant pris la résolution de faire entrer de force Aïsheh dans sa famille, Ferideh se mit insensiblement à modifier ses manières à son égard, en la faisant sortir de la solitude dans laquelle elle avait été délaissée. Ainsi l'infortunée jeune fille fut soumise à l'épreuve d'une complète transformation, car on changea tout à coup ses habitudes et son entourage ordinaire, et on la tira comme par enchantement de la cellule où on la retenait. Par ordre de Ferideh, sa garde-robe fut aussitôt remplie de riches vêtements, ses appartements meublés avec luxe, le nombre de ses domestiques et de ses esclaves augmenté, et plusieurs voitures et chevaux mis à sa disposition.

Ainsi c'est à l'âge de quinze ans, que ma fille fut tirée de cette prison, où son intelligence et sa santé languissaient depuis sept ans, et qu'elle fit sa première apparition dans la société des femmes. Comme la faveur de Ferideh l'illuminait de ses rayons, Aïsheh, dès ce moment, devint l'objet des adulations et de l'attention de toutes les connaissances, de tous les amis de la maison. Les hôtes, qui venaient en grand nombre solliciter la protection de la femme de Son Altesse, commencèrent à tourner leurs pas vers les appartements de la fille du Pacha, dont ils désiraient aussi gagner la bienveillance.

A partir de cette époque, chaque fois que Ferideh voulait faire des visites officielles, ou, mieux encore, des visites de cérémonie, elle avait soin de se faire accompagner d'Aïsheh, dont la beauté ne faisait qu'ajouter à l'éclat du cortége. Après l'avoir montrée chez les différents ministres et nobles de l'Empire, la belle-mère l'emmena avec elle quand elle fut reçue au palais impérial, et, en cette occasion, elle ne manqua pas de la présenter à Abdul-Aziz, qui était alors sur le trône.

La description de la cérémonie et les curieux incidents qui eurent lieu à l'occasion de cette réception, tels qu'ils m'ont été répétés par ma fille, offrent un intérêt si frappant, que je ne puis m'abstenir d'en faire ici le récit.

XXVI.

COURONNEMENT D'ABDUL-AZIZ. — RÉCEPTION AU SÉRAIL. — COUTUME EXTRAORDINAIRE. — INCIDENT DE LA RÉCEPTION. — VOL.

Comme on peut se le rappeler, Kibrizli-Mehemet-Pacha, père de mon enfant, était à la tête du cabinet ottoman, lors de la mort du sultan Abdul-Medjid. En sa qualité de chef du Gouvernement, comme une sorte de Sultan par intérim,. c'était lui qui avait la haute main dans les affaires pendant l'interrègne. C'est aussi à lui que l'Empire est redevable de l'inauguration du nouveau règne et de l'installation d'Abdul-Aziz sur le trône impérial; car la fidélité et l'énergie de Kibrizli contribuèrent énormément au maintien de l'ordre, du respect des lois et des traditions dynastiques.

Cette période fut -assurément l'époque la plus brillante de la carrière politique de Kibrizli-Pacha, car la Providence lui avait réservé le rôle d'arbitre suprême, qui, d'une part, pouvait livrer au tombeau les restes mortels d'un Sultan, et, d'autre part, aider son successeur à ceindre le glaive d'Osman. Comme il était le premier parmi les Vizirs, il les rallia tous autour du trône, et sa voix dicta la loi d'une extrémité à l'autre de l'Empire. Son pouvoir et son autorité, qui s'étendaient sur tout, étaient partagés, jusqu'à un certain point, par la femme qui lui servait de compagne, et cette femme, c'était Ferideh. Malgré la séparation complète des deux sexes dans l'Orient, la femme qui partage sa vie avec un homme finit par partager aussi, dans une certaine mesure, son pouvoir et ses honneurs; liés ensemble comme ils le sont par un sort commun, ce partage devient inévitable.

Ferideh était donc à cette époque la première entre toutes les femmes, le Grand-Vizir des femmes, comme son mari l'était parmi les hommes. Elle était le chef des femmes des Vizirs, entourée des femmes de la classe la plus élevée, car sa protection et ses bonnes grâces étaient recherchées par toutes celles qu'attirait son pouvoir.

A l'époque de l'inauguration du nouveau règne, la femme de Kibrizli joua aussi un rôle, et, comme elle était la première parmi les femmes, elle considéra comme étant de son devoir d'assister aux cérémonies, aux fêtes et aux réceptions qui eurent lieu pour célébrer l'avénement d'Abdul-Aziz au trône. A l'occasion de la réception officielle, au palais de Dolma-Bagtcheh, Ferideh se présenta à la tête des dames du corps diplomatique pour jurer fidélité et féliciter Sa Majesté Impériale de son avénement au trône.

Accompagnée de ma fille Aïsheh et entourée d'une suite nombreuse de dames d'honneur et d'esclaves, qui rivalisaient les unes avec les autres pour la beauté des traits, l'élégance des toilettes, et la magnificence de leurs bijoux, au milieu, dis-je, d'un brillant état-major, Ferideh s'approcha des portes d'or et des escaliers de marbre qui, des bords du Bosphore, conduisent dans l'intérieur du harem impérial.

A peine l'arrivée du caïque qui portait le harem du Grand-Vizir fut-elle signalée, qu'une foule de gardes et d'eunuques en grande tenue se rangèrent sur deux lignes pour rendre les honneurs à la femme de celui qui tenait dans ses mains le sceau du Sultan. Soutenue sous les bras et les coudes par de nombreux maîtres des cérémonies, Ferideh eut à parcourir toute la distance entre les bords de la mer et la porte d'entrée, foulant aux pieds les riches châles qui avaient été étendus le long du quai en son honneur.

Une fois arrivée à la porte d'entrée, la femme de Kibrizli-Pacha fut reçue par la première maîtresse des cérémonies du harem impérial, qui l'attendait debout avec les dames et les esclaves de sa suite.

Comme on avait préparé pour chacune des hôtesses des chambres séparées, où elles devaient rester pendant la réception, la maîtresse des cérémonies se hâta d'introduire Ferideh dans la chambre qui lui était réservée ; après quoi on lui apporta, ainsi qu'aux femmes de sa suite, de superbes rafraîchissements, consistant en sorbets orientaux et en glaces napolitaines. Les rafraîchissements furent servis pendant l'intervalle qui fut accordé aux dames pour arranger leurs toilettes de façon à être dignes des regards impériaux.

Les maîtresses des cérémonies ayant annoncé que l'heure était venue pour les dames de passer dans la salle de réception, toutes les femmes se levèrent d'un pas mesuré et prirent l'attitude prescrite par le cérémonial de la cour, qui consiste à croiser les mains devant soi. Cette attitude ou position est connue des Turcs sous le nom de *pencheh-divan*, et c'est dans cette posture que les femmes font leurs prières. En se présentant devant le Sultan, qui est homme et mortel comme tout autre, Ferideh et ses compagnes n'étaient point voilées.

Cet incident exige une petite explication ; car mes lecteurs seront naturellement curieux de savoir comment il se fait que les Turcs permettent à leurs femmes de paraître devant quelqu'un le visage découvert.

— Décidément, — diront-ils, — cela doit être un signe de progrès chez les Turcs.

Prenez garde de vous livrer à des conclusions prématurées sur la foi d'un pareil fait. Les Turcs peuvent changer, il est vrai ; mais ils ne changeront jamais sous le rapport de la jalousie ; le Turc le plus policé, celui qui passe pour s'être européanisé, une fois qu'il est de retour dans son pays, est certain d'éclipser tous ses compatriotes sur ce point. Relativement à la femme, le Turc est jaloux de sa propre ombre ; il ne laisserait jamais tomber sur elle un regard profane. Mais en même temps le Turc est un être curieux, avec lequel les contrastes de tout genre sont possibles. Par exemple le Turc, qui frissonnerait en entendant le nom de sa femme sortir des lèvres d'un autre homme, le même être irascible, querelleur, jaloux, consent, de grand cœur, à laisser sa femme se présenter sans voile devant le Sultan.

On peut attribuer deux causes distinctes à cette contradiction apparente, à cet acte qui, pour le Turc, est un acte contraire à la nature et à la loi divine : d'abord, le sentiment religieux, ensuite, la servilité d'esprit. Le sentiment religieux est celui qui pousse le Turc à commettre une action que le Koran condamne d'une façon péremptoire : dans son opinion, le Sultan est un être placé au-dessus de tous les mortels ; il est le vicaire du Prophète, l'ombre de Dieu sur la terre, — *Zil-Allah*. Ces attributions divines placent évideinnent le Sultan au-dessus des créatures humaines et l'élèvent à une hauteur où personne ne saurait songer à le mettre sur le même pied que le reste des êtres créés.

Ce respect profond pour la personne sacrée du Sultan explique clairement comment les Turcs mettent de côté leur jalousie, et comment ils consentent à laisser paraître leurs femmes sans voile devant un mortel. Ainsi, puisque le Sultan a pris le titre de Vicaire de Mahomet, les Turcs lui ont tacitement accordé le privilége de regarder les femmes de ses sujets. Une chose que je ne sais pas et que je suis curieuse d'apprendre, c'est grâce à quel effort de théologie les ulémas peuvent concilier les lois du Koran sur le mariage avec le droit de carte blanche accordé aux Sultans. Selon le Koran, du moment qu'une femme musulmane montre son visage à un étranger, le mariage devient à l'instant nul et sans effet.

La servitude est la seconde cause à laquelle il faut attribuer l'existence de ce privilége, en faveur des Sultans. En effet, la disposition que montrent les Turcs à se faire les très-humbles et obéissants serviteurs de ceux qui gouvernent, jointe à l'absence totale de sentiments d'indépendance, sont des raisons qui peuvent expliquer l'abnégation extraordinaire des Turcs à l'égard du vicaire de Mahomet et du pouvoir régnant. Dans la lutte entre les passions dominantes de son âme, le fanatisme, la cupidité l'emportent et la jalousie demeure impuissante; alors il consent à ce que sa femme se présente dans toute sa beauté et tous ses attraits devant le Sultan.

— *Padishaha yassak yok dur* (au Sultan rien n'est défendu), — dit le Turc en branlant la tête; et là-dessus il laisse aller sa femme.

Il faut avouer que si les sujets, de leur côté, donnent une telle preuve de leur loyalisme et de leur vénération pour le souverain, d'autre part, les Sultans n'ont jamais abusé de la confiance mise en eux.

A la demande de la grande maîtresse des cérémonies, toutes les dames qui allaient être présentées s'avancèrent, Ferideh à leur tête, vers la salle du trône. Dès qu'elles furent entrées, la femme du Pacha et ma fille furent conduites près du Sultan, qui se tenait debout et regardait avec surprise le groupe de ses fidèles sujettes. Conformément à l'étiquette usitée dans de pareilles cérémonies, Ferideh s'agenouilla, et, se baissant en avant, baisa les pieds de Sa Majesté Impériale. Aïsheh et toutes les autres dames et jeunes filles qui la suivaient, imitèrent l'exemple que leur avait donné la femme du Grand-Vizir. Après avoir achevé cet acte d'adoration, elles se retirèrent en marchant à reculons de façon à ne pas tourner le dos au Sultan ; ensuite elles se rangèrent en ligne le long du mur.

A cette dernière cérémonie, succéda une promenade, que le Sultan fit autour de la salle, espèce de revue, par le fait, qui lui fournit l'occasion d'adresser quelques mots de compliments aux femmes de ses ministres. Ferideh, qui avait la préséance sur les autres, fut la première à qui Abdul-Aziz parla. Quand le Sultan vint près d'elle, il lui dit gracieusement : —

— Madame, je suis grandement satisfait de votre mari, et toute la nation apprécie son haut mérite.

Après cela Abdul-Aziz continua sa promenade, sans manquer de dire quelques mots aux femmes d'Ali-Pacha et de Fuad-Pacha, et sans oublier celles d'autres grands dignitaires du pays.

D'après ce que j'ai entendu dire à ma fille, il paraîtrait que sa belle-mère perdit toute présence d'esprit une fois qu'elle se trouva en face du représentant de Mahomet. Mais quand le Sultan lui adressa la parole, la pauvre femme fut saisie d'un tel tremblement soudain, que sa tête se renfonça presque dans l'énorme masse de ses épaules. Une fois que le Sultan fut passé, Ferideh se calma, et, prenant courage, elle résolut de réparer la mauvaise impression qu'elle avait dû laisser. Elle se décida donc à prendre amplement sa revanche par un coup de maître, de nature à l'élever à la hauteur de sa position. De cette résolution prise par elle surgit un incident qui malheureusement la fit tomber du sublime dans le ridicule, et qui causa de graves ennuis à son mari. De semblables choses arrivent souvent à des personnes qui insistent pour occuper une position à laquelle elles ne sont pas destinées, et, en cherchant à réparer leur faute, elles finissent par en commettre une plus grave.

En quittant la salle du trône, les grandes dames de l'aristocratie ottomane furent conduites chez la Sultane Valideh, qui, sous le titre d'Impératrice-mère, occupe une très-haute position. Les dames reçurent un accueil très-courtois de la Sultane, et chacune prit sur le divan la place qui lui fut assignée. Ferideh, à la tête du groupe, s'assit les jambes croisées près de la Valideh, à qui elle s'empressa d'adresser quelques paroles respectueuses. Après l'avoir félicitée de l'avénement de son fils au trône, Ferideh pensa qu'il était temps de se concilier la faveur de Sa Majesté en prononçant la harangue suivante : —

— Votre Majesté sait sans doute que Kibrizli-Pacha, mon mari, a toujours été un des serviteurs les plus dévoués et un des partisans les plus sincères de votre auguste fils, notre Seigneur. C'est grâce à ses efforts et à sa fidélité, que la nation a aujourd'hui le bonheur de célébrer l'avénement d'Abdul-Aziz au trône.

La Sultane Valideh ne put s'empêcher d'accueillir, avec des signes visibles de froideur, ce compliment douteux, par lequel celle qui le lui débitait l'informait clairement qu'elle et son fils étaient redevables au mari de Ferideh du trône qu'ils avaient commencé d'occuper. Cependant la Sultane se contint, et, avec beaucoup de présence d'esprit et de bon goût, elle chercha à détourner la conversation.

Mais Ferideh, avec son manque habituel de tact, n'observa pas l'effet que la première partie de sa harangue avait produit sur la Sultane. Absorbée par des préoccupations politiques, elle continua sur le même ton et se mit à dérouler le programme des réformes, qu'elle et son mari avaient l'intention de mettre à exécution.

— Oui, — dit-elle, — il est temps de mettre un terme aux abus, aux vols, et aux méfaits qui ont fait du dernier règne un règne odieux. Le Pacha est déterminé à faire cesser cet état de choses. Tous les voleurs doivent être traités sommairement, les abus du harem impérial doivent être réformés, et la société musulmane doit être renovée selon les préceptes de notre très-saint Prophète et les lois primitives de l'Islam.

On peut se figurer l'effet d'une pareille tirade sur l'esprit de la Sultane Valideh. Nul doute que tout d'abord, elle ne fût indécise si elle devait rire ou se fâcher; car un tel langage ne pouvait être tenu que par une créature insolente ou folle. Toutefois la Sultane l'envisagea à ce dernier point de vue, et c'était l'apprécier avec justesse, car il fallait vraiment être insensée pour songer à débiter des paroles si blessantes, pour l'honneur de la famille impériale, devant la mère même du Sultan, et, pour se mêler d'affaires privées, dont la solution dépend uniquement du bon plaisir et de la volonté du souverain. La Sultane Valideh, ayant estimé la discoureuse pour ce quelle valait, se contenta simplement de lui tourner le dos et d'entamer une conversation avec les autres femmes des différents ministres.

Cela ne fut pas plus tôt fait que Ferideh ouvrit les yeux, mais elle ne put que mesurer l'abîme qu'elle avait creusé entre la famille impériale et son mari. A son retour chez elle, elle s'aperçut que ce malencontreux incident avait déjà fait le tour de la ville et était même parvenu aux oreilles de Kibrizli. Il en résulta naturellement plusieurs scènes, au milieu desquelles le Pacha ne put se retenir de dire à sa femme : —

— Quand Dieu a donné des bouches aux fous, ce n'était pas pour parler, mais pour manger.

Cet insuccès diplomatique de Ferideh suffit pour lui causer de nombreux et amers regrets, et lui ôter tout désir ultérieur de se mêler de politique. Mais, en femme philosophe, elle se résigna à son sort, et se décida à prendre les choses comme elles venaient.

C'est une ancienne coutume à la cour ottomane de donner des présents à ceux qui assistent aux réceptions officielles. Ces présents sont remis aux hôtes lorsqu'ils sont près de s'en aller. Règle générale, ils consistent en riches broches et autres bijoux en diamants, dont la beauté et la valeur varient suivant l'importance et la position des gens auxquels ils sont destinés.

A cette réception, la cour ottomane ne dérogea pas à sa libéralité et à sa munificence traditionnelles, car on eut soin de satisfaire tous les hôtes par la quantité et la valeur des dons qui leur furent faits.

Ferideh, en sa qualité de femme du Grand-Vizir, reçut la part du lion, qui eût dû la satisfaire. Les bijoux qui lui furent donnés de la part de Sa Majesté Impériale étaient tous en brillants d'une valeur de cent mille francs. D'autres objets semblables furent aussi donnés aux dames de sa suite, et ma fille Aïsheh reçut une parure de prix, qui n'était guère inférieure à celle de sa belle-mère. Celle-ci, sa fille, et les dames de leur suite s'en retournèrent contentes et joyeuses à cause de la réception et encore plus à cause des présents qu'elles emportaient avec elles. Une fois à la maison, elles se donnèrent à peine le temps d'ôter leurs voiles et s'élancèrent auprès de Ferideh pour prendre possession et se repaître de la vue des bijoux qui leur appartenaient.

Dans leur impatience, elles se poussaient les unes sur les autres, et de tous côtés s'élevaient les cris de : —

— Où sont mes parures?... où sont mes bijoux?...

Peu à peu tous ces cris cessèrent; chacune reçut ce qui lui appartenait, et toutes, folles d'émotion, contemplèrent avec avidité leurs riches cadeaux.

Mais, au milieu de cette surexcitation générale, il y avait quelqu'un qui criait en vain et avait toutes les peines du monde à se faire entendre. C'était Aïsheh, ma fille, qui avait inutilement tâché de prendre possession de ses bijoux et qui ne pouvait les trouver.

Voyant que son écrin n'était pas là, on se mit à le chercher partout et à questionner tout le monde, mais sans succès.

La crainte et le soupçon s'emparèrent de toutes les personnes présentes, et l'on commença à dire tout haut : —

— Comment les bijoux avec l'écrin ont-ils pu disparaître?

Cet accident jeta l'alarme et la perturbation dans le harem, aussi bien parmi les personnes qui l'habitaient que parmi les étrangers.

Mais, pendant qu'on cherchait partout, une voix se fit entendre : c'était Ferideh, qui s'écriait d'un ton un peu troublé : —

— Voici l'écrin !... Venez... venez... je l'ai trouvé !...

On peut s'imaginer l'empressement avec lequel chacun accourut et l'impatience avec laquelle on se serra autour de celle qui disait avoir trouvé l'objet perdu.

Mais, quand on ouvrit l'écrin, quelle fut la surprise générale en le voyant vide ! Chacun en croyait difficilement ses yeux, et l'écrin devint une énigme pour tous.

— Où est la parure?... Où est-elle tombée ?...

Telles étaient les questions posées de tous côtés; sans que personne fût capable d'y répondre.

Jusqu'à ce jour l'incident de l'écrin est resté un mystère.

Quant à ma pauvre Aïsheh, elle répandit quelques larmes, puis elle oublia tout.

Ce qui est assurément digne de remarque, c'est que ce vol de bijoux ressemble à ce qui arriva plus tard dans une autre occasion.

A l'époque du mariage de Mustapha-Bey, frère de Kibrizli-Pachâ, qui par conséquent était l'oncle de ma fille, le Sultan Abdul-Aziz envoya comme cadeau de noces une riche parure de brillants destinée à la fiancée. Les bijoux furent remis, par le chambellan de Sa Majesté, dans les mains de Ferideh, qui s'était chargée du rôle de marraine. La beauté de ces bijoux, l'éclat que lançait cette masse de brillants, le goût exquis de la monture, tout produisit sur Ferideh un effet si éblouissant qu'il n'est pas étonnant qu'elle perdît la tête en les contemplant. Après cela elle ne fut plus maîtresse d'elle-même, et le vertige qui s'empara d'elle fut tel que la brave femme, en allant voir sa future belle-sœur, au lieu de la superbe parure qu'elle aurait dû emporter, en acheta une autre, sans avoir conscience de sa méprise. Il est vrai que la parure de bijoux qu'elle donna à sa belle-sœur était fort inférieure à celle qu'avait envoyée le Sultan; mais quand une erreur a été commise, il faut supposer que la valeur des objets changés n'a rien à faire avec l'erreur. Néanmoins Mustapha-Bey ne fut pas d'abord de cet avis, attendu qu'il résolut de faire rectifier l'erreur; cependant la crainte de causer du tracas à son frère lui fit garder le silence à ce sujet.

XXVII.

PROJETS DE MARIAGE. — FIANÇAILLES. — FÊTES DU MARIAGE. — L'APPARTEMENT DE LA FIANCÉE. — CÉRÉMONIES NUPTIALES.

Une année se passa ainsi en réceptions et en visites de toute sorte, auxquelles on faisait prendre part ma fille Aïsheh afin de l'initier aux habitudes et aux coutumes de la société de Constantinople. Mais, pendant qu'on l'occupait ainsi, Ferideh avait ses plans et préparait les voies pour la réalisation du rêve qu'elle préférait à tout autre chose au monde, et c'était le mariage d'Aïsheh avec son fils Shevket. La première démarche qu'elle fit dans le but de hâter ce projet, ce fut de présenter au Pacha son frère aîné Bessim-Bey, et immédiatement après Shakir; mais, sur le refus de son mari d'écouter ces aspirants à la main de sa fille, Ferideh leva le masque et proposa son propre fils. Il est avéré que Kibrizli refusa d'abord absolument, par la raison que les deux jeunes gens ayant été élevés ensemble comme frère et sœur, il ne pouvait consentir à ce qu'ils fussent unis par les liens du mariage.

Ce premier refus ne découragea pas la femme, qui, pour atteindre à ses fins, n'hésita pas à mettre le Pacha dans une position très-difficile. En effet, Ferideh arrangea si habilement les affaires qu'elle l'amena à penser qu'après avoir confisqué tous mes biens, il ne lui restait pas d'autre alternative que de garder aussi ma fille; car si Aïsheh échappait jamais à leur surveillance, toutes les chances étaient en faveur d'une rencontre entre moi et ma fille; et, s'il en était ainsi, la question de la confiscation de mes biens reviendrait inévitablement sur le tapis. Le mariage avec son fils Shevket rendrait une pareille hypothèse impossible; car non-seulement la jeune fille resterait sous leur surveillance directe, mais aussi ne pourrait jamais rien entendre dire ou connaître de sa mère.

A l'aide de ces arguments et grâce aux adroites intrigues de la coterie de Ferideh, elle réussit à obtenir la main d'Aïsheh pour son fils. Quant à la pauvre fille, personne ne se mit en peine d'obtenir son consentement. En Turquie, ce sont les parents qui arrangent toutes ces affaires ; si les parents trouvent le parti bon, les jeunes filles n'ont qu'à courber la tête.

Ainsi, un beau jour, le Pacha et sa femme firent venir ma fille en leur présence et lui notifièrent leur intention de la marier. Au sortir de la chambre, les esclaves entourèrent la malheureuse enfant, l'entraînèrent dans un autre appartement, où ils la vêtirent de robes de cérémonie et lui couvrirent la tête et le cou de bijoux. Les préparatifs des fiançailles terminés, on conduisit Aïsheh au milieu d'une grande salle, où étaient réunies les femmes des ministres et l'aristocratie du pays. Avant que la cérémonie commençât, on étala aux pieds de la fiancée des cachemires et des tapis brodés d'une grande valeur.

La cérémonie n'avait en soi rien de digne d'intérêt ; car elle consiste seulement dans une prière que l'Iman lit à haute voix et qui est suivie de la lecture d'un acte par-devant témoins, contenant les conditions du contrat de mariage. Au milieu de la lecture de cet acte, les témoins envoyés par le futur mari demandent le consentement de la fiancée. Mais ce consentement, qu'exige la loi du Koran, n'est en réalité qu'une pure farce ; car, comme les témoins et la fiancée sont séparés par une grande porte à deux battants, ils ne peuvent jamais savoir qui est la personne qui a prononcé le oui fatal.

Le dernier acte de cette comédie fût le couronnement de ma fille par sa marâtre, qui allait maintenant échanger ce titre pour celui plus doux de belle-mère. Le *final* de toute cette cérémonie (comme c'est la coutume presque partout), fut le *magnificat;* car la fiancée n'est pas plutôt couronnée que les hôtes attaquent sur-le-champ les rafraîchissements, les sucreries, et les sorbets placés devant eux.

Quatre mois se passèrent entre les fiançailles et la célébration du mariage. Cet intervalle était beaucoup plus long que dans la généralité des cas. Il paraît que la résistance de la jeune fille et son aversion pour l'union proposée fut la cause de ce retard. Néanmoins, au moyen de menaces et de cajoleries, on réussit à la décider et l'on fixa le jour du mariage.

J'étais à cette époque à Kadjik, village du voisinage de Constantinople, situé sur les bords du golfe de Nicomédie, au pied de l'Olympe. J'y étais allée afin de trouver, chez les bons et simples bergers de la Bithynie, ce repos de l'esprit et du corps que troublait tant la haine des ennemis que j'avais dans la capitale.

Tandis que tous ces complots se développaient, j'étais, le cœur brisé, comme je l'ai dit, retirée du monde, gardant une stricte neutralité à l'égard de tout ce qui concernait les intérêts et l'avenir de ma fille. Dans mon abandon, privée que j'étais de toutes ressources, c'était ce que je pouvais faire de mieux; car le moindre effort que j'eusse tenté pour intervenir en faveur de ma fille, n'aurait eu d'autre résultat que de rendre sa position plus difficile.

Me résignant donc à l'inaction et au silence, je n'avais qu'une consolation dans ma solitude : la pensée que l'animosité de mes ennemis ferait un jour éclater une crise qui délivrerait ma fille de leurs mains et nous réunirait pour toujours. Jusqu'à ce que ce moment arrivât, je considérais comme mon devoir de ne troubler en rien la tranquillité de mon enfant en lui révélant que, contrairement à ce qu'on lui avait dit, j'étais encore vivante et que même je n'étais pas loin d'elle.

Une pareille manière d'agir eût amené des complications que je ne désirais pas provoquer. Tout en souhaitant ardemment le bien-être et la liberté de ma fille, je ne voulais pas atteindre ce but en renversant toute la position de mon mari. D'ailleurs, la marche suivie par la belle-mère et ses complices montrait clairement qu'une crise était inévitable et que l'affranchissement de ma fille n'était qu'une question de temps.

Mes ennemis, de leur côté, prenaient courage de mon silence et de mon inaction ; et ils poussèrent les choses au dénoûment par la célébration du mariage, qui s'accomplit sans qu'on me demandât mon consentement, ni même qu'on m'en donnât connaissance.

Le mariage de ma fille Aïsheh avec Shevket eut lieu dans l'automne de 1857. La noce ne fut pas célébrée cependant avec toute la pompe que le public de Constantinople s'attendait à voir déployer à l'occasion du mariage de la fille de Son Altesse Kibrizli-Mehemet-Pacha. Cette circonstance ne manqua pas d'exciter des murmures dans la population, et il circula des commentaires de toute espèce, d'après lesquels on pouvait apprendre que les sympathies du public n'étaient pas pour cette union. On pensait que les deux jeunes gens ne se valaient pas, et qu'une fille de Kibrizli aurait pu trouver un nom plus digne d'elle que Shevket, dont l'extérieur était loin d'être attrayant, et qui, de plus, était sans le sou.

En Turquie, la masse des spectateurs ne ménagent pas leurs observations sur les fiancés; car, comme ils sont exposés aux regards du public, chacun les épluche en détail et signale tous leurs défauts. Si une jolie fille tombe en partage à un jeune homme laid, les assistants n'ont point de pitié pour lui, et d'un bout de la ville à l'autre ils le dénoncent comme un monstre. Les basses classes turques sont intraitables sous ce rapport, et si une fois elles prennent quelqu'un en aversion, elles ne changent pas facilement. Ainsi, dans ce cas, le public espérait bénir de sa sympathie le couple nouvellement marié.

Le jour du mariage, les appartements et les jardins de la résidence d'été de Son Altesse à Gheuk-Su furent décorés et mis en appareil de gala pour recevoir les invités, qui vinrent assister à la noce. Les hôtes du Pacha et son gendre furent reçus dans le sélamlik; là, au milieu du jour, on dressa des tables, sur lesquelles furent servis les mets les plus délicats et les plus chers, les vins les plus fins, et le meilleur *raki*. Des groupes de musiciens, assis sous l'ombre des arbres, faisaient résonner l'air de leurs chants pathétiques, et encourageaient ainsi l'allégresse à laquelle préside Bacchus. Entre Mahomet et Bacchus, c'est le dernier qui l'emporte, car, après le troisième ou le quatrième verre, les hôtes s'abandonnèrent sans réserve à une gaîté folle et désordonnée.

Mais laissons les hommes au milieu de leur joie et de leur ébriété, et tournons nos regards vers le harem, où, depuis le matin, ont eu lieu plusieurs scènes intéressantes. Les mariages sont, après tout, des fêtes pour les femmes, et il n'est que juste qu'elles y jouent le rôle le plus important. Ce que je dis est vrai pour tous les pays du monde, mais encore plus pour l'Orient, où le jour des noces est pour la femme celui duquel dépend son avenir, en bien ou en mal. Pour l'homme, le jour du mariage n'occupe pas une place si importante dans sa vie; si un premier mariage ne tourne pas bien, il peut renouveler l'expérience aussi souvent qu'il lui plaît.

Ainsi la position de la femme est la raison pour laquelle, dans un mariage, elle attire l'attention et est l'objet de la préoccupation de chacun; et par conséquent, tout ce qui arrive dans un harem, un jour de noces, est un sujet d'intérêt général.

Plusieurs semaines avant la célébration du mariage, on avait fait des préparatifs sur une vaste échelle pour décorer et meubler la chambre nuptiale d'une façon digne de la fille du Grand-Vizir. Rien ne fut négligé, ni peines ni dépenses, afin de montrer au public un appartement qu'on pût véritablement qualifier de somptueux.

Dans la chambre nuptiale le divan avec ses coussins était tout en riche velours rouge, brodé d'or d'un bout à l'autre ; de plus les coussins avaient à chaque coin des glands de perles. Les fenêtres et les portes étaient ornées de superbes rideaux de soie, dont la frange était aussi d'or. Le tapis était un de ces magnifiques et moelleux Gobelins dont les dessins et les couleurs surpassaient tout ce qu'on eût pu faire dans ce genre en Orient.

Le lecteur aura remarqué dans cette description de la chambre nuptiale qu'il n'a pas été fait mention de chaises, de sofas, et des meubles qui aujourd'hui sont considérés comme indispensables même en Turquie. Le fait est que les chaises et les tables sont exclues des chambres nuptiales ; car, selon la coutume, il n'y a dans cette chambre rien autre chose que le divan et un meuble curieux, qu'on appelle le *aski*.

Cet *aski* est une chose qui demande quelques explications et même des explications détaillées ; car ce meuble appartient à la fiancée, et il ne reste là que pendant la cérémonie du mariage. Le *aski* n'est ni plus ni moins que le trône de la fiancée, le trône sur lequel elle se place pour recevoir les hommages de la foule. On donne le nom de *aski* à une espèce de tente ou de dais de tulle rose, qui se suspend au plafond et descend gracieusement jusque sur le plancher ; ce dais est parsemé d'étoiles d'or et surmonté d'une guirlande de fleurs qui descend jusqu'en bas en forme de festons. C'est dans cette niche féerique que, comme je l'ai dit, s'assied la jeune fiancée pour recevoir les hommages et les félicitations de la foule des curieux. Le lendemain du mariage, le *aski* disparaît naturellement pour faire place à des meubles plus utiles.

Après avoir décrit la chambre nuptiale, nous devons passer à l'autre chambre, qui fait aussi partie de l'appartement de la fiancée. Celle-ci est la chambre du trousseau, que les Turcs appellent *djeiss-odassi :* c'est là qu'a lieu l'étalage de toutes les richesses qui appartiennent à la fiancée. Ces richesses consistent en toute sorte de choses, telles que table de toilette, service de table en argent massif, linge brodé d'or, glaces, pantoufles, coupes couvertes de diamants et d'autres pierres précieuses, pendules et velours de prix. Tous ces objets furent en cette occasion étalés avec beaucoup d'art et de soin, car dans toutes les maisons turques on se fait une loi d'éblouir les yeux du public en déployant les richesses qu'on possède.

Toutes les femmes turques sans exception s'enorgueillissent tant des richesses qui ont été étalées en leur honneur le jour de leur mariage, qu'on entend souvent de vieilles femmes se vanter que, le jour de leurs noces, la foule demeurait stupéfiée en contemplant la splendeur de leur trousseau. Ces bonnes vieilles oublient trente à quarante ans de leur existence et leur misère ; mais il leur est impossible d'oublier les diamants, les bijoux, les services d'argent qui ont été étalés le jour de leur mariage. J'en ai rencontré qui avaient même oublié leur mari; mais je n'en ai rencontré aucune qui ait oublié le *djeiss-odassi*, la chambre du trousseau.

Il est inutile de dire que de grandes précautions sont prises pour empêcher les larcins. Une grille dorée est disposée dans la pièce à une distance suffisante du trousseau et, par ce moyen, on réussit à protéger la propriété de la fiancée des effets d'une admiration trop indiscrète. Cette mesure de précaution est appuyée d'un système de surveillance efficace, rendu d'autant plus nécessaire que, ce jour-là, les portes du harem sont ouvertes à toute sorte de monde. Suivant l'ancienne coutume, un jour de noces est un jour d'hospitalité universelle, et toutes les femmes qui veulent voir la fiancée et admirer son trousseau sont libres d'entrer sans invitation.

Aussi, à l'occasion de chaque noce, des groupes de femmes affluent-ils de toute part pour voir le spectacle. Il existe des femmes qui semblent avoir une sorte de folie pour courir après les noces; il n'y a pas à craindre qu'elles restent à la maison une fois qu'elles ont entendu dire qu'il y a une noce quelque part. Avec ou sans invitation, elles se lèvent, s'habillent, et accourent tout droit à la maison où a lieu la célébration du mariage. Une fois là, les pauvres créatures se contentent de faire des remarques sur la fiancée, critiquent sa toilette et son trousseau, mangent du *pilaf* et des sucreries, puis s'en retournent chez elles pour raconter à leurs voisines ce qu'elles ont vu.

Reprenons le récit de ce qui se passa au mariage de ma fille, et l'on verra ainsi de quelle manière se célèbrent les mariages dans la haute société turque.

La veille du mariage une grande réception eut lieu dans le harem, à laquelle assistèrent toutes les amies et les connaissances de ma fille. On donne à cette réception le nom de *Khenah guiedjesi,* parce que la fiancée est, ce soir-là, conduite au bain par ses amies, qui lui teignent, avec du khenah, le bout des doigts et l'extrémité des pieds.

Par cette fête, la fiancée est censée donner signe de la joie qu'elle ressent à l'approche de son mariage. Ensuite ses amies et ses connaissances, portant des bougies allumées à la main, la conduisent tout autour du harem, en lui faisant en même temps une espèce d'ovation. Un bon souper complète la soirée.

Je dois ici faire une remarque sur la singularité des coutumes turques. Le soir du Khenah qui précède le mariage a été institué pour marquer le passage de la fiancée du célibat à l'état matrimonial. C'est ce soir-là qu'elle quitte les amies et les habitudes de l'enfance pour entrer dans une nouvelle existence.

Mais cette fête qui précède le mariage a sa contrepartie dans les réceptions qui ont lieu le lendemain du mariage. A cette occasion la fiancée fait son entrée dans la société des femmes mariées comme une d'elles.

Le matin du grand jour, ma fille fut vêtue d'une longue robe brodée d'or et garnie d'une grosse frange autour de la jupe; cette robe avait deux longues queues, qui étaient tenues par deux esclaves circassiennes, d'une beauté et d'une grâce remarquables. Aïsheh fut ensuite couronnée d'un lourd diadème de diamants. Il est inutile de parler des colliers, des bracelets, des boucles d'oreilles, etc., dont on la para ; il suffit de dire que ses souliers étaient brodés d'or, de perles, et de diamants. Évidemment cette profusion de diamants et de pierres précieuses était destinée à éblouir la jeune fille et à étonner la foule, car ces joyaux ne firent que figurer provisoirement pendant la solennité : aussitôt qu'elle fut terminée, tous furent enfermés sous clef dans la chambre du trésor.

Parée de cette façon, Aïsheh fut amenée devant son père. Selon la coutume, elle s'agenouilla pour lui baiser les pieds; mais le Pacha, la relevant, lui donna sa bénédiction et lui mit autour de la taille une ceinture de diamants, symbole de la dignité de femme mariée à laquelle elle allait être élevée.

Chez les Turcs, une femme ne doit point porter cette ceinture avant le jour de son mariage ; et l'acte d'agrafer la ceinture est une espèce d'investiture que le père doit conférer à son enfant : c'est le symbole de l'état de femme. Cette coutume est aussi usitée pour les jeunes hommes ; car au temps jadis c'était d'usage chez les Turcs d'attacher le sabre aux jeunes guerriers. L'investiture du sabre se faisait avec une pompe qui ne le cédait en rien à la célébration d'un mariage. Cette institution est même de notre temps mise parfois en pratique. Ainsi quand un Sultan monte sur le trône, au lieu d'être couronné suivant la coutume adoptée dans l'Orient, il reçoit l'investiture du sabre, emblème de l'autorité et de la force.

En ornant la taille de sa fille de la ceinture nuptiale, le père invoque la protection du ciel pour elle et prie qu'elle soit féconde et heureuse. A partir du moment où elle a reçu la ceinture, une fille cesse de dépendre de l'autorité paternelle. Cette cérémonie est le dernier adieu que le père fait à sa fille, lorsqu'elle est sur le point d'entrer dans l'état de mariage.

Au moment où Aïsheh quitta son père, une pluie de pièces d'or et d'argent tomba sur les têtes des spectatrices, qui se roulèrent les unes sur les autres dans leur impatience d'en attraper quelques-unes. Cet argent est tenu en grande considération en Turquie parmi les gens superstitieux, qui sont nombreux; on dit que ces pièces de monnaie portent bonheur; aussi leurs fortunés possesseurs les gardent-elles aussi longtemps que possible, de manière à ne pas laisser échapper leur bonne chance.

Quant au maître de la maison, qui distribue cette manne métallique, il est plus que convaincu qu'en jetant de l'argent de cette façon, il porte bonheur à la bourse de sa fille.

En quittant son père, la fiancée fut ramenée en présence de sa belle-mère, qui mit la dernière main à sa toilette, en attachant sur le front, le long des joues, et au menton d'Aïsheh, des étoiles et des fleurs en diamants. Cela fait, il ne resta plus qu'à lui couvrir le visage d'un voile rose, qui cachait complétement ses traits.

Ainsi enveloppée, ma fille fut conduite au haut de l'escalier pour y attendre l'arrivée de Shevket. Naturellement il parut bientôt et lui offrit le bras ; puis ils se dirigèrent vers la chambre nuptiale. Une fois là, il la fit asseoir à sa place sous le *aski*, que j'ai déjà décrit.

Après l'avoir installée sous le dais, Shevket quitta la chambre, sans avoir osé lever le voile de dessus le visage de sa fiancée. Comme on le verra plus loin, le voile ne se lève que dans la soirée après la bénédiction de l'Iman.

La fiancée, après le départ de son mari, reste assise dans sa niche, tandis que la foule curieuse se presse alentour de tous côtés et se tient bouche béante devant son trousseau.

Comme la fiancée ne pourrait demeurer exposée aux regards de la foule pendant longtemps, au bout d'une heure ou deux de ce martyre, on la laisse généralement se retirer dans le réfectoire, où elle se mêle au reste de la société et partage avec les invitées le repas qui est servi dans le harem.

Nous allons tâcher de raconter ce qui se passe parmi les hommes. Après midi, ils se réunissent dans les salons du sélamlik où, ainsi que je l'ai dit, ils passent leur temps à savourer les délices de la table et les charmes de la musique. L'heure de la prière du soir et la voix de l'Iman mettent tout à coup fin aux orgies et interrompent les chants. Chacun s'empresse de prendre place dans les rangs des fidèles qui vont invoquer la bénédiction céleste sur ceux qui en ce jour sont unis par le lien sacré du mariage.

Au premier rang était Kibrizli, père de la fiancée ; à côté de plusieurs Pachas et des intimes de Son Altesse. Au second rang le fiancé, Shevket, et à côté de lui ses parents et ses amis.

L'autre rang se composait d'invités de moindre importance et des membres de la maison, ainsi que de tous ceux qui désiraient offrir des prières, en vrais et bons musulmans.

Quand les prières furent achevées, toute la société se leva et forma un cercle autour de l'Iman, qui, se tournant vers le fiancé, récita une courte oraison pour invoquer la bénédiction divine sur l'union qu'il allait contracter. Mais à peine les derniers mots de l'oraison furent-ils prononcés, que le fiancé s'échappa furtivement du milieu des invités et courut vivement à la porte du harem. Plusieurs de ses compagnons le suivirent, et, étant plus agiles que lui, ils le devancèrent, le saisirent, et lui administrèrent plusieurs coups sur le dos. Ces coups sont les derniers adieux que les jeunes hommes font à un camarade qui est sur le point d'entrer dans la vie conjugale. C'est une fort ancienne coutume chez les Turcs ; quelquefois cependant, au lieu de donner au fiancé des coups sur le dos, ils lui jettent de vieilles pantoufles.

A la porte du harem le fiancé fut reçu par un eunuque, qui, une torche à la main, le conduisit à la chambre nuptiale. Une fois là, le fiancé n'en a pas fini avec les cérémonies et les formalités imposées par l'usage. Il voit sa fiancée, qui, couverte de son voile, l'attend au bout du divan ; il la regarde et, plein d'impatience, demande à s'approcher d'elle ; mais voilà que, pour augmenter les ennuis de Tantale, la maîtresse des cérémonies de la chambre nuptiale (*yeng-hieh-kadin*) apparaît et étend devant le fiancé un tapis à prier brodé d'or. Le fiancé, obéissant à cette invitation, récite une prière, qui est très-courte ; car, à ce moment suprême chaque minute lui semble un siècle.

Cette courte prière finie et la maîtresse des cérémonies partie, le fiancé s'approche de sa fiancée. Ce n'est pas la coutume que le fiancé lève le voile de sa fiancée sans beaucoup de cérémonies et de raffinements ; les mœurs orientales ne tolèrent pas qu'un mari se rende coupable de grossièreté. Il est vrai qu'il est alors devenu maître absolu, et que la femme est là pour obéir à ses volontés ; néanmoins un sentiment de délicatesse romanesque lui impose du respect pour la femme dont il a fait son épouse. Ce n'est donc qu'après mainte prière et mainte sollicitation que le fiancé parvient à vaincre la modestie de sa fiancée, et qu'il obtient pour la première fois d'admirer ses traits.

Après avoir répété trois fois de suite sa demande, le fiancé lève le voile de l'épouse et s'empresse de lui témoigner sa reconnaissance de la faveur qu'il a reçue en lui attachant une épingle de diamants dans les cheveux. L'usage rend ce présent obligatoire, car le mari doit payer le bonheur de voir le visage de sa fiancée : *yuz-gurumluk* est le nom que les Turcs donnent au présent qu'une jeune fille exige pour montrer son visage.

Il est bien entendu qu'il n'y a que les jeunes filles qui ont le droit de demander une récompense pour montrer leur visage ; aux femmes qui se marient pour la seconde fois ce privilége n'est pas accordé. Au contraire, si une femme qui a été déjà mariée s'unit à une personne qui se marie pour la première fois, c'est elle qui doit faire un cadeau à son fiancé, en récompense de ce qu'il lui fait voir son visage.

Le lendemain de la noce est aussi un jour de solennité. En sortant de la chambre nuptiale, Shevket alla, selon la coutume, baiser la main de son beau-père, qui lui donna une belle bague en diamant et un cheval arabe. La belle-mère, de son côté, fit un présent au fiancé, quand il vint lui présenter ses respects et la reconnaître pour sa belle-mère.

Vers midi, eut lieu le banquet des gigots de mouton, auquel prirent part la fiancée et les femmes mariées amies de la famille. Il faut dire que les gigots de mouton sont en pareilles occasions fort recherchés des Turcs, qui leur attribuent des propriétés hygiéniques exceptionnelles.

La fête des gigots de mouton *(patchah-guiunu)* est la contre-partie de la fête donnée la veille du mariage. Par l'une la jeune fille fait ses adieux à ses compagnes d'enfance ; par l'autre elle est introduite officiellement dans la société des femmes mariées.

XXVIII.

OBSERVATIONS SUR LE MARIAGE D'AISHEH. — CHAGRINS D'AISHEH. — JE REJOINS MA FILLE. — CRISE DANS LE HAREM. — FUITE D'AISHEH.

Le récit que je viens de faire des fêtes qui eurent lieu pour célébrer le mariage de ma fille m'inspire des réflexions qui ne peuvent qu'attrister mon cœur. Comment des gens qui ont pris sur eux la grave responsabilité d'assurer l'avenir d'une créature innocente, peuvent-ils lui faire contracter une alliance dans laquelle tout conspire pour engendrer la discorde et le malheur ? Néanmoins, pour que la farce soit complète, ils n'hésitent pas à fêter avec toute la pompe et toutes les cérémonies possibles le sacrifice de leur victime ! Tandis qu'ils négligent à dessein tout ce qui est réellement nécessaire pour faire d'elle une digne épouse, ils prodiguent des poignées d'or et de diamants afin d'éblouir les yeux de la foule par de puériles et fantastiques cérémonies.

En effet, ce mariage ne fut qu'une fiction dérisoire, une action atroce. Par ce mariage rien ne fut changé dans la position de ma fille, qui continua de rester sous la dépendance de son père et de sa belle-mère. Le mari qu'ils lui avaient donné ne servait que d'intermédiaire pour maintenir cette servitude; en d'autres termes, ce mari n'était qu'un époux pour la forme ; il n'avait ni position, ni fortune, ni charmes personnels dont il pût se prévaloir ; sa seule valeur consistait en ce qu'il se conformait à tous les desseins, à toutes les inspirations de ceux qui l'employaient comme leur *alter ego*. Il est généralement entendu que la femme joue un rôle important dans l'état de mariage ; cependant, dans le cas présent, la malheureuse Aïsheh fut considérée comme nulle dans l'affaire ; elle devait simplement servir les intérêts et le bon plaisir de ceux de qui dépendait son sort.

Une marionnette n'a qu'une corde par laquelle on la fait mouvoir ; ma fille, à son entrée dans la vie conjugale, se trouva influencée par trois sources séparées de mouvement : la corde de l'une de ces sources était dans les mains du Pacha, la seconde dans celles de la belle-mère, et la troisième était tenue par le mari. Il n'était pas nécessaire d'être doué d'une prévoyance extraordinaire pour prophétiser la chute d'un édifice qui reposait sur des fondements aussi peu solides que ceux sur lesquels était basée la position de ma fille.

Dès le début de sa vie de femme mariée, elle se trouva à la merci des caprices d'une belle-mère, qui prétendait lui dicter sa conduite sur tous les points. Les plaintes et les murmures constants que faisaient naître ces caprices laissaient la malheureuse fiancée exposée à de continuels changements et à de funestes impulsions. Ballottée par des intérêts en lutte, placée au milieu d'intrigues et de complots de toute sorte, elle ne savait plus que dire ou faire.

Exposée continuellement à des désagréments et aux ennuis les plus accablants, Aïsheh faisait des efforts désespérés pour se rendre libre et se mettre au niveau des femmes de son rang social. Mais tous ses efforts étaient vains, car son mari et sa belle-mère étaient là pour lui fermer le chemin, en se faisant une arme de l'autorité paternelle. Si l'on eût usé de cette autorité avec ménagement, Aïsheh aurait cédé, car elle aimait son père, et rien au monde ne l'aurait poussée à lui déplaire.

Cependant, cette lutte prolongée entre la femme qui voulait s'assurer ses justes droits et les personnes qui désiraient lui imposer leur autorité, aboutit enfin à une crise, qui eut lieu de la manière suivante.

Aïsheh se voyant à la merci et assujettie aux caprices de tout le monde, se mit, dans son désespoir, à réfléchir comment elle pourrait opérer sa délivrance, et de qui elle pourrait espérer recevoir aide et protection. Il était inutile de compter sur son père, car lui-même, étant prisonnier aux mains de Ferideh et de ses nombreux parents et courtisans, n'était pas en état de prêter aucun secours à sa fille; c'était au contraire de lui qu'il y avait le plus à craindre, car l'astucieuse Ferideh en faisait ce qu'elle voulait.

Ma malheureuse fille, ainsi privée de tout espoir, tourna ses yeux ailleurs. Mais où pouvait-elle les porter, alors qu'elle était dans les dernières angoisses du désespoir, si ce n'est sur sa mère? Une mère qui, elle le savait bien, l'avait tendrement aimée, et de laquelle elle avait été séparée par une cruelle destinée.

— Je suis méprisée, foulée aux pieds, tyrannisée, et personne ne veut me protéger!... Où est ma mère?...

Aïsheh dut se dire quelques paroles de ce genre au milieu de ses tribulations. Le nom de sa mère doit, dans ses moments de désespoir, lui être apparu comme la seule planche de salut à laquelle elle pût se cramponner pour échapper au naufrage sur cette mer tempétueuse où elle était ballottée; et une fois qu'elle eut prononcé le nom de sa mère, la mémoire de mon enfant se reportait naturellement aux jours heureux de sa première enfance, où elle était l'objet d'une douce tendresse et de constantes caresses; l'image de sa mère doit lui être apparue comme une réalité vivante devant les yeux, et elle doit, dans les larmes et les sanglots, s'être rappelée les amères conséquences de notre séparation.

— Où êtes-vous, ma mère, où êtes-vous?... Vous reverrai-je jamais de ma vie?...

Il est aisé de concevoir que, quand ses pensées eurent pendant quelque temps pris cette direction, la pauvre enfant eut les yeux ouverts sur l'état de cruelle déception auquel elle avait été soumise jusque-là.

En prononçant les mots : « Vous reverrai-je jamais?» Aïsheh conçut des doutes sur la vérité de ce qu'on lui avait dit relativement à ma mort. L'inimitié et la malveillance que lui témoignait sa belle-mère l'avait naturellement remplie de méfiance, et maintenant cette méfiance la poussait à prendre des informations. L'expérience du passé lui ayant appris qu'elle ne devait pas croire un mot sur cent de ce qu'on lui disait, il n'était que naturel qu'elle se dît à elle-même : —

— On me dit que ma mère est morte; ne m'ont-ils pas aussi trompée sur ce point-là ?

Quand le soupçon fut une fois entré dans l'esprit d'Aïsheh, elle ne put demeurer en repos jusqu'à ce quelle eût fait prendre des informations afin de se convaincre si j'étais réellement morte, et de découvrir mes traces, si je vivais encore. La personne à laquelle elle s'adressa pour accomplir cette mission délicate était une femme qui avait depuis longtemps sa confiance. Mais quelle ne fut pas sa surprise lorsqu'elle entendit cette bonne créature lui annoncer d'une voix timide : —

— Votre mère vit encore, mon enfant.

Ces mots firent bondir le cœur d'Aïsheh d'une joie folle que son tempérament ardent et affectueux ne put maîtriser. Sa première émotion s'était à peine passée qu'elle supplia cette femme de commencer sans retard des recherches, afin de découvrir ma demeure et ensuite de me mettre en communication avec elle. En effet cette femme vint me chercher dans ma retraite; elle me communiqua le message de ma fille et me fit un exposé détaillé de sa position. En même temps la messagère m'apporta une invitation de mon enfant, qui m'attendait dans un endroit retiré de son parc, car elle sentait qu'elle ne pouvait plus vivre sans me voir.

L'entrevue qui eut lieu entre moi et ma fille dans une partie isolée du parc, situé derrière la résidence de Son Altesse, est une de ces scènes qu'il m'est impossible de décrire.

L'émotion que je ressentis en embrassant mon enfant après tant d'années me mit tout à fait hors de moi. Le récit que ma fille me fit alors de ses souffrances me brisa presque le cœur. Néanmoins je considérai qu'il était de mon devoir de calmer l'état d'irritation dans lequel elle était, en lui montrant à quelles conséquences elle s'exposerait si elle voulait s'opposer à la volonté de ceux dont son avenir dépendait.

Ces conseils que je donnais à ma fille étaient d'une mère qui a à cœur le bonheur de son enfant. Malheureusement ces conseils venaient trop tard et quand l'alarme avait déjà été donnée à ceux qui désiraient notre perte. Ayant été informée de ce qui s'était passé entre ma fille et moi, Ferideh et ses complices soupçonnèrent qu'une entente secrète s'établirait entre la belle-fille et leur rivale. Cette crainte les fit changer de tactique.

Jusqu'alors ces gens avaient nourri l'espoir qu'en donnant Aïsheh à Shevket, ils s'assureraient en bloc l'héritage des biens de Kibrizli-Mehemet-Pacha. Mais tout à coup ils découvraient qu'ils étaient en face d'obstacles dont ils n'avaient pas même prévu la possibilité, et qui consistaient dans la résistance toujours croissante d'Aïsheh et la reprise de ses relations avec moi. Ainsi, croyant que leur projet serait divulgué au dehors, ce projet dont la réalisation leur avait coûté tant d'intrigues et de peines, Ferideh et ses parents se dirent : — En accaparant la fortune, nous aurions voulu épargner Aïsheh; mais, puisqu'elle ne veut rien avoir à faire avec nous, eh bien! qu'elle soit aussi sacrifiée!

A partir de ce jour, la sentence de mort était prononcée contre Aïsheh!

Alors, animés d'une haine implacable, Ferideh et ses complices se mirent à persécuter la pauvre fille en déployant tous les raffinements d'un art subtil. Se tenant à l'écart, ces gens employèrent des agents de différentes sortes, de manière à compromettre Aïsheh auprès de son père, dont eux-mêmes excitaient secrètement le violent courroux. Ces desseins ne manquèrent pas de produire les résultats qu'ils en attendaient.

Profitant de l'inexpérience et du manque de tact de la jeune épouse, ses ennemis firent circuler toute sorte de bruits sur elle et cherchèrent à la mettre dans une fausse position vis-à-vis de son père. L'esprit de celui-ci ayant été empoisonné et excité par toute espèce de mauvais rapports, des querelles s'ensuivirent, au milieu desquelles la fureur aveugla le bon sens du Pacha. Un jour les choses allèrent si loin que, dans un accès de colère, il saisit sa fille et la frappa plusieurs fois.

Ce déplorable incident fut causé par un bruit qui attribuait à Aïsheh le dessein de s'échapper pour venir auprès de moi. Ce bruit ayant pris de la persistance, le Pacha déclara que pour prévenir cette catastrophe, il n'hésiterait pas à attacher sa fille à un arbre et à la faire battre jusqu'à ce qu'elle mourût.

— J'aimerais mieux porter le deuil de sa mort pendant quarante jours que de vivre déshonoré le reste de ma vie.

Telles furent les paroles qui, dit-on, dans un moment de fureur, s'échappèrent de sa bouche.

Il y a lieu de douter que le Pacha ait réellement prononcé ces paroles ; mais, quoi qu'il en soit, que le Pacha ait formulé ou non une pareille menace, le fait est que l'infortunée jeune fille fut épouvantée et se crut à la veille d'une catastrophe sanglante. Se voyant pour ainsi dire entre la vie et la mort, Aïsheh résolut de chercher un refuge dans la fuite; puisant, dans son désespoir et son délire une force presque surnaturelle, elle n'hésita pas à tout risquer plutôt que de tomber sous les coups de ses ennemis.

La violente émotion, la crainte, la panique qui s'étaient emparées d'Aïsheh, causaient ses terreurs, auxquelles le silence de la nuit donnait plus de force et d'intensité. Son imagination égarée lui faisait regarder sa fin comme inévitable au milieu des tortures et de cruelles souffrances. Mais si, d'un côté, son imagination surexcitée dérangeait sa raison, elle ne pouvait, d'un autre côté, se faire illusion sur les manœuvres de ses ennemis, qui voulaient provoquer des actes de violence dont les conséquences lui seraient fatales, à elle et à son père. Ces intrigants n'avaient rien à perdre à une telle catastrophe; par ce moyen, tout l'héritage d'Aïsheh devait tomber entièrement dans leurs mains. Ils ne s'inquiétaient pas qu'il arrivât malheur à la fille ou au père. D'abord ils avaient cherché à s'emparer de la jeune fille et de sa grande fortune au moyen d'un mariage qui n'était qu'une farce; maintenant ils voulaient atteindre au même but en la sacrifiant, parce qu'elle ne voulait pas faire ce qu'ils désiraient. Ces terribles paroles : « Si elle mourait, je porterais le deuil de sa perte, mais du moins je ne serais pas déshonoré, » firent croire à Aïsheh que ce n'était que par la fuite qu'elle pouvait prévenir une catastrophe dont les conséquences auraient été terribles pour elle et pour son père.

Ayant ainsi résolu de chercher son salut dans la fuite, ma fille conçut un plan d'évasion, plan dans l'exécution duquel elle rencontra toute sorte de dangers. D'abord elle eut à calculer la manière la plus facile de s'échapper; ensuite il lui fallut penser à un moyen de tromper la vigilance des gardiens et des esclaves du harem.

Afin de tromper ces derniers, Aïsheh résolut de fuir à la pointe du jour, car, à ce moment, tout le monde est profondément endormi et personne n'était là pour épier ses mouvements; d'ailleurs l'obscurité lui était aussi favorable, après qu'elle aurait réalisé son évasion, pendant qu'elle errerait dans le voisinage. Une jeune femme charmante et ayant le cachet et les manières d'une dame d'un rang élevé, aurait naturellement attiré l'attention des sentinelles et des patrouilles qui circulent pendant le crépuscule.

Comme endroit le plus aisé pour opérer sa fuite, Aïsheh choisit une fenêtre ouvrant sur le toit d'une aile du harem habitée par les eunuques et le gardien; ce toit aboutissait à un mur de clôture par lequel on pouvait descendre dans la cour. Ce mur avait environ quinze pieds de haut.

Vers quatre heures du matin, Aïsheh se leva tranquillement, évitant de faire le moindre bruit, donna un dernier baiser à l'enfant qu'elle abandonnait, prit quelques diamants qu'elle possédait, et grimpa sans être aperçue sur le toit. Une fois sur le mur, elle n'hésita pas, mais elle s'élança sur la route, sans souci du risque qu'elle courait de s'estropier pour le reste de sa vie.

Heureusement le saut réussit à merveille, et Aïsheh, se voyant libre, se mit à courir dans la direction des Eaux-Douces (*Gheuksu*). Quand elle passa à travers cette plaine riante, les premières lueurs de l'aube faisaient leur apparition et le chant des oiseaux annonçait le réveil de la nature. De l'autre côté de la plaine se trouvait une barque, qui servait à entretenir les communications avec le village d'Anadolu-Hissar. Ce fut sur cette barque qu'Aïsheh traversa la petite rivière des Eaux-Douces d'Asie, et ce fut par la petite porte, avec ses chaînes de fer, qu'elle parvint à pénétrer dans l'intérieur du vieux château. Dans ce village habitait une des esclaves de Son Altesse, qui avait été mariée à un des villageois. Aïsheh, ne sachant à qui s'adresser ni comment se procurer une barque, résolut d'aller trouver cette esclave et de lui demander son aide et son secours.

Elle alla droit à la maison de l'esclave, et, après avoir frappé plusieurs coups à la porte, elle réussit à la faire sauter du lit à moitié effrayée. On peut s'imaginer quelle impression firent sur l'esclave l'apparition soudaine de la fille de son maître, de si grand matin, et sa position pitoyable sans domestiques ni esclaves. Son visage même était dans un état à faire peur; car Aïsheh, après avoir sauté du haut du mur, s'était frotté la figure avec de la boue et de la poussière. Elle avait pensé que cet excès de précaution était nécessaire pour n'attirer l'attention de personne.

Une fois informés des détails de cette aventure, l'esclave et son mari crurent de leur devoir de donner des conseils à la fugitive, en lui faisant comprendre la gravité du parti qu'elle avait pris. Voyant cependant que leurs avis ne servaient de rien, et aussi que le temps de lui donner des conseils était à jamais passé, le mari et la femme offrirent leurs services à la pauvre jeune fille, et la mirent dans une barque qui descendait le Bosphore. Grâce à la force du courant, il ne faut pas bien longtemps pour franchir la distance entre Anadolu-Hissar et Stamboul; en trois quarts d'heure environ on peut achever ce voyage et arriver à Unkapan, le port le plus proche pour ceux qui désirent visiter le centre de Stamboul. Ce fut vers cet endroit qu'Aïsheh se dirigea, car de là elle comptait aller à Balat, où elle savait que j'habitais quand j'étais dans la ville. En effet, lorsqu'elle débarqua, elle monta dans une des voitures appelées *coutchi* dans le pays, et dit au cocher de la mener promptement à Balat. Ce fut aussi la seule chose qu'elle put dire, car elle ignorait mon adresse, et dans sa fuite précipitée elle n'avait pas été à même de l'apprendre. Évidemment son esprit était tellement troublé qu'elle n'avait pas réfléchi au danger qu'elle courait en s'aventurant dans les rues sans savoir aucunement où aller ou bien à qui s'adresser. Pendant qu'Aïsheh, assise dans sa voiture, errait dans les rues de Stamboul, une étrange coïncidence la conduisit à la porte de la maison où j'habitais. Ce fut un événement si extraordinaire qu'on ne peut l'expliquer autrement qu'en le considérant comme un exemple frappant de l'assistance divine.

A peine s'aperçut-on dans le harem de Son Altesse de la fuite de sa fille que l'alarme fut donnée pour qu'on pût trouver la fugitive et la ramener au sein de sa famille. Non-seulement de nombreux agents de police furent mis sur ses traces; mais Shevket, le mari, à la tête des valets et des domestiques de la maison, partit à la poursuite de celle qu'il lui plaisait d'appeler son épouse rebelle.

Munis d'ordres péremptoires, tous ces gens se mirent à parcourir la ville et ses faubourgs, cherchant dans tous les endroits où ils pensaient probable que pût se cacher la fille de leur maître. Ma maison fut naturellement la première que visitèrent ces zélés émissaires, car ils savaient bien que dans son malheur Aïsheh n'aurait pas imploré d'autre protection que celle de sa mère.

En effet, Mustapha, le valet de chambre de Son Altesse, accompagné de deux ou trois autres individus, se présentèrent à ma porte et me questionnèrent au sujet de ma fille. Comme on peut bien se l'imaginer, l'apparition inattendue de tous ces gens, et la nouvelle qu'ils apportaient me causèrent une grande inquiétude. Ignorant complétement ce qui se passait chez le Pacha, je ne savais comment expliquer cet événement imprévu.

— Comme cela est-il arrivé?... Pour l'amour du ciel, dítes-moi ce que fera ma pauvre fille?

Telles furent les exclamations par lesquelles je répondis aux perquisitions faites par Mustapha et ses compagnons, exclamations qui leur firent comprendre qu'il fallait qu'ils allassent ailleurs pour remplir la mission dont ils avaient été chargés.

Mustapha, ayant vu que ma fille n'était pas là, renvoya ceux qui l'accompagnaient, en leur recommandant de poursuivre leurs perquisitions ailleurs, et lui-même se dirigea vers le port et la partie la plus fréquentée de la ville, dans l'espoir, en agissant ainsi, d'apprendre si quelqu'un de ses compagnons était parvenu à entendre dire quelque chose sur la fugitive.

Mais pendant qu'il se rendait ainsi à la mer, il vit s'approcher une voiture fermée, de l'intérieur de laquelle se fit entendre une voix qui appelait: « Mustapha! Mustapha! » Il ne pouvait y avoir aucun doute;

cette voix était certainement celle d'Aïsheh, qui lui fit signe de s'approcher et ensuite le supplia de la conduire chez moi.

Rien n'aurait pu être plus imprudent que cette démarche tentée dans ce moment critique par Aïsheh. Il est vrai que ne sachant comment me trouver, elle fut contrainte de recourir à ce moyen et de se faire voir à Mustapha; mais en agissant ainsi, elle jouait un jeu hasardeux duquel son sort dépendait. Quelle garantie avait-elle que le valet de chambre, en l'apercevant, n'emploierait pas la force pour la ramener chez sa belle-mère? Cependant, Aïsheh n'agit pas, en cette occasion, sans discernement; elle savait à qui elle avait affaire, et elle était sûre que Mustapha ne la trahirait jamais.

En effet, Mustapha était le seul homme de la maison de Son Altesse qui fût demeuré attaché à notre cause après ma chute. De mon temps, il avait été mon valet de chambre, et la bienveillance que je lui avais témoignée lui avait laissé de moi un bon souvenir. Mais, indépendamment de ces liens qui l'attachaient à notre cause, d'autres raisons l'empêchaient de se prêter comme un instrument servile aux desseins de gens qui étaient capables de tout : c'étaient son honnêteté et ses sentiments chevaleresques. Pour rien au monde, ce brave homme n'aurait consenti à trahir une femme, la fille de son ancienne maîtresse, qui implorait son secours en un tel moment. Le digne Mustapha, en voyant la malheureuse jeune fille dans une situation semblable, se tourna vers le cocher et lui dit d'aller chez moi. Il se mit à suivre la voiture et atteignit la porte en même temps qu'Aïsheh ; une fois là, il tourna les talons et se hâta d'aller informer le Pacha de ce qui s'était passé.

Cet acte de bonté coûta à Mustapha sa position. Aussitôt qu'on connut dans le harem la rencontre qui avait eu lieu entre lui et Aïsheh, le vieux serviteur fut traité comme un traître et congédié sur-le-champ. Selon eux, il aurait dû s'emparer de la jeune fille, avec l'aide de la police, et la livrer, pieds et poings liés, à ceux desquels dépendait son sort.

XXIX.

CONSÉQUENCES DE LA FUITE D'AISHEH. — INTRIGUES DE FERIDEH. — POLITIQUE DE KIBRIZLI. — MANŒUVRES DE SHEVKET. — NOTRE FUITE POUR ÉCHAPPER A SHEVKET. — DIVORCE D'AISHEH.

Comme on peut bien le croire, la nouvelle de la fuite de la fille de Kibrizli-Pacha se répandit bientôt et produisit une grande sensation dans le monde musulman. Chacun en parlait, et les plus étranges versions passaient pour authentiques. Nos ennemis n'hésitèrent pas à saisir cette occasion pour faire circuler les contes les plus scandaleux au sujet de ma fille et de moi. Mais les amis du Pacha et les nôtres exprimèrent leurs regrets de ces scènes pitoyables, qui rendaient si visible l'incapacité de Son Altesse dans ses affaires privées.

Parmi les collègues du ministre, il n'y eut pas une voix qui ne s'élevât pour blâmer la conduite de Kibrizli, qui laissait des querelles de famille atteindre les proportions d'un scandale public. Fuad-Pacha et Ali-Pacha, qui étaient ses rivaux, jugèrent ces contes et ces scandales très-utiles pour ternir la réputation de Kibrizli et lui faire perdre le prestige et la force morale qui le rendaient redoutable.

De la manière dont le public envisageait la fuite de ma fille et de l'esprit de parti, il résulta un état de choses qui fut favorable aux intérêts d'Aïsheh et qui la sauva des mains de ses ennemis.

En Turquie, comme dans tout autre pays où le souverain remplace la loi, la société est à la merci des gens puissants et des gens avides. Dans de tels pays, tout est permis à ceux qui ont le pouvoir. La loi divine, l'opinion publique, tout n'est rien; la seule loi reconnue, c'est le caprice de ceux qui gouvernent.

La fuite de ma fille, suivant le Koran, était un acte parfaitement légal; car, d'après ses termes, une femme mariée ne peut être contrainte à vivre en société d'autres femmes avec lesquelles elle refuse de cohabiter. En pareil cas, la femme a le droit de demander à son mari un logement séparé et elle peut en interdire l'entrée à qui que ce soit.

De plus, la femme ne reconnaît pas d'autre autorité que celle de son mari; elle peut renier son père, sa mère, et, par conséquent, certainement, sa belle-mère.

En s'enfuyant du toit paternel, Aïsheh n'avait fait que protester contre l'autorité que lui imposait sa belle-mère, qui se servait tour à tour du nom de son mari ou de celui de son père pour se faire respecter. Cette protestation lui donnait le droit de se faire installer par son mari dans une maison pour elle-même, où on la laissât faire ce qu'elle voudrait, indépendamment de sa belle-mère. Mais, en insistant sur ce point, Aïsheh se mettait en hostilité ouverte avec la femme de son père, qui ne voulait pas abandonner le pouvoir qu'elle possédait sur elle; car elle savait qu'une fois éloignée de sa vue, Aïsheh vivrait dans la société de ceux qu'elle aimait, et naturellement, avec moi, sa mère. C'était précisément ce que la méchante Ferideh désirait empêcher à tout prix, en poussant le mari d'Aïsheh à abuser de l'autorité conjugale.

Les motifs de l'hostilité de Ferideh contre tout arrangement qui aurait rendu Aïsheh maîtresse d'elle-même et de son ménage sont d'une telle nature qu'ils méritent d'être dévoilés. Cette révélation est d'autant plus nécessaire qu'elle sert à faire connaître les secrets de la vie de famille dans l'Orient.

Toutes les raisons, tous les motifs de Ferideh avaient leur source dans l'instinct de sa propre conservation; celui de la cupidité n'était que secondaire. C'était l'instinct de conservation qui lui faisait redouter une séparation d'avec sa belle-fille; car, suivant ses idées, cette séparation ne pouvait qu'être le prélude de sa perte. Ferideh prévoyait qu'une action combinée de notre part aurait pour résultat l'aversion de son mari, qui la chasserait de la maison dans laquelle elle avait réussi à se glisser.

Ses craintes n'étaient que trop fondées sur ce point. Il était clair, en effet, qu'une fois Aïsheh établie, il deviendrait impossible que son père et sa mère ne se rencontrassent pas de temps à autre. Ainsi la maison de la fille se serait transformée par la force des circonstances en une sorte de rendez-vous, où sa rivale et son mari pourraient se rencontrer et avoir d'affectueux tête-à-tête.

La simple idée de ces rencontres suffisait pour faire trembler Ferideh de jalousie. Une seule de ces entrevues eût suffi pour lui porter le coup de grâce ; car, comme le divorce entre Son Altesse et moi était du premier degré, il n'était besoin que d'une simple rencontre de quelques secondes pour renouer le mariage et en finir avec Ferideh.

Le divorce chez les Turcs, comme je l'ai déjà dit, est de trois sortes. Le premier degré du divorce est le plus faible, car le mari qui désire le faire cesser n'a qu'à réciter une formule et à passer la main sur la tête de sa femme pour rendre de nouveau le mariage valide. Le second et le troisième degrés du divorce exigent des formalités et des cérémonies particulières pour renouer le mariage. Je dois aussi ajouter que le premier degré du divorce peut tout à coup devenir irrévocable. Cela arrive quand le mari braque contre sa femme une batterie de trois divorces à la fois, qu'il lui décharge rapidement sur la tête ; alors il devient très-difficile de renouer le lien matrimonial.

Le divorce, par lequel j'avais été séparée de Son Altesse, n'avait pas ce caractère terrible, stigmatisé par le Koran sous le nom de *Telakisalisseh ;* c'était un simple divorce, qu'une étincelle eût suffi à rallumer. Cela s'explique : ce divorce n'avait pas été provoqué par des disputes intérieures, mais par les artifices de ceux qui avaient voulu me perdre à tout prix. En d'autres termes, la mère du Sultan, ses eunuques et ses domestiques, avec les ennemis politiques de mon mari, s'étaient acharnés après moi et avaient obligé le Pacha à se séparer de moi. Le Pacha, dominé par ses ennemis, avait fait le sacrifice qu'on lui demandait ; mais ce divorce n'était qu'une pure formalité, car ses sentiments pour moi n'avaient réellement pas changé.

Ferideh, qui avait nominalement pris ma place, ne pouvait se tromper à cet égard ; sa tranquillité et son bonheur dépendaient de ce qu'elle retînt Aïsheh auprès d'elle. La fuite d'Aïsheh était donc pour elle un coup mortel, qu'elle cherchait à parer de tous côtés, même au moyen de la force brutale. Heureusement pour nous, mais malheureusement pour Ferideh, il ne pouvait être question d'employer la force ; car une tentative de ce genre aurait eu de tristes conséquences pour elle et son mari.

Le Pacha n'était pas en pleine possession du pouvoir, et cela suffit pour expliquer la modération qu'il dut montrer dans ces circonstances.

Fuad-Pacha et Ali-Pacha avaient la direction réelle des affaires. Kibrizli, à cette époque, était ministre sans portefeuille, position peu enviable, qui ne lui laissait qu'une influence très-bornée. Indépendamment de cela, les rapports entre ces hauts personnages étaient empreints d'un certain cachet de froideur et d'amertume; car Kibrizli était loin de souhaiter un bonheur excessif à Fuad et à Ali, et ceux-ci savaient bien qu'il les considérait comme des rivaux.

Tels étaient les rapports relatifs des parties ; il n'est pas difficile de comprendre qu'une tentative arbitraire ou une fausse démarche eût gravement compromis la position et la réputation de Kibrizli-Pacha et de ses partisans Ses adversaires politiques auraient été enchantés de trouver une occasion de le compromettre et de le paralyser pour toujours. Ils seraient tombés sur lui, en se servant de ses querelles de femmes et de ses scandales de famille. Ils n'auraient pas hésité à dire que la société musulmane était lasse des commérages et des chamailleries sans fin qui avaient lieu chez Kibrizli-Pacha.

La force des circonstances obligeait donc les ennemis d'Aïsheh à se mettre à l'œuvre sans éclat et avec circonspection. Toute mesure coercitive n'étant pas de mise, ils résolurent de triompher de la rebelle au moyen de ruses et d'artifices. La première mesure que Ferideh et le Pacha jugèrent convenable d'adopter, ce fut d'entrer en pourparlers avec nous, afin d'essayer de deviner nos desseins, de savoir s'ils devaient regarder la fuite de ma fille comme une protestation contre l'autorité de son père ou de son mari. En d'autres termes, ils voulaient découvrir si ma fille avait résolu de se débarrasser de son soi-disant mari, Shevket. Ce point, une fois parfaitement éclairci, ils auraient décidé le parti qu'il leur fallait prendre; car si Aïsheh paraissait désirer vivre sous le joug matrimonial, alors Shevket leur servirait d'espion pour veiller aux intérêts de Ferideh ; si, au contraire, Aïsheh voulait rompre avec son mari, ils l'auraient poursuivie en faisant valoir les droits conjugaux dont le fils était investi.

Dès le second jour après la fuite d'Aïsheh des négociations furent entamées. Des émissaires du Pacha se présentèrent devant nous dans l'espoir d'obtenir une réponse catégorique au sujet de son mari et de s'assurer si ma fille était disposée à se soumettre à son autorité. Ayant reçu une réponse satisfaisante à cette question capitale, les négociateurs firent un pas de plus : ils invitèrent Aïsheh à se rendre chez Hadji-Bekir, où son mari la rejoindrait.

Cette proposition nous donna à réfléchir : un refus aurait accéléré la crise, tandis qu'en l'acceptant nous nous serions mises entièrement au pouvoir de nos adversaires. Enfermée dans ce dilemne, je n'hésitai pas à accepter une proposition qui ne pouvait compromettre matériellement les intérêts de ma fille. J'informai donc les envoyés que ma fille irait au rendez-vous qui avait été convenu pour se rencontrer avec son mari. Cela ayant mis fin aux négociations, les émissaires s'en retournèrent joyeusement auprès de leur maître, porteurs de ce qu'ils croyaient être de bonnes nouvelles.

Mais à peine étaient-ils sortis que je me hâtai d'informer les ministres de l'état des choses et de solliciter leur protection. Évidemment, en entrant dans la maison d'un des domestiques du Pacha, nous risquions notre vie ; c'était comme si nous mettions nos mains liées dans celles de nos ennemis. Par conséquent, on comprendra que ces mesures de précaution n'étaient pas du tout superflues. Mes ouvertures furent reçues avec bonté par Fuad, qui m'assura que nous étions sous sa protection. Cette assurance fut suivie d'instructions secrètes envoyées au chef du département de la police, qui ordonna de nous mettre à l'abri de toute tentative qui pourrait être faite de nous enlever de chez Hadji-Bekir.

Toutes les mesures ayant été ainsi prises pour que nous ne tombassions point dans les piéges de nos ennemis, nous nous rendîmes chez Hadji-Bekir, où nous trouvâmes Shevket, qui nous attendait avec impatience. Après avoir échangé quelques mots, Shevket nous dit qu'il était le premier à regretter ce qui était récemment arrivé, et que, malgré sa mère, il était résolu d'habiter séparément avec sa femme. Il nous informa en outre que Son Altesse, cédant à ses désirs, l'avait autorisé à choisir une maison et à la meubler d'une façon digne de sa fille.

— Le Pacha, — continua Shevket, — est résigné à ce sacrifice, dans l'espoir que sa fille comprendra combien il souhaite son bonheur, et qu'elle continuera à vivre avec son mari.

Ensuite, se tournant vers moi, il me dit d'un

ton affectueux qu'il ne saurait me permettre à moi, sa belle-mère, d'habiter ailleurs qu'avec ma fille.

En effet, dès le lendemain, toutes les mesures nécessaires furent prises pour trouver une maison convenable et pour prendre une décision au sujet du mobilier nécessaire pour la garnir. La maison sur laquelle tomba le choix de Shevket était une maison ouvrant sur la mosquée de Shekh-Zadeh ; sa situation offrait certains avantages stratégiques, par exemple celui d'être entourée des amis et des partisans de Shevket et de sa mère ; un autre avantage, également important, c'était que du côté de la mosquée il était facile de tenter un coup de maître... un enlèvement de force. En escaladant la maison du côté de la cour, dans la nuit, il serait aisé d'enlever n'importe quel nombre de femmes sans que les voisins de droite ou de gauche en sussent rien du tout.

Enchanté d'avoir trouvé cette maison, Shevket se hâta d'en achever l'ameublement. Tout ayant été arrangé, il invita Aïsheh à venir s'installer dans la nouvelle résidence fournie par son père.

Cette nouvelle installation, comme on le voit, n'était qu'une habile combinaison pour mieux perdre leur adversaire : nous ne nous y laissâmes pas tromper. Un arrangement établi sur un pareil volcan n'avait pas chance de durer longtemps : de chaque côté on comprenait les intentions de son adversaire, et cependant on feignait de les ignorer. Chacun de nous tenait la mèche à la main, craignant de mettre le feu à la mine; quant à moi, je n'osais pas hâter une séparation dont la responsabilité retomberait sur moi.

Dès les premiers jours de notre résidence à Shekh-Zadeh-Bashi, Shevket changea de manières et devint froid et réservé; ce n'étaient plus des prières qu'il nous adressait, mais des commandements péremptoires; rien ne lui plaisait; il suffisait du plus léger incident pour amener des désagréments et des altercations. Une semaine fut assez pour dégoûter Shevket et lui faire accélérer l'exécution de ses desseins.

En effet, le huitième jour, le premier acte du coup de maître se dévoila sous la forme d'un décret suprême, en vertu duquel l'entrée du harem était interdite à toutes celles qui n'avaient pas une autorisation préalable. En même temps qu'il adopta cette mesure, Shevket se munit d'un renfort pour l'aider au moment donné. Ce renfort consistait en un surveillant, Hadji-Ibrahim et en cinq ou six individus, sbires et bandits, employés par les Pachas pour accomplir tout acte décisif.

Mais le plus terrible de tous ces préparatifs, ce fut la tentative faite par Shevket de nous emprisonner en fermant toutes les issues qui auraient pu favoriser notre fuite. Il y avait une petite porte qui servait à faire communiquer la cuisine du harem avec les écuries. Shevket comprit que c'était un point important qu'il fallait garder à tout risque. C'est pourquoi il fit venir des maçons pour la fermer et élever un petit mur à la place. Après avoir fait l'inspection personnelle des lieux, Shevket se retira, en ordonnant à ses gens de se tenir prêts pour le soir.

Cependant il fut grandement déçu dans ses calculs ; car il aurait pu savoir que quelques femmes ont plus de perspicacité que les hommes ne leur en accordent. En effet, depuis que j'avais mis le pied dans la prison qui nous avait été préparée, je ne m'étais jamais fait d'illusion sur les intentions de Shevket ; je savais instinctivement que nous vivions, pour ainsi dire, sur un volcan, du sein duquel on pouvait s'attendre à de violentes éruptions. Aussi, pendant ces sept jours de tourmente, j'étais continuellement sur le qui-vive, prête, comme une sentinelle, à saisir le moindre bruit ou le moindre indice.

La bonne étoile qui a présidé à ma naissance fit sentir son influence, de sorte que, le jour même où les maçons commencèrent à fouiller les fondations des murs, je descendis à la cuisine pour voir ce qui se passait. A peine y étais-je depuis quelques secondes que le bruit des ouvriers frappa mon oreille. Ayant été informée de ce qu'ils faisaient, je n'eus besoin que de quelques minutes de réflexion pour pénétrer les desseins de Shevket et décider la mesure à prendre pour les déjouer. Évidemment la seule chose à faire c'était de s'enfuir avant que le cercle de fer ne se fermât sur nous. Le cœur gros et palpitant, je courus auprès de ma fille, à qui je dis ce que j'avais vu, et je lui déclarai qu'il n'y avait pas de temps à perdre, car si nous attendions jusqu'au soir, il en serait certainement fait de nous. Là dessus, ma fille et moi, nous nous mîmes à ramasser tout ce que nous pûmes en objets d'argent ou en bijoux. Nous en fîmes de gros paquets, et nous emplîmes nos poches de tout ce qui pouvait s'emporter commodément.

Je dois faire observer ici que les feradjehs (manteaux portés par les femmes turques) sont très-utiles pour pareils usages, car, enveloppée dans un de ces manteaux, on peut facilement cacher une grande quantité d'objets. C'est ce que ma fille et moi nous eûmes soin de faire en cette occasion ; nous savions bien que tout nous serait enlevé, et que ce serait de la folie que de laisser à Shevket ce que nous pouvions adroitement cacher. D'ailleurs, légalement et moralement, nous avions plus droit que lui à considérer tout ce qui était dans la maison comme nous appartenant.

Une fois ces mesures préliminaires prises, j'eus à recourir à quelque ruse pour désarmer les soupçons parmi les esclaves du harem. Comme je ne pouvais cacher notre sortie clandestine par la petite porte, je dis que, comme nous n'avions pas d'argent à la maison, j'avais décidé de vendre quelques-uns de nos effets, et d'acheter avec le produit ce dont nous avions le plus besoin. Afin de mieux dissimuler mon jeu, je leur promis à chacun de belles soieries et de jolis cadeaux. Ces promesses ne manquèrent pas de produire leur effet, car les esclaves entrèrent dans nos desseins et nous aidèrent à fuir et à sortir par la petite porte.

Pendant que ces événements se passaient dans le harem, nos gardiens étaient dehors à fumer et à causer. Hadji-Ibrahim, leur chef, s'amusait à donner des instructions à ses subordonnés sur la manière dont ils devaient nous surveiller. On l'avait entendu dire : — Notre maître est résolu à faire obéir ces gens-là.

En quittant la maison, ma fille et moi nous montâmes dans une voiture et allâmes directement chez une des dames de la cour, qui était de nos amies, et elle mit sa maison à notre disposition. Une fois en sûreté, nous nous hâtâmes d'envoyer à Shevket un message dans lequel ma fille déclarait qu'elle ne consentait plus à habiter avec lui, car elle était lasse de lui, de sa mère et de leurs intrigues.

Cette décision de sa part était le résultat de la conviction qu'elle avait qu'au milieu d'eux elle chercherait vainement la tranquillité ou le bonheur. Plusieurs années d'expérience n'avaient fait que l'affermir dans sa conviction.

Vers le soir, Shevket retourna à la maison, porteur de nouvelles instructions que sa mère et le Pacha lui avaient données dans la conférence qu'il avait eue avec eux dans la journée. Mais il était à peine entré qu'un messager, Ressim-Bey, s'approcha de lui et le prévint de la lettre dont il était porteur. Cette nouvelle accabla Shevket ; il était foudroyé, car si, d'un côté, il ressentait l'humiliation du rôle qu'on lui avait imposé, d'un autre, il tremblait en se voyant à jamais compromis aux yeux de sa mère et du Pacha.

Shevket était l'instrument à l'aide duquel ils tâchaient de tenir mon enfant sous leur contrôle, et cela explique toute l'importance qu'ils attachaient à lui. Malheureusement Shevket ne soutint pas l'attaque avec le courage qu'on eût pu attendre de lui ; car, en apprenant la fuite de sa femme, il perdit toute trace du sang-froid pour lequel il était renommé. Furieux de se voir à ce point humilié et abaissé, Shevket chercha à oublier dans l'ivresse l'affront qui lui avait été fait.

Se tournant vers ses domestiques, il leur ordonna d'apporter de l'arack et les accessoires qui charment les buveurs de cette boisson préférée. Ensuite, entouré de ses joyeux compagnons, Shevket s'enivra au point de perdre tout sentiment d'honneur, ainsi que le respect qu'il se devait à lui-même et à la fille de son bienfaiteur. Ce fut au milieu de cette orgie que Shevket prononça la formule de divorce selon la loi musulmane : *Shart olsun.*

Ces mots furent à peine sortis de sa bouche que des émissaires furent envoyés pour nous en informer, ainsi que Son Altesse. Cette nouvelle était la meilleure que nous pussions recevoir, tandis que dans le palais du Pacha et dans le harem elle causa du chagrin et de la consternation. Shevket fut disgracié, car ni sa mère ni le Pacha ne purent lui pardonner d'avoir trahi leurs intérêts.

XXX.

EFFORTS DE SHEVKET. — CONFISCATION. — PROCÈS. — MAHMOUD-BEY. — HOSTILITÉS PROLONGÉES. — MA MANIÈRE D'ENVISAGER LES CHOSES. — SENTIMENTS D'AISHEH.

La première émotion produite par la nouvelle qu'Aïsheh était enfin libre s'étant apaisée, des agents furent tout de suite envoyés dans l'espoir de regagner le terrain perdu et de faire revenir Aïsheh. Ces agents étaient porteurs de propositions et de contre-propositions ayant pour objet de renouer le mariage. Ils cherchèrent à toucher le cœur de ma fille en racontant la douleur et l'abattement éprouvés par Shevket lorsque, en reprenant ses sens, il comprit le mal qu'il avait fait. Il était inconsolable, et son repentir était sincère et sérieux, disaient-ils. A l'avenir, il était déterminé à laisser sa femme faire ce qu'elle voudrait, et ni sa mère ni le Pacha ne se mêleraient de leurs affaires.

Comme on peut bien se l'imaginer, après ce que nous avions souffert de nos adversaires, de telles propositions et de telles paroles étaient loin de nous toucher le moins du monde. La seule réponse que nous daignâmes faire à ces envoyés fut un refus décidé de prêter aucune attention aux propositions, aux menaces, ou aux promesses de Shevket et de ses acolytes. Cet ultimatum fut le signal du commencement d'hostilités qui durèrent pendant sept ans. Cette nouvelle guerre de Sept Ans en miniature ne s'est terminée qu'à la mort de Son Altesse, le 9 septembre 1871.

La première chose qu'on fit en recevant le refus d'Aïsheh d'accepter pour la seconde fois le mari dont elle ne s'était jamais souciée, fut d'enlever de la maison de Shekh-Zadeh tous les meubles qu'on lui avait donnés. Deux jours après que le divorce eût eu lieu, une foule de domestiques furent envoyés pour vider la maison de tout, même des vêtements et du linge appartenant à la malheureuse Aïsheh. Pour rendre cet acte cruel encore plus outrageant, on eut soin de lui envoyer quelques vieilles robes enfermées dans un vieux coffre brisé.

Je dois faire remarquer ici que cet acte de lâche vengeance était en outre une violation de la loi et des coutumes établies. Selon la loi musulmane et les usages turcs, les effets et les meubles donnés à une jeune fille à l'époque de son mariage deviennent sa propriété inaliénable. Mais à l'époque du mariage d'Aïsheh, on ne lui avait donné que la moitié de son trousseau. Le Pacha, en lui meublant sa maison, n'avait agi que comme il aurait dû le faire auparavant.

Ainsi tous les objets employés à l'ameublement de la maison appartenaient de droit à l'enfant de Son Altesse, et le Pacha n'avait pas même le droit de s'en emparer. D'après la loi musulmane, cet acte équivalait à une confiscation. Mais ce ne fut pas fini seulement avec les meubles et les vêtements d'Aïsheh, car son argent subit le même sort. Ma fille avait, quelque temps auparavant, acheté une grande ferme dans le voisinage d'Alep ; cette propriété lui appartenait en son nom et les titres étaient entre les mains de Shevket, qui les gardait.

Des économistes éminents ont avancé une théorie suivant laquelle il paraît que les droits des femmes sont mieux établis par la législation musulmane que par la législation européenne. Quand on considère que, d'après la loi du Sheriaht, une femme n'est pas sûre un instant de ce qu'elle aime le mieux en ce monde, son mari et ses enfants, à quoi lui servent le peu de possessions qu'elle peut avoir? Mais si, de la loi écrite, nous passons à la loi vivante, de la théorie à la pratique, c'est là qu'on voit combien peu servent à la femme ses prétendus droits.

La confiscation des biens faite par Kibrizli-Pacha et Shevket était un de ces actes comme en accomplissent tous les jours ceux qui se sentent assez puissants pour les mettre à exécution. Or, que sont les droits des femmes au milieu de cette lutte entre le fort et le faible ?

Ma fille ayant échoué dans sa tentative de rentrer en possession de ses meubles, il ne nous restait qu'à nous installer quelque part à nos frais. Nous vendîmes nos objets de prix et nos bijoux, et les quelques milliers de francs que nous réalisâmes nous permirent de faire face aux dépenses de réinstallation, en nous gardant un petit fonds de réserve.

Je dois dire ici que cette sorte d'arrangement ne reçut pas mon approbation, car l'initiative en affaires d'argent était restée entièrement à ma fille.

La prudence nous recommandait donc la plus stricte économie, car les nuages étaient sombres et la tempête imminente. Ma fille ne croyait pas à un orage et elle espérait toujours que son père s'adoucirait et lui fournirait des moyens de subsistance. On pourrait dire, à la vérité, que l'expérience de la mère aurait dû dissiper les illusions de la fille ; mais malheureusement un sentiment de délicatesse m'empêchait de me faire justice moi-même. Je ne voulais pas qu'elle ou quelque autre personne me reprochât d'avoir profité de la position abandonnée de mon enfant pour la contraindre à se soumettre à ma volonté dans des affaires d'argent.

La maison que nous louâmes dans les faubourgs de Scutari pendant l'été de 1864 était une belle résidence, admirablement située, offrant les avantages d'une vue charmante sur le Bosphore et d'un jardin plein d'orangers et de citronniers.

Notre existence au milieu de cette magnifique nature aurait dû être fort agréable, mais les charmes de la campagne étaient gâtés par la tourmente incessante que nos adversaires nous suscitaient. Notre porte était littéralement assiégée d'émissaires, tant hommes que femmes, envoyés dans l'espoir de nous empêcher de goûter un instant de repos. Tantôt c'était le Pacha qui envoyait pour découvrir quelque moyen de nous ramener sous sa domination, tantôt c'était l'ex-mari,

Shevket, qui envoyait des femmes pour nous tracasser; puis c'étaient des agents qui venaient nous épier de la part du tribunal et nous ennuyer de toutes les façons.

Le procès que nous fûmes obligées d'intenter à Shevket, pour lui réclamer les biens et la dot d'Aïsheh, fut notre principale occupation pendant notre séjour à Scutari. Aïsheh ne put obtenir rien de ses biens ou de ses propriétés, car le Cadi ou Juge, lui dit ouvertement qu'il n'était pas assez puissant pour contraindre son mari à restituer ce qu'il avait pris. Quant à la dot, on ne souleva aucun obstacle pour obliger son mari à rembourser la somme qu'il devait; cependant, quand vint la question de payer le *nafakah*, Shevket fit le juif et le tribunal l'aida à jouer ce rôle.

Le nafakah, ou son équivalent en argent, est ce que le mari doit donner à sa femme pour son entretien pendant les trois mois qui suivent le divorce. La somme que le mari doit remettre à sa femme est fixée par le tribunal, qui prend en considération la position sociale et les ressources des parties intéressées, ainsi que le prix de la nourriture et autres matières premières de ce genre. Quand il s'agit des basses classes, il n'est alloué pour *nafakah* à la femme divorcée que deux à trois piastres par jour; souvent même il y a des gens qui refusent de donner autant à leurs femmes sous prétexte que leurs moyens ne leur permettent pas d'être extravagants; alors ils leur donnent simplement du pain et une bougie par jour. En pareil cas, ils ont soin de laisser la bougie et le pain devant la porte de la femme, et échappent ainsi à toutes poursuites légales.

Dans les classes moyennes, les maris allouent à leurs femmes quelque chose comme deux à trois cents francs par mois, tandis que dans les classes élevées on convient généralement de donner une bonne somme ronde ou rien du tout. Nous aboutîmes à un compromis de ce genre avec Shevket ; il n'a jamais essayé de donner un liard, et nous n'avons jamais parlé de nafakah.

Avec l'automne les charmes de la campagne commencent à disparaître, et l'approche de l'hiver est le signal du départ pour ceux qui aiment le luxe de Stamboul. A la fin de la saison, nous nous hâtâmes donc de rentrer en ville et, pour cela, nous louâmes une maison dans la partie de Stamboul appelée Jussuf-Pacha. Cette maison était grande et spacieuse, mais le temps et la pauvreté l'avaient réduite à l'état d'un palais dilapidé. Elle avait appartenu autrefois au Grand-Vizir Selim-Mehemet-Pacha, qui ayant été envoyé pour apaiser la révolte de Damas, fut tué par les insurgés. Ce Selim était le même qu'avait rendu célèbre le carnage qu'il avait fait des Janissaires, en compagnie d'Agha-Hussein de Viddin et de Kara-Djehenem. Selim avait échappé au règne de la terreur à l'époque de son vizirat ; mais à Damas il avait payé sa dette à la population révoltée.

Ces événements se passaient en 1824. C'est avant son départ pour Damas que Selim avait fait bâtir la maison que nous avions louée. Il n'avait rien négligé de ce qui pouvait rendre cette résidence digne d'un Grand-Vizir : grandes salles, vastes kiosques, décorés en forme de grottes, bains de marbre, enfin rien ne fut omis de ce qui pouvait plaire à sa famille parmi les commodités et le luxe de la vie orientale. A sa mort, tout cela disparut comme par un coup de baguette. Les richesses, les honneurs, les propriétés de Selim, furent partagés entre ses amis et ses serviteurs ; quant à ses héritiers, ils n'eurent que ce que les autres ne purent leur ôter, c'est-à-dire la maison de leur père, et une petite somme d'argent pour vivre.

Telle est réellement l'histoire de Selim et de ses descendants ; mais en changeant le nom en celui de Mehemet ou de Mustapha, ce serait également l'histoire de toutes les grandes familles de Turquie. Le père a pu être Grand-Vizir ; mais les fils et les filles n'héritent pas de grand'chose. Je puis vraiment dire qu'en Turquie, il n'y a pas plus de quatre ou cinq grandes familles qui comptent plus de soixante ans de noblesse. Le plus grand nombre des familles soi-disant nobles ne datent que d'une génération ; en effet, elles sont nobles tant que la personne à laquelle elles doivent leur élévation existe ; à sa mort, ses fils se soutiennent pendant quelques années, puis disparaissent, et à la troisième ou à la quatrième génération, le nom du Vizir, qui a anobli la famille, est complétement oublié.

La constitution de la société musulmane et le système du gouvernement turc sont les causes d'un tel état de choses. Comme chez les Musulmans la société se compose de plusieurs familles, qui ne se distinguent les unes des autres que par leurs noms propres, il arrive ainsi qu'une famille est représentée d'abord par Hassan, puis par Mehemet, son fils, et ensuite par un Mahmoud ou un Selim. Ces chefs de famille n'ayant ainsi point de nom de famille tombent dans l'oubli, et leur généalogie est effacée. Les Arabes tâchent de remédier à ce défaut organique de leur société au moyen d'un arbre généalogique, qu'ils conservent précieusement dans leurs familles. Les Turcs n'attachent aucune importance à la noblesse du sang; ils regardent le Sultan et sa dynastie comme étant seuls nobles ; le reste sont des plébéiens. Leur système de gouvernement est aussi incompatible avec le système aristocratique et le maintien de familles nobles.

Le propriétaire actuel de notre maison était Mahmoud-Bey, fils du Grand-Vizir Selim-Pacha : c'était un petit bonhomme dont l'extérieur ne révélait pas sa haute naissance. Mahmoud avait des traits sur lesquels étaient visibles les traces laissées par de rudes épreuves et de grandes souffrances ; sa physionomie triste et sombre était le reflet d'un esprit surchargé, tandis que ses vêtements usés et raccommodés étaient l'héritage d'un Grand-Vizir. Je ne sais si c'était dû à l'adversité ou à la prodigalité; mais le fait est que Mahmoud-Bey en était à son dernier sou. Tous les biens laissés par son père avaient disparu, sauf la maison, qui lui restait parce que feu Selim avait eu la bonne idée d'en faire une propriété substituée.

Pour satisfaire à ses besoins les plus urgents, Mahmoud avait dégarni sa maison de tout, de sorte qu'il ne restait que les quatre murs; enfin, il fut forcé de la louer, car c'eût été folie que de demeurer dans une grande maison, qu'il ne pouvait ni occuper, ni meubler. Mahmoud-Bey s'était donc retiré avec sa famille dans une partie éloignée du harem, qui était son dernier rempart contre une complète misère. Là, il méditait sur les vicissitudes de la vie humaine et sur le destin, tandis que de fortes doses d'arack contribuaient à adoucir le désespoir engendré par la pauvreté et le besoin.

L'hiver que nous passâmes chez Mahmoud-Bey s'écoula assez tristement et au milieu de toute sorte de tracas et de tourments. Kibrizli-Pacha ne cessait de nous imposer de nouveau Shevket, et nous ne nous sentions pas disposées à accepter ses conditions. Les choses étaient poussées au point qu'on cherchait à acheter et à corrompre nos domestiques et nos esclaves pour qu'ils fissent des scènes et du scandale dans la maison. Un jour, notre cocher s'enivra et ramena avec lui deux ou trois coquins, qui firent grand bruit devant la porte de notre demeure et causèrent beaucoup de scandale dans cette partie de la ville. Ces gens firent cela évidemment à l'instigation de ceux qui tâchaient de diffamer notre maison et de nous tracasser. Ils essayaient de tous les moyens qui pussent leur procurer quelque prétexte pour nous faire exiler de Constantinople. Férideh tremblait de colère quand elle voyait sa rivale sortir dans son équipage et avec ses domestiques propres. Lorsqu'elle nous entendait appeler par nos noms, comme étant la femme et la fille de Kibrizli-Pacha, elle frémissait de rage et de dépit.

Aussi cherchait-elle à nous compromettre, et, pour atteindre ce but, tous les moyens lui semblaient bons. Il faut avoir vécu, comme moi, au milieu des Turcs pour se faire une idée de leur rancune et de leur esprit de vengeance. Ainsi notre ennemie, Ferideh, ne pensait qu'à nous diffamer, à nous dépouiller du peu que nous possédions, et à nous faire exiler de Constantinople. Voyant que l'autorité de son mari ne suffisait pas, elle se mit à travailler Son Altesse et à essayer de lui faire solliciter la faveur de Fuad-Pacha. Cette démarche, comme on peut se l'imaginer, devait coûter très-cher à Kibrizli; pour aucune considération au monde, il n'aurait voulu s'humilier devant ses rivaux. On ne saurait douter qu'il devait souffrir dans son intérêt personnel et son amour-propre, car le titre de chef de l'opposition lui interdisait de faire des avances à ceux qui étaient au pouvoir. De plus, la cause qu'il plaidait avait en soi quelque chose de repoussant; en implorant l'aide du gouvernement dans ses tracas avec sa femme et sa fille, Kibrizli jouait un triste rôle qui ne pouvait que ternir sa réputation auprès de ses collègues et du public.

Mais Kibrizli-Pacha, ou ses conseillers, mirent ces scrupules de côté et se montrèrent prêts à aller jusqu'au bout, au prix même de concessions politiques. Quant à Fuad, on peut comprendre qu'il ne dédaigna pas de négocier sur la base d'un quiproquo.

Pour nous, il suffisait d'une pareille entente entre Kibrizli et le Grand-Vizir pour nous mettre dans une position très-critique. L'emprisonnement, l'exil, la mort même étaient à craindre, car nos ennemis étaient parvenus à un tel degré d'exaspération que rien de moins que notre ruine ne pouvait les apaiser. Quand je fus informée de ce qui se passait, je n'eus point de doute sur la gravité de notre situation, et nous prîmes conseil ensemble sur le meilleur moyen d'échapper aux intentions hostiles de nos ennemis.

Mon plan était d'aller directement en Europe, laissant les Turcs à leurs jalousies et à leurs intrigues. « Fuir des plaisirs mêlés de craintes, » comme dit le proverbe : cette pensée me frappa vivement au milieu de nos dangers. En effet, à quoi nous servaient un climat ravissant, un peuple hospitalier, et le luxe que nous permettaient nos ressources, quand nos ennemis nous traitaient comme des bêtes sauvages ? Il était inutile, après ce qui s'était passé, de songer à un compromis avec eux.

Le Pacha disait que le mariage avec Shevket devait être renoué ; la femme, de son côté, préférait la mort plutôt que de consentir à un tel arrangement. Ni l'un ni l'autre ne voulaient céder ; une collision était donc inévitable, et ce choc ne pouvait avoir d'autre résultat que ma ruine et celle de mon enfant, attendu que je n'aurais jamais consenti à l'abandonner aux mains de ceux qui conspiraient contre sa vie. Fuir de Constantinople fut naturellement la première idée qui nous vint à l'esprit ; mais où aller ? C'était là la question à laquelle il nous fallait penser sérieusement avant d'entreprendre d'autres démarches. Il n'y avait pas en Turquie d'endroit qui pût nous offrir un refuge sûr ; car si Constantinople ne le pouvait pas, les provinces étaient certainement encore moins propres à nous en offrir un. L'Egypte présentait certains avantages ; car son gouvernement intérieur nous servait de garantie contre toute persécution. Une longue expérience m'avait appris les artifices de la politique orientale, et je savais que, dans cette politique, il y a un chapitre appelé celui de la trahison. Un arrangement comme celui qui venait d'être conclu, survenant entre les ministres de Constantinople, aurait suffi pour nous faire jeter dans des cachots souterrains.

L'Europe était le pays qui pût seul nous assurer un abri, car là, ni le Sultan ni ses Vizirs ne pourraient nous atteindre. En Allemagne ou en France, nos ennemis pourraient se moquer de nous ; mais nous oublierions bientôt l'envie et les persécutions au milieu des races civilisées. Le peu de biens qui nous restaient encore auraient assuré à mon enfant une existence heureuse et paisible. Malheureusement ma fille ne pouvait nullement comprendre l'importance des conseils que je lui donnais, et mes efforts pour vaincre son opposition n'aboutirent à rien. Voici les raisons qui empêchaient Aïsheh de se décider à fuir en Europe.

Aïsheh, comme les autres enfants turcs, avait été

élevée au milieu des doctrines les plus absurdes, dont la principale lui enseignait que les musulmans sont la race élue et que les autres peuples sont un amas d'êtres impurs et immondes. Imbus de ces idées, les Turcs éprouvent une répugnance insurmontable pour les chrétiens, leurs mœurs, et leurs personnes. Cette répugnance est si forte que, si l'on demandait à une femme turque par plaisanterie si elle consentirait à devenir l'épouse d'un chrétien, elle s'empresserait de témoigner son horreur et son dégoût en crachant sur ses vêtements. Aïsheh avait une semblable horreur des chrétiens, et l'idée d'aller vivre chez eux provoqua une résistance que je ne pus vaincre.

L'amour qu'elle portait à son père était une autre raison qui l'empêcha d'adopter ce plan. En effet, quand j'insistais près d'elle et qu'à bout d'arguments je lui démontrais que dans sa position elle n'avait pas à choisir, elle sanglotait du fond du cœur :

— Non, — disait-elle, — j'aime trop mon père ; je ne pourrais lui causer une telle douleur dans sa vieillesse. Si j'allais chez les Giaours, il en mourrait de chagrin.

Les nobles sentiments de mon enfant m'imposèrent silence ; car il y a des moments où l'affection l'emporte sur tout. L'avenir prouvera que mes prévisions dans cette circonstance étaient justes. Mes lecteurs verront bientôt comment Aïsheh se décida à chercher un refuge dans un pays chrétien et à abandonner pour toujours son pays natal. Mais, pour arriver à cette solution, il fallut qu'elle fût réduite à la dernière extrémité, qu'elle eût, pour ainsi dire, le couteau sur la gorge.

Nous convînmes en dernière analyse de nous enfuir en Égypte. L'Égypte a été de tout temps l'étoile polaire des malheureux, le pays qui leur a offert un asile et les a protégés contre la haine et les persécutions de leurs ennemis. De notre temps encore, quiconque désire améliorer sa position, trouve en Égypte une contrée hospitalière. Fuyons donc en Égypte; car, une fois là, nos ennemis trouveront difficile de s'emparer de nous, et le peuple de ce pays aura certainement pitié de deux malheureuses femmes.

XXXI.

DÉPART POUR L'ÉGYPTE. — ABIB-PACHA. — ARRIVÉE A ALEXANDRIE. — CONDUITE DES ÉGYPTIENS. — DÉPART POUR MÉTELIN. — NOUS SOMMES PRISES DE FORCE. — EXIL A KONIEH.

Nous cachâmes avec soin nos préparatifs de départ jusqu'au jour où nous partîmes pour Alexandrie. Vers le soir, notre petite caravane, qui se composait de six ou sept personnes, comprenant des esclaves et des domestiques, dirigea ses pas vers le bateau à vapeur qui quitte la Corne d'Or à sept heures. Pendant le voyage entre Constantinople et Alexandrie, il ne survint rien de remarquable, si ce n'est la rencontre d'un certain Abib-Pacha, ami de mes ennemis, qui allait en Égypte pour obtenir de l'argent du Vice-Roi. Ce genre d'opération est fort en vogue parmi les Pachas turcs, qui volent en Égypte chaque fois qu'ils se trouvent sans le sou. Du temps des Romains, l'Égypte était le grenier de l'Empire ; de notre temps les Turcs en ont fait un hôtel des monnaies, où chacun court remplir sa bourse.

Abib-Pacha était un brave garçon ; sa carrière était singulière. Il avait commencé par être écrivain ; mais il avait bientôt changé cette profession pour celle de bouffon. Sa bouffonnerie lui avait procuré plusieurs protecteurs, et entre autres, Bessim, frère de ma rivale Ferideh. C'était Bessim, qui, dans un transport d'ivresse, avait fait de son bouffon un Pacha et l'avait envoyé gouverner la Croatie, la Macédoine, et quelques autres provinces. Mais, quoique Pacha, Abib ne s'en trouva pas mieux dans ses affaires, parce qu'il continuait d'être Pacha et bouffon tout à la fois. La vérité est qu'aucune somme d'argent ne suffisait à ses extravagances, et il était dans les dettes jusqu'au cou. Néanmoins ses dettes étaient le cadet de ses soucis ; car, doué d'une bonne humeur surprenante, il s'imagina pouvoir les payer avec la même monnaie qu'il avait employée pour gagner ses protecteurs, c'est-à-dire au moyen de sa bouffonnerie. Mais ses créanciers ne le tenaient pas quitte pour un payement de cette sorte; car ils s'étaient opposés énergiquement au départ de Son Excellence et ne l'avaient pas laissé quitter Travink ou Drama, avant qu'il n'eût mis en sûreté, comme gages, sa femme et ses secrétaires.

Abib, à son arrivée à Constantinople, était allé partout supplier ses protecteurs de lui procurer l'argent nécessaire pour leur mise en liberté, et il y avait réussi. Ensuite, il s'était embarqué pour l'Égypte où il espérait captiver la faveur du Pharaon, sur la générosité de qui il comptait pour remplir ses poches. Abib n'était pas du tout un méchant homme, et il eut pour nous toute sorte d'attentions et de bontés pendant le voyage. A notre arrivée à Alexandrie, Abib-Pacha se hâta de prévenir les autorités égyptiennes auxquelles il donna sur nous des renseignements qui n'étaient pas toutefois inspirés par des sentiments hostiles. C'était d'autant plus honorable pour Abib que, dans l'Orient, c'est l'habitude de tourner le dos à ceux qui sont persécutés ou dans le malheur, et même de les repousser.

Dans tous les pays, il est vrai, on évite les malheureux comme la peste ; mais en Turquie cela se fait sans la moindre réserve ou la moindre délicatesse, et d'une telle manière qu'on ne doit point être surpris de se voir souffleter par ceux qui, la veille, auraient baisé vos pantoufles.

Du moment que Hafiz-Pacha, gouverneur d'Alexandrie, apprit que la femme et la fille de Kibrizli-Pacha étaient à bord, il se hâta de nous envoyer une voiture avec l'invitation de nous rendre à l'hôtel que le gouvernement égyptien met à la disposition des voyageurs de distinction. Cet établissement s'appelle le *Musafir-Khaneh ;* il contient des appartements somptueusement meublés, où sont logées les personnes de haut rang qui visitent l'Égypte. On nous donna le premier étage de l'hôtel, et deux fois par jour on nous servit un repas exquis à l'orientale, avec petits pâtés, sucreries, et tout ce qu'on pouvait demander.

Mais les attentions et le zèle que déployaient les Égyptiens pour rendre agréable notre voyage en Égypte firent bientôt place à une froideur inattendue, qui se manifesta tout à coup le quatrième jour après notre arrivée. Nos ennemis de Constantinople, ayant appris que nous étions parties pour l'Égypte, envoyèrent sans perdre de temps une dépêche au Vice-Roi pour lui faire savoir que Son Altesse Kibrizli-Pacha, nous ayant disgraciées et désavouées, se sentait blessé des attentions qu'on avait pour nous.

Soupçonnant ce qui se passait, je demandai une entrevue au gouverneur Hafiz-Pacha, afin de m'assurer de ses intentions à notre égard. Hafiz me fit comprendre la portée des instructions qui lui avaient été envoyées, et nous prévint que son gouvernement, tout en nous offrant l'hospitalité, ne désirait pas offenser Son Altesse en lui donnant, à lui ou aux autorités de Constantinople, aucune cause d'ennui, et il termina ses observations en me conseillant, à moi et à ma fille, de faire tout ce qui était en notre pouvoir pour regagner la faveur de Son Altesse, au prix de quelque sacrifice que ce fût.

Le langage diplomatique et réservé employé par Hafiz-Pacha suffit pour me dévoiler les intentions de son gouvernement à notre égard et me montrer le danger qui nous menaçait. Des paroles nettes et simples, sans compliments, m'eussent inspiré de la confiance, tandis que cette façon énigmatique de s'exprimer me prouvait que les Égyptiens n'étaient pas des gens sur lesquels on pût compter. Évidemment ils n'eussent pas hésité, si on les eût pressés de Constantinople, à nous mettre les menottes aux mains et à nous envoyer dans des cachots d'où nous ne serions jamais sorties.

Épouvantée par les idées que cette entrevue avec Hafiz-Pacha m'avait suggérées, je m'empressai, à mon retour à l'hôtel, de donner l'alarme à ma fille, en lui faisant connaître mon intention de retourner en Turquie par le premier bateau à vapeur. Je lui fis comprendre que si nous étions une fois emprisonnées dans un pays éloigné, on ne m'en laisserait jamais sortir; car les Turcs étaient tellement courroucés contre moi personnellement, qu'ils ne perdraient pas de temps pour se débarrasser de moi une fois pour toutes. Il était vrai qu'en retournant en Turquie, nous étions toutes les deux en danger; mais nous y avions aussi quelques chances de salut. Étant en Turquie, nous pourrions nous reposer sur la sympathie de la population, et en mettant tout au pis trouver des moyens d'évasion. En Égypte et dans le Soudan, nous n'aurions personne pour nous venir en aide, et une fois là, nous y demeurerions fort probablement le reste de notre existence.

Il ne fallut pas de grands frais de persuasion pour convaincre Aïsheh que mes craintes n'étaient que trop fondées, et le même jour elle résolut de retourner à Constantinople. Néanmoins, pendant les quelques jours qui précédèrent notre départ, nous nous mîmes à réfléchir à ce que nous ferions après notre arrivée à Constantinople, et nous tâchâmes de nous tracer une ligne de conduite qui nous assurerait les avantages d'une vie retirée et nous protégerait contre la violence.

Il était impossible de nous dissimuler qu'en allant à Constantinople nous nous mettions dans une position anormale ; car ce ne pouvait être à la proximité de nos adversaires, qui nous traquaient partout, que nous pouvions espérer trouver cette tranquillité et cette sécurité auxquelles nous aspirions. D'ailleurs, à un point de vue économique, la capitale n'était pas précisément l'endroit où l'on pût songer faire des économies : le nom de notre famille, les habitudes dépensières de ma fille, l'exemple d'autrui étaient autant d'obstacles qui nous empêcheraient de mener une vie calme et retirée.

Après avoir pesé divers projets, nous finîmes par tomber sur un plan qui nous parut remplir les conditions voulues. J'avais entendu dire que l'île de Mételin était un lieu charmant, dont les habitants passaient leur vie au milieu des plaisirs et de l'abondance. D'après les renseignements que j'avais reçus, le loyer des maisons était à un taux relativement peu élevé, la nourriture abondante, tandis que les jardins et la campagne offraient tous les agréments que la nature peut procurer ; on disait en outre que le commerce du blé et des olives y prospérait.

Les informations que je m'étais procurées à Alexandrie, au sujet de notre sûreté, m'apprirent que les différentes puissances avaient des consuls dans la ville, chef-lieu de l'île. Ceci était de nature à nous encourager et à nous rassurer; car on sait bien que partout où il y a des consuls étrangers, les autorités turques sont circonspectes et se sentent gênées dans leurs actes arbitraires. Dans un endroit comme Mételin, on n'oserait pas nous toucher impunément, car l'opinion publique nous protégerait jusqu'à un certain point.

La décision que nous adoptâmes fut donc d'aller d'abord à Constantinople, et, après avoir réalisé l'argent qu'il nous fallait et fait nos préparatifs, de partir pour Mételin.

Notre arrivée à Constantinople surprit grandement nos adversaires, et cette surprise de leur part favorisa l'exécution de notre projet. Tandis que le Pacha et le ministère discutaient entr'eux les mesures coercitives qu'ils se proposaient de décréter, nous eûmes amplement le temps de faire nos arrangements pour notre voyage et de partir pour Mételin.

A notre arrivée à Mételin, nous nous occupâmes tout de suite de trouver une maison et de nous procurer tout ce qui était nécessaire pour notre subsistance. La maison que nous louâmes était une belle résidence située sur une hauteur, d'où nous avions une vue magnifique du port et des montagnes qui l'entourent. Nos plus proches voisins étaient les consuls d'Italie et de Grèce, et après eux, dans les environs, demeuraient les consuls des autres puissances et l'Archevêque grec de Mételin. Nous n'avions, comme on le voit, négligé aucune précaution, et notre position, au milieu du corps diplomatique, était presque pour ainsi dire inattaquable. Cependant ce furent ces précautions mêmes qui accélérèrent la catastrophe.

Quelques jours après notre arrivée dans l'île, je pensai à faire quelques spéculations du genre de celles qui étaient le plus en vogue parmi les commerçants, dans l'intention d'augmenter le petit capital dont nous pouvions encore disposer. La spéculation que j'entrepris consistait à faire venir de la farine de Salonique pour la vendre aux habitants de l'île au moment opportun. Dans ce but, je m'associai avec un négociant grec, et je fis venir un fort chargement de farine, qui fut entreposé. Ces opérations commerciales, dont je laissai la gestion à un surveillant, nommé Hadjii, ne m'empêchèrent pas de lier des relations amicales avec mes voisins; car dans notre position il était avantageux que chacun nous connût et que nous connussions tout le monde. Quand on n'a rien à cacher et qu'on peut porter la tête haute, on a tout à gagner à être sociable et à se mêler avec ses égaux. Ainsi nous allions souvent chez le consul italien, M. Marinucci; chez M. Delaporte, consul grec, ainsi que dans d'autres familles de l'île; mais la société qui nous charmait plus que toutes les autres était celle de Monseigneur l'Archevêque de Mételin, vénérable vieillard, plein de bonté et de courtoisie.

L'Archevêque avait un superbe jardin, où il cultivait avec le plus grand soin les fleurs et les arbustes les plus rares, parmi lesquels les orangers et les citronniers étaient si nombreux qu'ils formaient une épaisse forêt, dont l'odeur parfumait l'air. Ma fille et moi, nous avions l'habitude d'aller fréquemment dans ce jardin nous promener et jouir de la fraîcheur du soir et de l'aimable société de l'Archevêque. Un jour, pendant que nous étions assis et près du kiosque en compagnie de l'Archevêque et des prêtres de sa suite, notre domestique Abdullah entra dans le jardin et, d'un air effrayé, nous informa que des soldats avaient entouré notre maison et nous cherchaient partout.

Cette nouvelle inattendue, tombant au milieu du cercle d'amis dans lequel nous nous trouvions, jeta la consternation parmi nous tous, et comme cela n'était que naturel dans un cas si critique, le vieil Archevêque et les prêtres de sa suite nous entourèrent aussitôt nous offrant leurs conseils et leurs bons offices. Je répondis à la bienveillance de ces dignes prêtres en les remerciant en mon nom et au nom de ma fille de toutes les attentions qu'ils avaient eues pour nous, et les priai d'êtres témoins devant Dieu et devant les hommes des actes de barbarie qu'on allait commettre contre des femmes. Me tournant vers ma fille, je tâchai de relever son courage en l'exhortant à ne pas avoir peur; car si notre dernière heure était venue, nous n'y remédierions pas en nous montrant lâches.

Après avoir dit ce peu de mots, je me dirigeai vers la porte du jardin; mais, à peine étions-nous dehors, que les gendarmes, qui nous attendaient, s'emparèrent de nous et nous emmenèrent à une vieille forteresse, située à deux kilomètres environ de la ville. Les gendarmes qui nous conduisaient demeurèrent taciturnes tout le long du chemin et ne dirent pas un mot sur ce qu'on allait faire de nous; seulement en réponse à l'observation faite par moi, que je supposais que c'était par suite de la réception d'un ordre de mon mari qu'ils agissaient de cette manière envers nous, le commandant du détachement dit sèchement : —

— Vous le savez, madame; eh bien, alors, marchez !

Quand nous fûmes arrivées à la forteresse, on nous fit passer par trois petites portes de fer et l'on nous mena dans une salle voûtée, qui n'était éclairée qu'en partie par une ouverture près du toit. Cette prison sombre et humide avait pour tous meubles deux mauvais lits avec un couvre-pied de laine. Nous n'y fûmes pas plutôt entrées que les gardes fermèrent les portes, nous laissant méditer sur notre position et sur le sort qui nous attendait.

Pendant que les ordres que le ministère avait envoyés de Constantinople étaient ainsi exécutés sur nos personnes, notre maison et ce que nous possédions étaient saisis par le détachement chargé de cette opération. Nos vêtements furent les seules choses qu'on nous abandonna; tous les autres objets, y compris la farine et les autres marchandises que nous tenions entreposées, ainsi que notre argent comptant, furent confisqués et passèrent dans les mains de personnes avides de pillage.

Les trois jours que nous demeurâmes dans la forteresse, furent des jours de misère et d'angoisses ; chaque fois que la porte de notre prison s'ouvrait, ou que nous entendions du bruit de dehors, nous nous imaginions que notre dernier moment était arrivé et que les bourreaux venaient nous étrangler. Cette terreur qui s'était emparée de nous n'était pas le résultat d'une imagination surexcitée ou d'un esprit effrayé ; mais elle était causée par la conviction que nos ennemis, Ferideh et Bessim, étaient gens à ne reculer devant aucune monstruosité pour se débarrasser de nous.

C'était leur impuissance seule qui les avait paralysés ; mais maintenant que les autorités paraissaient leur prêter aide dans leurs desseins, nous pouvions nous attendre à tout de leur part.

Néanmoins, à la fin du troisième jour de notre détention, un des fonctionnaires du gouvernement de l'île vint nous prévenir que nous allions être exilées à Konieh, dans l'Asie Mineure et, qu'en conséquence, nous devions nous embarquer à bord du bateau à vapeur qui partirait dans la nuit pour Smyrne.

L'officier du Pacha ne manqua pas de nous adresser quelques mots de consolation et nous fit force excuses de la part de son maître qui, dit-il, regrettait beaucoup d'avoir eu à remplir un devoir si triste ; mais, comme serviteur de l'État, il ne pouvait faire autrement que d'obéir aux ordres qui lui avaient été envoyés.

Ainsi, escortées de nouveau par des gendarmes,

nous fûmes conduites à bord, exactement comme si nous avions été condamnées aux galères ou comme des gens qui auraient conspiré contre la vie du Sultan et la sûreté du pays. Notre arrestation eut lieu au commencement de décembre 1865.

XXXII.

EN ROUTE POUR KONIEH. — SÉJOUR A KONIEH. — ÉVASION DE KONIEH. — ARRIVÉE A MERSINE. — LE CONSUL DE FRANCE. — ARRIVÉE A CONSTANTINOPLE.

A notre arrivée à Smyrne, nous fûmes conduites sous escorte dans une maison turque, où nous fûmes gardées pendant trois autres jours sous une surveillance rigoureuse. Les préparatifs de notre voyage étant alors terminés, nous fûmes placées sur des chevaux et nous prîmes le chemin qui mène de Smyrne à Konieh, en passant par Sparta. Cette fois notre escorte n'était pas très-redoutable ; elle ne se composait que de deux gendarmes. Évidemment les autorités de Smyrne ne craignaient pas que nous tentassions de prendre la fuite dans le cours du voyage. D'ailleurs, avec de mauvais chevaux, de mauvaises selles de cavalerie, et avec la neige qui couvrait les montagnes d'Aidin, il aurait fallu être des hommes d'une force exceptionnelle, au lieu d'être des femmes, pour tenter une telle évasion.

Pauvres malheureuses créatures que nous étions, nous avions à peine la force de nous tenir sur nos selles ; car nous grelottions d'un froid qui nous privait presque de l'usage de nos membres. Aïsheh, qui n'aurait jamais dû être exposée à de semblables épreuves, avait à endurer de si rudes fatigues ; son état était vraiment digne de compassion. Les privations et les souffrances auxquelles elle était exposée altéraient davantage ses forces, tant son esprit et son intelligence étaient accablés, et tant il lui était pénible d'être privée de toutes les commodités et de tout le luxe auxquels elle était accoutumée chez son père ; mais ce qui, plus que tout le reste, la rendait inconsolable, c'était de savoir qu'elle devait ce traitement terrible à un père qu'elle aimait tendrement.

Les souffrances de ma fille et l'état des routes ne nous permettaient ni de faire de longues marches, ni de jouir d'aucun des plaisirs du voyage. Nos étapes étaient généralement de trois à quatre heures par jour ; de sorte qu'il nous fallut une quinzaine de jours pour atteindre Konieh, lieu de notre destination. Sur le chemin, nous nous reposâmes dans un grand nombre de villes et de villages : les endroits les plus importants que nous vîmes furent Aidin, pays des fameux Zeibecks, les guerriers troubadours de l'Asie Mineure. Aidin, ou Guzel-Hissar, doit être un lieu charmant en été, car il est entouré de jardins et de vergers, et l'on y jouit d'une vue magnifique des plaines environnantes. Sparta est une autre ville dont le riant aspect anima un peu la tristesse de notre voyage. De là, comme d'Aidin, on a la superbe perspective d'une vallée couverte de beaux platanes : les eaux coulaient abondamment dans le lit des rivières et des torrents, et les maisons nous paraissaient élégantes et bien bâties au milieu des jardins.

Mais, sous le poids de nos souffrances, nous voyant exilées et proscrites, les beautés de la nature et la vue des villes et des villages ne pouvaient produire grand effet sur nous, de sorte qu'il arrivait souvent que nous étions entrées dans un endroit et en étions sorties sans avoir même pensé à adresser à son sujet la moindre question à nos gendarmes ou aux gens du pays. Au milieu de notre anxiété, la pensée prédominante qui absorbait notre esprit était : Et après ? que va-t-on faire de nous une fois que nous serons parvenues à Konieh ?...

Après quinze jours de marche, nous arrivâmes enfin à Konieh, qui est située au milieu d'une vaste plaine. Je ne dirai rien ici de Konieh, de ses maisons, de ses mosquées, ni des jardins qui en forment les faubourgs ; car j'ai déjà fait la description de cette ville lors de mon premier exil. Néanmoins, je n'hésite pas à dire qu'en approchant de la ville je ne pus m'empêcher de ressentir un vif désir de la revoir et de me retrouver avec mes anciens amis et mes anciennes connaissances. Il me semblait en ce moment qu'il y a un charme dans tous les malheurs, et que le souvenir d'un triste passé a en soi quelque chose de propre à calmer et à récréer l'esprit.

Notre arrivée à Konieh ne manqua pas de produire

une vive sensation parmi toutes les classes de la population, parmi les hommes aussi bien que dans le harem. On était étonné de voir une fille envoyée par son père en exil au milieu des glaces et de la neige. Le Pacha gouverneur était un vieillard bon et gros, nommé Izzet-Pacha : quand les gendarmes lui mirent dans les mains le firman qui nous condamnait à l'exil, le pauvre Pacha resta stupéfié, et, saisissant sa longue barbe, il s'écria : —

— *Tchok shei! Tchok shei! bunudah giurduk!...*

Ce qui signifie : —

— Morbleu! faut-il vivre jusqu'à mon âge pour voir des choses comme celles-là!

Izzet-Pacha eut soin de nous loger dans une maison où pas plutôt installées nous fûmes assiégées d'une foule de visiteurs. Tous ceux qui m'avaient connue autrefois s'empressèrent de venir me voir; quelques-uns de mes amis m'exprimèrent les regrets que leur inspiraient les malheurs qui nous avaient frappées, moi et ma fille, tandis que mes plus intimes amis ne pouvaient cacher la joie qu'ils éprouvaient de me revoir au milieu d'eux.

Les femmes du Mollah-Unkiar, ainsi que celles de plusieurs derviches, se hâtèrent de nous envoyer des mets chauds et des confitures, en témoignage de leur cordialité. Dans nos conversations privées entre mère et fille concernant notre position, nous en vînmes à conclure que ce serait folie que de penser à retourner, du moins de quelque temps, dans notre pays, et que pour le moment ce que nous avions de mieux à faire, c'était de nous résigner à notre sort et d'essayer de rendre notre exil aussi agréable que possible.

Évidemment, le seul espoir que nous pussions garder de retourner dans notre pays était fondé sur la possibilité que la voix de la nature se fît entendre dans le cœur de celui qui n'avait pas hésité à persécuter sa femme et son enfant. Néanmoins, la Providence, qui veillait sur nous, en avait ordonné autrement dans ses desseins cachés ; car, à notre insu, ou même sans que nous y pensassions, elle allait nous ouvrir le chemin de notre délivrance.

Trois mois s'étaient à peine écoulés depuis notre arrivée à Konieh, quand un beau jour une certaine Hadji-Kadin, mère d'un derviche, vint nous visiter. Dans le cours de la conversation, la digne femme nous dit que si elle s'était trouvée dans une position semblable à la nôtre, elle se serait évadée et serait retournée à Constantinople.

— Vous n'avez pas commis de crime, — ajouta Hadji-Kadin ; — que supposez-vous qu'on puisse vous faire ? Si j'étais à votre place, comme Allah m'en est témoin, je ne resterais pas une minute de plus ici.

Ces exhortations produisirent un effet extraordinaire sur moi et ma fille ; car à chaque mot nous sentions se ranimer notre courage et notre force. La question de notre fuite fut alors longuement discutée, et, entre nous trois, nous devisâmes des moyens que nous devions employer pour mener à bonne fin notre entreprise. Hadji-Kadin offrit, de la meilleure volonté du monde, de nous procurer des chevaux pour le voyage, et proposa que son fils, le Derviche Ahmet, nous accompagnât en secret jusque hors de la ville et nous mît sur le chemin qui mène à Mersine. Le plan à suivre pour notre évasion ayant été décidé, il ne resta plus qu'à faire les arrangements nécessaires.

Avant de relater les circonstances qui ont accompagné notre fuite de Konieh, je dois donner quelques explications sur cet événement; car les explications répandront la lumière sur les causes qui avaient amené notre exil et qui occasionnèrent notre fuite.

Notre exil et notre fuite n'étaient ni plus ni moins que des farces politiques que se jouaient le ministère et Kibrizli-Pacha. Au milieu de ces intrigues, c'était nous, pauvres infortunées, qui avions à souffrir. D'après les informations que j'ai glanées à notre retour à Constantinople, et qui confirmaient ce que j'ai entendu dire à Fuad-Pacha lui-même, lors de mon entrevue avec lui à Nice, peu de temps avant sa mort, je vais rapporter ici les circonstances qui amenèrent notre exil et notre fuite.

Les lecteurs se rappelleront sans doute ce que j'ai dit précédemment au sujet des instigations de nos ennemis, qui, par leurs fourberies et leurs artifices, poussèrent le Pacha à commettre des actes de violence contre sa femme et sa fille. Mais Kibrizli, qui n'était plus au ministère, n'avait pas d'autre moyen de satisfaire les clameurs des gens de sa maison que de demander aux ministres de l'aider de leur autorité. Les ministres hésitèrent d'abord à prêter leur appui à Kibrizli; car la guerre intestine qui désolait la famille d'un prétendant au grand-vizirat s'accordait parfaitement avec les désirs et les intérêts de Fuad-Pacha et d'Ali-Pacha.

La bienveillance que les ministres nous témoignèrent d'abord et leur refus de servir d'instruments de vengeance expliquent suffisamment leur politique pendant la première phase des conflits provoqués entre nous et Kibrizli-Pacha. Mais un changement inattendu dans l'aspect des affaires fit modifier leurs plans à Fuad et à Ali. Kibrizli ayant résolu, à tout prix, de l'emporter sur nous et sur ses adversaires politiques, présenta aux ministres un ultimatum, par lequel il déclarait que, s'ils persistaient à lui refuser l'appui de l'autorité contre sa fille, il s'adresserait directement au Sultan et obtiendrait de Sa Majesté le firman qu'il désirait avoir.

Voyant que Kibrizli remporterait la victoire malgré eux, Fuad et Ali changèrent de tactique en cédant aux demandes de leur adversaire et en lui accordant le firman décrétant notre arrestation et notre exil. En agissant de cette façon, ces deux hommes d'État prirent en considération nos intérêts et notre salut; car il était évident que si Kibrizli-Pacha, Ferideh, Bessim et nos autres ennemis avaient pu réussir à se procurer un firman conforme à leurs désirs, notre perte était inévitable.

En délivrant donc ce firman, le ministère, à notre insu, nous rendait un service signalé. Néanmoins, comme en politique rien ne se fait sans motif, Fuad et Ali ne consentaient à accorder le firman que dans le but de conserver les avantages qu'ils pouvaient recueillir au milieu de nos querelles domestiques. Ils comprenaient parfaitement bien l'un et l'autre qu'il serait facile d'annuler un firman émanant d'eux-mêmes, tandis qu'il eût été beaucoup plus difficile de révoquer un firman émanant du Sultan. Bref, Fuad et Ali s'étaient dit : Donnons à Kibrizli le firman qu'il demande, ensuite il ne sera pas difficile de relâcher les femmes, et les choses iront comme auparavant.

C'est là exactement ce qu'ils firent en nous envoyant deux émissaires tels que Hadji-Kadin et le Derviche Ahmet, son fils. On ne saurait douter que ces gens agirent d'après des instructions reçues du quartier général; car si tel n'eût pas été le cas, comment expliquer que, pendant notre séjour à Konieh, aucune mesure de surveillance ne fut prise contre nous, et qu'ensuite, à notre arrivée à Constantinople, le ministère ne s'occupa nullement de notre évasion.

Évidemment, on voulut seulement fermer la bouche à Kibrizli, en lui donnant le firman, tandis qu'en nous laissant échapper, on voulait créer de nouvelles difficultés.

Suivant le plan que nous avions arrêté, le Derviche Ahmet vint frapper à notre porte à la pointe du jour, accompagné de deux guides et de deux chevaux sur lesquels nous devions monter. Sans perdre de temps, nous trois, Aïsheh, moi, et mon fils Djehad, nous nous posâmes sur nos selles et nous nous mîmes à trotter à travers les champs et les sentiers solitaires que le Derviche Ahmet s'était chargé de nous montrer. Quand nous fûmes à quelque distance de Konieh, le Derviche Ahmet nous confia aux soins des deux guides, en nous faisant en même temps ses adieux et en nous souhaitant un heureux voyage.

Maintenant que je vois les choses sous un jour différent de celui sous lequel je les envisageais à cette époque, je ne puis que regretter qu'ils ne nous aient pas épargné la terreur, l'agitation, et la fatigue que nous causa notre évasion de Konieh. Si le ministère avait décidé de nous faire revenir à Constantinople pour jouer notre jeu jusqu'au bout, j'aurais, pour ma part, promis de le jouer dans la perfection, sans le laisser deviner à qui que ce soit et sans nous causer de réels tourments. Mais la complète ignorance dans laquelle nous étions tenues au sujet de ce qui se passait derrière le rideau, nous faisait nous enfuir avec toute la gravité et toute la peur de conséquences dangereuses. A chaque pas, nous regardions derrière nous pour voir si l'on ne nous suivait pas. Au lieu d'avancer tranquillement, nous galopions comme des fous ; et, comme nous n'étions pas bien capables de nous tenir sur nos selles, nous tombâmes au moins vingt fois.

Quant à ma fille, elle déploya beaucoup de courage ; elle m'étonnait par l'adresse qu'elle montrait dans le maniement de son cheval. Néanmoins, elle tomba aussi plusieurs fois ; mais cela n'arriva pas avant que les forces lui manquassent et qu'elle se sentît épuisée par la fatigue et le manque de sommeil.

Entre Konieh et Karaman, il y a une distance de vingt heures de marche à cheval; nous fîmes le tout en deux relais et nous nous arrêtâmes dans une prairie sur le bord d'un ruisseau. La vérité est, qu'après une marche de douze à quatorze heures, nous étions tellement éreintées, que nous ne pouvions continuer sans prendre du repos. Laissant nos chevaux paître dans la prairie, nous et nos guides, nous nous étendîmes sur le bord du ruisseau et, au bout de quelques moments, nous nous endormîmes.

A la pointe du jour, Aïsheh s'éveilla : alarmée du danger que nous courions à prolonger notre halte dans un endroit infesté de maraudeurs turcs, elle nous fit lever et continuer notre marche. En effet, nous étions dans une très-périlleuse position; car, si des gens malintentionnés s'étaient présentés, nous n'aurions pu leur opposer de résistance; notre caravane ne se composait que de deux hommes armés, et ils dormaient tout à fait tranquilles sur l'herbe. Si des voleurs étaient survenus, ils auraient pu aisément nous emmener tous, hommes, femmes, et chevaux.

Nous continuâmes notre voyage vers Karaman, mais nous ne pûmes y entrer avant le coucher du soleil, car nous passions par les chemins de traverse et évitions les routes fréquentées. Je le repète, ces fatigues et ces tourments auraient pu nous être épargnés, si on nous avait fait savoir que nous pouvions suivre les grandes routes et prendre notre repos.

Après avoir passé la nuit à Karaman, nous poursuivîmes notre route, en suivant les vallées et en longeant le versant des montagnes de la Cilicie (l'Ak-Dagh). Avant de traverser cette chaîne, notre caravane passa la nuit à Khan, petite ville située sur le chemin de Mersine. Au sortir de Khan, le lendemain, nous montâmes au sommet de la chaîne de montagnes, dont le pic culminant est appelé Dunbelek-Dagh par les gens du pays. La route était une suite de zigzags à travers le versant boisé des montagnes. La vue était extraordinairement pittoresque et grandiose.

La troisième nuit de notre marche, nous fîmes halte à un village de l'autre côté de la montagne, et le quatrième jour, assez tard dans l'après-midi, nous arrivâmes saines et sauves à Mersine. Comme nous craignions que les autorités de la ville ne s'aperçussent de notre arrivée et par suite ne soulevassent des difficultés, peut-être même n'empêchassent notre départ, aussitôt arrivées nous nous rendîmes chez le consul de France pour nous mettre sous sa protection.

Le consul se trouvait absent, il était à sa maison de campagne, car en Cilicie, où le printemps est fort précoce, les habitants ont coutume d'aller pendant le mois de mars à leurs résidences de campagne afin d'y jouir de la saison la plus agréable de l'année. Cette malencontreuse circonstance nous mit dans la nécessité d'aller à la recherche du consul et de chevaucher une demi-heure de plus. Le concierge du consulat fut assez galant pour s'offrir comme guide, et il marcha en tête de nos chevaux jusqu'à ce que nous fussions parvenues à la porte du consul. La maison était dans une situation pittoresque au milieu des rochers, et dominait de belles et vastes vignes, entourées de figuiers et de palmiers.

Ayant été mis au courant de notre arrivée, le consul se hâta de venir en personne nous offrir l'hospitalité de sa maison, et, avec une exquise politesse, il nous aida à descendre de cheval et nous fit les honneurs de chez lui. M. Geoffroy était un jeune homme d'environ trente ans, d'un extérieur agréable et de manières qui révélaient une haute naissance et une excellente éducation.

L'affabilité que nous montra le chevaleresque consul dépassait les limites ordinaires de l'hospitalité et de l'étiquette. Selon l'usage oriental, il mit son bain à notre disposition et pria sa mère de veiller à ce que rien ne fût négligé pour notre commodité. M. Geoffroy, dès le premier moment que nous mîmes le pied dans sa maison, s'empressa de nous assurer que personne ne nous inquiéterait tant que nous demeurerions chez lui, et qu'il nous donnerait aussi un sauf-conduit pour nous embarquer à bord du bateau à vapeur.

Nous fûmes pendant deux jours les hôtesses du consul, qui nous charma par ses manières ainsi que par les attentions dont il nous combla. Mais ce qui me plut plus que tout le reste, ce fut le service qu'il nous rendit en nous donnant en ami ses meilleurs avis et conseils au sujet de ma fille et de son père. M. Geoffroy, qui comprenait parfaitement le caractère des Turcs, n'hésita pas à dire que, d'après ce qu'il avait appris de nous relativement à nos affaires, notre retour à Constantinople était, dans les circonstances, un véritable acte de folie. Quant à l'espoir d'amener une réconciliation avec le Pacha et nos adversaires, c'était une illusion que les antécédents contredisaient entièrement. Suivant lui, il n'y avait que deux partis à prendre : ou ma fille devait se résoudre à une soumission complète, ou autrement il lui fallait chercher sa sûreté dans un pays étranger.

A cet égard, M. Geoffroy et moi nous étions de la même opinion ; mais malheureusement Aïsheh ne voulait pas écouter les conseils de sa mère ou d'un ami, car elle nourrissait encore l'espoir d'arranger les affaires par un moyen terme.

A l'arrivée du bateau à vapeur, nous prîmes congé de M. Geoffroy et de sa mère, et nous nous rendîmes à bord. Comme le bâtiment touchait aux différents ports le long de la côte, tels que Rhodes, Smyrne, les Dardanelles, il nous fallut trois jours pour atteindre la Corne d'Or.

XXXIII.

NOTRE POSITION. — DESSEINS DES TURCS. — NOUS NOUS DÉCIDONS A FUIR EN EUROPE. — MON NEVEU CARLO GALIX.

Notre arrivée ne manqua pas de produire un certain effet sur la masse de la population de Constantinople ; mais cette sensation n'était pas seulement le résultat de la surprise, car on savait que nous n'étions pas femmes à nous laisser facilement mater. La nouvelle de notre arrivée contraria naturellement nos adversaires; quant aux ministres, ils s'en réjouirent, car ils savaient que la lutte allait recommencer entre nous et nos ennemis.

Il n'aura pas échappé à l'attention du lecteur que, tandis que je n'hésite pas à donner à Kibrizli, Ferideh, etc., le nom d'adversaires, j'ai soin de qualifier de *nos* amis les gens au pouvoir ; en effet, quel titre pourrais-je donner à Fuad-Pacha ou à Ali-Pacha qui, tout en se servant de nous pour atteindre leur but politique, nous laissaient néanmoins à la merci du plus fort et se montraient tout à fait indifférents à nos souffrances et à nos angoisses? Si ces gens avaient eu réellement à cœur notre bien, ce qu'ils auraient dû faire était très-simple. Ils auraient dû d'abord nous allouer une somme d'argent pour notre subsistance et intimer sans retard à nos adversaires d'avoir à se tenir tranquilles, en les prévenant qu'autrement le gouvernement interviendrait en notre faveur.

Fuad et Ali prirent soin de ne pas suivre une telle ligne de conduite; car ils savaient que, par ce moyen, on mettrait bientôt un terme à nos querelles. Naturellement, si l'on nous avait laissées vivre en paix et si l'on nous eût alloué quelques milliers de francs pour notre entretien, nous ne nous serions jamais préoccupées de Ferideh et de ses acolytes, nous les aurions laissés parfaitement tranquilles.

Désirant faire cesser un état de choses auquel nous

n'avions rien à gagner et tout à perdre, dès mon arrivée à Constantinople, je sollicitai ma fille de s'efforcer de regagner les bonnes grâces et la faveur de son père. Dans cette intention, Aïsheh alla voir un *Khodja*, qui était le directeur spirituel de Son Altesse, personnage pieux en haute réputation parmi les grands de Constantinople aussi bien que dans les classes pauvres du peuple. Le Khodja, qui se nommait Ibrahim-Effendi, accueillit Aïsheh avec toutes les marques de la bienveillance et de la considération. Il lui exprima son regret des malheurs que nous avions éprouvés, et ne lui cacha pas qu'il désapprouvait les actes de violence que nous avions soufferts. Ibrahim-Effendi n'hésita pas à dire qu'il avait adressé des remontrances à ce sujet à Son Altesse, mais que malheureusement il n'avait pas été écouté. Le Khodja finit par assurer à Aïsheh qu'il ne manquerait pas de saisir la première occasion favorable pour intercéder pour elle; mais il ajouta que nous devions nous tenir bien tranquilles et éviter de causer le moindre ennui au Pacha.

Mais, tandis qu'Ibrahim-Effendi prêchait ce sermon à Aïsheh et la renvoyait avec de belles paroles, nous avancions rapidement vers une crise.

Le fait est que nous étions réduites à la dernière extrémité, n'ayant pas d'autre alternative devant nous que de nous rendre à discrétion ou de nous frayer nous-mêmes un chemin à travers les lignes ennemies. Comme une garnison qui a employé toutes ses munitions, nous étions forcées ou de déposer les armes ou de faire une sortie.

Nos ressources étaient totalement épuisées. Il ne nous restait que quelques mille francs des cent mille que ma fille avait emportés avec elle en s'enfuyant de chez son père. Tout cet argent nous avait coulé entre les doigts sous un prétexte ou un autre. Aïsheh en avait dépensé une partie en futilités dont elle prétendait ne pouvoir se passer; une autre partie avait été confisquée à Mételin, et une autre absorbée par les dépenses de notre exil et de notre évasion. En un mot, comme je l'ai dit, tout avait été dépensé d'une façon ou d'une autre, et deux ou trois mille francs étaient tout ce que nous possédions en ce moment solennel.

Dans ces circonstances, il nous était impossible de songer à continuer la lutte ou même à demeurer dans la capitale, où ma fille avait été accoutumée à mener une vie luxueuse. La seule chance qui nous restât était d'aller vivre à la campagne, où une petite propriété que je possédais nous aurait servi de refuge et nous aurait sauvées du danger imminent de mourir de faim. Mais, après avoir résolu la partie économique de la question, le point qu'il fallait ensuite prendre en considération était notre sûreté personnelle. Serions-nous en sûreté dans cet endroit ? Et, si nos ennemis envoyaient quelqu'un pour nous maltraiter, qui serait là pour nous protéger ? Dans l'impossibilité de résoudre ce problème d'une façon satisfaisante, je réfléchis à une fuite en Europe, afin de voir si ce parti m'offrait plus de chance ou même une ombre d'espoir. Mais il n'était pas nécessaire de se mettre l'esprit à la torture pour être à même de comprendre que dans notre position il y eût eu de la folie à songer à une fuite. Je savais bien que deux femmes qui oseraient s'aventurer en Europe sans argent pouvaient s'attendre à tout, même à la mort.

Mais, tandis que nous attendions avec anxiété le résultat de nos négociations, et que nous tâchions d'arriver à une décision sur ce que nous avions de mieux à faire, survint un incident qui décida de notre sort. Nous avions pour ami un certain Hussein-Pacha, qui connaissait Bessim, Shevket et toute la bande. Hussein apprit, Dieu sait comment, que Kibrizli-Pacha et ses conseillers avaient résolu de se débarrasser de nous à tout prix, et dans ce but ils avaient l'intention de nous faire transporter à la forteresse de Demitoka, d'où nous ne pourrions jamais espérer nous évader. La forteresse de Demitoka est située en Thrace, et c'est là que la Porte envoie ceux dont elle veut se défaire. Il n'y a point en Turquie d'endroit plus lugubre, où la surveillance soit plus rigoureuse qu'à Demitoka ; cela explique pourquoi ce lieu passe généralement pour une espèce d'enfer sur terre.

Hussein, en apprenant les intentions de nos ennemis, se hâta de nous envoyer un émissaire secret pour nous avertir du danger qui nous menaçait. On ne pouvait douter de l'importance de cette information ; car, après ce qui nous était arrivé à Mételin, il était évident qu'il n'était pas d'outrage dont nos ennemis ne fussent capables. Quant à douter de la véracité du message que nous envoyait Hussein-Pacha, il ne pouvait en être question; car nous savions que Hussein détestait foncièrement nos ennemis, et si ce n'était pas entièrement par égard pour nous, en tout cas son inimitié pour autrui lui inspirait le désir de nous être utile.

Cette nouvelle nous alarma énormément, moi surtout, car je savais voir plus clairement que ma fille qu'un sombre avenir s'ouvrait devant nous. Aïsheh, de son côté, en proie à une consternation qui touchait au délire, m'implorait de partir pour l'Europe, disant qu'elle aimait mieux mourir de faim que de tomber vivante aux mains de ses ennemis. Je fis de mon mieux pour la calmer, et, dans ce moment suprême, relever son courage, en lui faisant comprendre qu'elle ne devait pour aucun motif désespérer de l'avenir, car les affaires n'en étaient pas encore au point qu'elle s'imaginait, et que d'une façon ou d'une autre nous obtiendrions aide et protection.

Mais toutes mes prières et mes exhortations ne servirent de rien : elle y faisait la sourde oreille, car sa terreur était si grande que la malheureuse fille avait perdu tout empire sur elle-même. Après avoir fixé des yeux hagards sur la porte, Aïsheh demeura immobile pendant quelques secondes; puis, se tournant tout à coup vers moi, elle dit d'une voix effrayée : —

— Si vous voulez vous en aller avec moi, c'est bien; sinon, je vais aller tout de suite à la mer et m'embarquer sur le premier navire européen que je trouverai, car je ne veux pas rester ici.

Ayant eu déjà cent preuves de ce dont Aïsheh était

capable une fois qu'elle avait pris quelque chose fortement à cœur, et sachant que, dans son état de surexcitation, elle pouvait même se tuer, je cédai à ses instances. D'ailleurs, les sentiments d'une mère sont capables de la faire sortir du sentier de la raison et du sens commun, et il me semblait qu'un tourbillon m'entraînait avec ma fille dans un gouffre. Je promis donc sur-le-champ de l'emmener en Europe et de la mettre à l'abri de ceux qui conspiraient contre nous ; en même temps je recommandai à Aïsheh de garder le plus profond secret sur ses intentions, car, si quelqu'un en avait le moindre soupçon, nous perdrions la vie.

Afin de donner au lecteur une idée des dangers au milieu desquels nous nous trouvions, je dois dire que ce que Kibrizli-Pacha et les Turcs redoutaient le plus, c'était de nous voir nous enfuir en Europe. Le fanatisme et la jalousie sont les deux sentiments qui prédominent chez les Turcs, et ces sentiments sont si violents, qu'aucun Turc ne peut, sans trembler de fureur, apprendre qu'une femme s'est enfuie chez les Giaours.

Il est bien possible que le Turc qui apprend la terrible nouvelle ne connaisse ni la femme, ni sa famille, ni même son pays : ces choses lui sont parfaitement indifférentes ; le simple fait que la fille d'un musulman est tombée aux mains d'un Giaour, et que celui-ci peut contempler ses traits, suffit pour lui faire bouillir le sang et perdre la tête. S'il arrivait cependant que la femme qui s'est échappée ne soit pas une personne inconnue, de basse extraction, mais la fille d'un des princes de l'Islam, les Turcs seraient disposés à déclarer en corps qu'un tel fait est un désastre national; quelques-uns d'entre eux pourraient même en mourir d'apoplexie.

Ma fille Aïsheh était fille d'un Grand-Vizir, d'un homme qui avait trois fois tenu dans sa main le sceau du Sultan; en outre elle était une *Esseideh,* une émir, une descendante de la race de Mahomet. On peut comprendre que l'idée seule qu'une telle femme pût s'enfuir et être exposée au regard impur des Giaours, rendît les Turcs furieux au point de préférer nous renfermer pour la vie dans la forteresse de Demitoka, ou nous faire étrangler, plutôt que de supporter un affront permanent envers l'Islam.

C'est une grave erreur de supposer que la jalousie et le fanatisme furent éteints à l'époque de la destruction des Janissaires, car même à cette date les jeunes gens qui ont été envoyés en Europe pour leur éducation, subissent la contagion de ces maladies lors de leur retour dans leur pays. Fuad-Pacha faisait exception à la règle générale; quant à Ali-Pacha, je ne puis me former aucune opinion, d'autant plus que je ne connais si ses idées, ni ses sentiments. Personne ne pourrait même jamais deviner ce que cet homme pensait ou sentait réellement : Ali était un vrai génie en hypocrisie.

Mais, pour en revenir à notre fuite, je dois dire que les précautions que je pris pendant que je faisais mes préparatifs étaient d'accord avec la gravité des circonstances et des risques que nous courions. Après avoir médité plusieurs projets dans mon esprit, je me décidai finalement pour le seul qui me semblait offrir quelque chance de succès : c'était, en premier lieu, de découvrir parmi les Européens de Péra, quelqu'un qui nous procurât des vêtements à la mode européenne : jupons, chapeaux, manteaux, etc., et qui entreprît de s'assurer des places pour nous sur un des paquebots de la poste de Marseille.

Dans ces circonstances, il était naturel que je portasse les yeux sur mes parents de Péra ; car à qui m'adresser pour une affaire si dangereuse et si délicate, si ce n'est à ma sœur ? Les habitants de Péra sont d'une vénalité si notoire que j'avais de bonnes raisons de craindre de me confier à quelqu'un d'eux ; il y avait grand risque que, séduits par l'espoir de faire leur fortune, ils me livrassent par trahison aux Turcs, qui leur auraient volontiers donné une énorme somme d'argent pour des informations sur notre projet. A dire vrai, j'hésitai même quelque temps à me fier à ma sœur, par cette raison que son fils, Carlo Galix, était pourvoyeur de la Cour impériale, et, par conséquent, intimement lié avec les Turcs.

— Dieu sait, — me disais-je, — jusqu'à quel point les intérêts d'argent peuvent l'emporter sur les liens de famille, et Carlo Galix, qui gagne des mille et des cents par les Turcs, pourrait bien trahir sa tante, qu'il connaît à peine.

Mais l'honnête Carlo me prouva la fausseté de mes soupçons et de mes craintes ; personne au monde n'aurait pu agir plus noblement : il prit sur lui, à ses frais et à ses risques, de nous fournir les moyens de fuir. En effet, quand j'allai chez Mme Galix et lui confiai notre dessein de nous enfuir en Europe, elle fit immédiatement venir son fils Carlo, et tous les trois nous tînmes un conseil dans lequel nous discutâmes le projet sous toutes ses faces, et nous arrêtâmes le plan d'action qui nous parut le plus favorable. L'empressement que Carlo mit à nous aider dans cette dangereuse affaire me surprit totalement, car je n'avais pas de raison de m'y attendre.

— Ma tante, — dit Carlo, — de la manière que je vois les choses, le seul espoir de salut pour vous et pour Aïsheh est dans la fuite. En vous enfuyant en Europe, non-seulement vous vous mettez en sûreté, mais encore vous prenez une revanche signalée sur les Turcs, qui vous ont maltraitées et tyrannisées, et qui cherchent maintenant à vous perdre. Sacrebleu ! laissez-nous faire, et demain tout sera prêt pour votre départ.

XXXIV.

DÉPART DE M. DE MOUSTIER. — NOUS NOUS DÉGUISONS. — NOUS MONTONS A BORD DU BATEAU A VAPEUR. — NOTRE DÉPART. — ARRIVÉE EN GRÈCE. — NOTRE SORT EN EUROPE.

Tout ayant été préparé pour notre départ, nous fîmes diligence pour nous embarquer sur le premier paquebot qui devait partir pour la France cette semaine-là. La cause de notre grande hâte était que si nous manquions le moment du départ de l'ambassadeur de France, nous perdrions l'occasion la plus favorable d'opérer notre fuite. De prime abord, il pourrait être difficile de voir quel avantage nous devions retirer de prendre passage sur le même bateau que le Marquis de Moustier, qui avait été nommé alors (1866) ministre des affaires étrangères à Paris; mais quelques mots vont expliquer et apprendre comment le Marquis, par la force des circonstances et sans le vouloir, devint notre sauveur.

A Constantinople, le gouvernement et la police exercent un contrôle assez sévère sur les passe-ports des voyageurs qui partent. En premier lieu, il faut que les passe-ports soient visés; ensuite ils sont présentés au bureau des Messageries et ne sont rendus aux voyageurs que quelques instants avant leur départ. Or, cette affaire des passe-ports, avec toutes ses formalités, était une question sérieuse, par la simple raison que nous n'avions point de passe-ports ni le moyen de nous en procurer. Mais si le manque de passe-ports nous exposait au risque d'être arrêtées par la police locale; d'un autre côté, la présence à bord du représentant de l'Empereur des Français était pour nous une protection, attendu que l'honneur de son pavillon ne pouvait permettre qu'on employât la force à bord d'un navire sur lequel lui-même se trouvait.

L'immense avantage qui résultait pour nous de la présence du Marquis ne peut être justement apprécié que si l'on prend en considération ce qui serait arrivé, s'il n'eût pas été à bord. Supposons, par exemple, que moi et ma fille nous fussions allées à bord du bateau qui mit à la voile la semaine suivante pour Marseille. Comme nous n'avions point de passe-ports, les employés du bateau auraient été tenus de faire connaître notre présence à la police, et alors les difficultés auraient commencé.

La police se serait hâtée de prévenir les autorités; celles-ci auraient couru chez le représentant de la France, qui aurait envoyé au capitaine l'ordre d'arrêter le départ du navire; ensuite des négociations diplomatiques auraient été entamées pour nous faire rendre à la surveillance turque. Une fois qu'une affaire tombe dans les mains des diplomates, il est impossible de dire quand elle finira. Quelques grimaces de la part du Français, quelques petites concessions de la partie postulante auraient suffi pour nous livrer aux mains de nos ennemis.

C'est pourquoi, pleinement pénétrées des immenses avantages que nous obtiendrions à être dans la société du Marquis de Moustier, nous fîmes l'impossible dans ces deux jours pour achever nos préparatifs. Carlo se hâta de nous apporter des vêtements, de faire nos malles, et commanda des chaises à porteurs qui devaient nous mener par les rues de Péra et de Galata au lieu de l'embarquement. Pour ma part, je me dépêchai de dire à Aïsheh que notre départ était fixé au lendemain.

Il était nécessaire de fournir aux gens de notre maison et aux voisins quelque raison de nos agissements. Nous leur donnâmes donc à entendre que nous allions seulement au quartier des Giaours pour faire des achats. Nos adieux furent les derniers que nous leur fîmes, les derniers que ma fille fit à son pays, à tout ce qui lui était cher au monde. Quant à moi, je fis mon dernier adieu à la société musulmane, au milieu de laquelle j'avais passé trente ans, toute une existence.

A notre arrivée à Péra, nous allâmes directement chez Mme Galix, qui nous attendait avec impatience, car tout était prêt pour notre départ. Dans de tels moments, quand on est sur le point de prendre une décision définitive, un sentiment de violente agitation s'empare fatalement de tous ceux qui y prennent part, qu'ils soient acteurs, complices ou témoins; aussi, en entrant dans la maison, nous trouvâmes ma sœur et Carlo très-émus non moins par la grave responsabilité qui pesait sur eux, que par le caractère décisif et irrévocable de la mesure qu'ils savaient que nous allions prendre.

C'est avec la précipitation et l'émotion inévitables en pareille occasion que nous ôtames notre costume turc pour mettre les jupons que portent les Européennes. Aïsheh, avec cette légèreté d'esprit qui faisait le charme de sa jeunesse, ne paraissait pas se préoccuper beaucoup de la responsabilité ou du danger; elle était entièrement absorbée dans l'opération de se métamorphoser de Hanum en dame. L'idée d'approcher de la liberté lui faisait oublier les périls qui menaçaient sa vie même. Lorsque notre toilette fut terminée, nous dîmes adieu à ma sœur et à ses filles et nous sortîmes dans la rue où nous attendaient les chaises à porteurs. Carlo nous aida à y entrer, en nous avertissant d'avoir bien soin de cacher nos visages en baissant nos voiles ; et, quand tout fut prêt, il donna l'ordre du départ.

Nous passâmes par les rues les plus fréquentées de Péra et de Galata, et sans doute nos chaises se heurtèrent contre bien des gens qui n'auraient pas hésité à nous attaquer, s'ils avaient seulement soupçonné que c'était nous qui étions cachées derrière les rideaux.

Carlo suivait à quelque distance, surveillant avec soin notre marche ; aussitôt que nous fûmes arrivées à l'escalier du port, il nous rejoignit afin de nous aider dans la difficile opération de l'embarquement. L'escalier auquel nous étions allées était tout près de la douane de Galata et peu fréquenté ; c'était un endroit admirablement choisi pour notre embarquement ; Carlo y avait fait stationner un bateau maltais, sous pavillon anglais, qui devait nous conduire au paquebot à vapeur. En sortant des chaises à porteurs, nous dîmes adieu à Carlo en le remerciant cordialement de tout ce qu'il avait fait pour nous ; puis nous prîmes place dans le bateau.

Les bateliers maltais, à force de rames, nous eurent conduites en quelques instants jusqu'au paquebot, au long duquel ils nous menèrent. Il y avait devant l'échelle une foule de bateaux et des caïques turcs, qui avaient amené des marchands et des marchandises au paquebot; parmi les caïques il y en avait deux ou trois qui étaient là pour surveiller l'embarquement, et dans chacune se trouvait un employé de la police. Les gendarmes nous regardèrent d'un œil dur, inspectèrent notre bagage, et nous laissèrent passer; s'ils eussent su seulement que l'une de ces dames n'était rien de moins que la fille du Grand-Vizir, qui peut dire ce qu'ils nous auraient fait? Probablement nous aurions été mises à même de mesurer la profondeur du Bosphore.

Aussitôt que nous fûmes à bord, nous descendîmes dans une des cabines réservées aux dames, et nous nous y plaçâmes loin de tous les yeux. Ce qu'il y eût de très-étonnant, c'est qu'aucun des employés du navire ne nous demanda à voir nos billets ou nos passe-ports; le commis nous demanda simplement jusqu'où nous allions, et voyant que nous n'avions pas de billets, il nous en donna quatre, un pour moi, un pour Aïsheh, et deux autres, l'un pour Frédéric et l'autre pour Djehad.

Quelques moments après notre arrivée à bord, parut le Marquis de Moustier, suivi d'un certain nombre de caïques, occupées par tous les grands dignitaires de la Porte. Tous les ministres, à portefeuille ou sans portefeuille, se pressaient pour faire leurs adieux et présenter leurs hommages et leurs respects au représentant de Napoléon III, qui était, à cette époque, l'arbitre des destinées de l'Orient. En peu de temps, le pont de l'*Amérique* fut encombré de diplomates, qui formaient un cercle autour du Marquis, et s'efforçaient de rivaliser entre eux en profusion de *selaams* et d'autres révérences serviles. Parmi ces grands personnages figurait Kibrizli-Pacha et son beau-frère Bessim, notre bon ami. Nous nous trouvions ainsi ensemble à bord du même bateau, le Pacha et Bessim sur le pont, moi, ma fille, et mon fils en dessous, et aucun de nous ne savait rien de la présence des autres. Quelle coïncidence extraordinaire ! Quel jeu merveilleux du hasard ! Mais telle a été notre existence depuis le commencement jusqu'à la fin. Une série continuelle d'événements imprévus, qui se sont suivis les uns les autres d'une telle manière qu'on pourrait dire que les impossibilités succédèrent aux impossibilités du commencement à la fin.

Cependant Djehad, le fils repoussé du Grand-Vizir, se tenait appuyé contre le mât, et de ce poste observait la cérémonie qui avait lieu devant le Marquis : aujourd'hui, proscrit et fugitif, il regardait pour la dernière fois l'auteur de ses jours. Ce fut de lui que nous apprîmes tous les détails de ce qui se passa sur le pont, ainsi que la présence de Son Altesse à bord du bateau. Moi et ma fille, nous demeurions dans la cabine, le pouls violemment agité, le cœur palpitant de la peur d'être découvertes d'un instant à l'autre; et rien que l'idée que nous pussions être à un doigt de notre perte nous causait les plus terribles tortures.

Enfin le bruit qui se fit au-dessus de nous, et le piétinement sur le pont près de l'échelle d'embarquement nous firent comprendre que le cercle diplomatique était sur son départ, et que nous touchions à l'heure de notre délivrance. En effet, quelques minutes après, les grandes caïques à six paires de rames s'étaient éloignées, l'ancre était levée, et l'*Amérique* se mettait en mouvement. Quand le navire eut passé la pointe du Sérail, nous nous jetâmes à genoux et remerciâmes Dieu de l'évasion merveilleuse qu'il venait de nous accorder.

Aussitôt que notre émotion se fut, jusqu'à un certain point, calmée, nous montâmes sur le pont pour jeter un dernier regard sur Stamboul et ses mosquées, sur Scutari et les montagnes altières qui le dominent, en un mot, sur tous les lieux charmants qui avaient vu notre naissance et dont nous allions perdre la vue pour toujours.

Pendant la courte traversée entre Constantinople et Athènes, nous nous mîmes en rapport avec le Marquis et la Marquise de Moustier, à qui je fis connaître qui nous étions et que nous nous enfuyions de Turquie. Ils reçurent cette nouvelle avec un sang-froid inébranlable, comme de vrais et impénétrables diplomates. Je présumai, d'après leur contenance, que ni l'un ni l'autre n'approuvaient notre départ de Turquie. Tout ce que je désirais, c'était que le ministre eût la preuve oculaire de notre départ et en connût les détails. Cette connaissance, de sa part, servirait de préliminaire aux ouvertures que j'avais l'intention de faire au gouvernement des Tuileries, aussitôt que je serais arrivée à Paris.

La première station où les bateaux des Messageries font halte après avoir quitté Constantinople, c'est le

Pirée. Là, nous débarquâmes, et pour une raison bien simple, c'est que nous n'avions pas les moyens d'aller plus loin.

Au sortir du paquebot à vapeur, nous partîmes pour Athènes, où nous nous installâmes tout de suite à l'hôtel de la Grande-Bretagne. La nouvelle de notre arrivée dans la capitale de la Grèce fut promptement connue et les journaux du soir eurent soin de la répandre. Comme notre arrivée coïncidait avec la période la plus agitée de l'insurrection crétoise, le public attachait à la moindre nouvelle de Turquie beaucoup plus d'importance qu'elle n'en méritait. Il est vrai que notre fuite et nos persécutions étaient une preuve de l'esprit sauvage qui animait les Turcs; mais les pauvres Grecs avaient eu de ces preuves en abondance, car les annales de leurs rapports sociaux et politiques avec les Turcs n'en sont que trop remplies.

L'ambassade turque s'émut; elle envoya pour nous surveiller un espion, un Grec renégat du nom d'Axelos, qui parvint à s'introduire furtivement dans notre appartement et tâcha de découvrir si nous étions réellement ou non la femme et fille du Grand-Vizir. Le télégraphe entre Athènes et Constantinople joua activement, et la fureur des Turcs était si grande, qu'ils prohibèrent sur-le-champ l'entrée des journaux grecs dans le pays.

Les Grecs des basses classes et des classes moyennes nous témoignèrent la plus grande sympathie au milieu de nos malheurs, et plusieurs personnes allèrent jusqu'à nous offrir de nous pourvoir de tout ce dont nous avions besoin, pourvu que nous nous décidions à demeurer avec eux. Je refusai ces offres généreuses, qui émanaient du cœur d'un peuple qui avait gémi sous le même joug et souffert les mêmes persécutions que nous; et en voici les raisons, que maintenant que ces événements sont passés, je n'hésite pas à communiquer aux Grecs, pour leur faire comprendre que ce ne fut pas le manque de reconnaissance et de bienveillance à leur égard qui me fit refuser de rester en Grèce.

Chacun sait que Constantinople est le cratère d'où la race des diplomates vomit ses poisons pestilentiels. Athènes est un cratère de même nature, mais de second ordre. Grâce à l'action de ces cratères, personne dans l'un ou l'autre de ces endroits n'est un instant en sûreté, car une seule éruption diplomatique suffit pour faire sauter en l'air le gouvernement, la société, les indigènes et les étrangers qui se trouvent avec eux.

Sortie de la Turquie, le pays où j'avais tant souffert, je désirais trouver pour ma fille et pour moi un coin de terre qui fût moins volcanique qu'Athènes et mieux à l'abri des convulsions diplomatiques. Ce sentiment explique suffisamment mon refus et ma détermination de me rendre dans l'Occident.

Notre départ pour la France eut lieu dans l'automne de 1866. Je finirai ici le récit de ma vie, qui doit se borner au temps passé réellement dans le harem. Je dois cependant ajouter que les cinq années que nous avons passées en Europe ont été des années de martyre, de ce martyre qui s'appelle la faim, le dénûment, la misère abjecte. Les diplomates turcs nous ont persécutées avec la persévérance la plus diabolique, cherchant à nous discréditer par tous les moyens en leur pouvoir, à nous isoler entièrement de tout le monde, et à nous faire mourir de faim. Leur but a été de nous perdre, afin de pouvoir se tourner vers leurs esclaves en s'écriant : —

— Tenez ! regardez le sort de ces misérables créatures qui ont osé prendre la fuite : notre pouvoir et notre haine les ont atteintes partout !

FIN.

Paris-Imp. PAUL DUPONT, 41, rue Jean-Jacques-Rousseau. 2630.7.74

TABLE DES CHAPITRES

www.ingramcontent.com/pod-product-compliance
Ingram Content Group UK Ltd.
Pitfield, Milton Keynes, MK11 3LW, UK
UKHW021846190726
13855UKWH00001B/176

9 782013 439770